本书受到2019年度贵州省级一流本科专业建设点
"汉语国际教育"的资助，特此鸣谢！

# 强势语法特征
# 与汉语相关句法现象

吴胜伟　著

上海三联书店

谨以此书怀念我的母亲

# 序

　　吴胜伟博士于 2016 年至 2019 年在华中师范大学攻读博士学位，我以兼职身份担任其导师。胜伟攻读博士学位前就已经进入广义的形式语法这个学术领域，基础较好。加上他好学深思，刻苦用功，如期在三年内圆满完成了博士学位的各项要求，包括高质量的博士学位论文，顺利毕业。本书就是在其博士学位论文的基础上修改扩充而成，有些内容已在国内核心刊物上发表过。

　　本书的许多问题在他从事相关研究和博士论文写作的过程中，我就跟他多次深入讨论过，这次借出版写序的机会，我又通读全书，我自己都很有收获。我常常跟胜伟和他的同学们说，博士论文选题和写作要力争做到"顶天立地"。所谓顶天，就是选择的题目应有足够的理论纵深，能够自然的关联主流语言学理论或者其中某些方面。所谓立地指的是其范围能够自然地覆盖一大块语言事实。这样一来，你的潜能就能得到充分发挥。本书的一个突出特点是就是理论与事实并重。文章在特征核查理论的基础上提出了扩充的特征核查理论，就是对特征核查理论的扩展和细化。所谓特征核查是指在句法拼读前核查并删除不可解释的特征。扩充的特征核查理论认为在拼读前，核查并删除强势特征；在 LF 接口层，核查并删除不可解释的特征。全书以扩充的特征核查理论为主线展开,对指宾状语句、多项式名词状语句、"N＋们"结构等六类句式的句法推导过程进行了解释,很有理论新意。其次,作者还做到了描写与解释并重。本书对指宾状语句、多项名词状语句等语法现象的句法结构特点进行了详细的描写与分析,并在最简方案的理论框架下对其进行统一解释。作者认为,这些结构都是派生结构,不是基础结构,其发生句法异变是由语用上的焦点、次话题等原因造成的。我相信读者阅读过后会跟我有一样的感觉,这种解释是有一定的说服力的。当然,但我们也相信随着研究的深入和理论的发展,我们对这类句法现象的认识会更加深刻,更加全面。本书还有一个重要特点,那就是专题性与系统性并重。从形式上来看,全书以专题形式展开,共选取了指宾状语句等六种句法现象。这样做的好处一方面是收放自如,可以根据需要适当增添内容,增加容量,另一方面是有"圈地效应",也就是划定一个范围,在完成博士论文的同时,还为后续研究奠定基础,做出铺垫。乍看起来,这样处理很容易让人感觉文章很"散"。为了解决这一问题,作者巧妙地运用特征核查理论和扩充的特征核查理论将六个专题串起来,从而使全书成为一个有系统的整体。

是为序。

2020 年 11 月 3 日
于珠海横琴岛

# 前　　言

　　Chomsky 在《最简方案》中取消了 D-结构和 S-结构,仅保留了 PF 接口层和 LF 接口层,指出一切句法推导都是为了满足这两个表达式条件。在最简方案框架下,词项以饱满的形态参与句法推导,因此特征核查就成为了核心的句法推导技术。然而,特征在强度上并不是整齐划一的,有的是强势特征,有的是弱势特征。强势特征不能被 PF 接口层所"容忍",必须在拼读前进行特征核查并删除。相反,弱势特征可以被 PF 接口层所"容忍",在经济原则的驱动下,可以延迟到 LF 接口层再进行特征核查。换句话说,强势特征会引发显性的句法操作,而弱势特征不会。本文将从这个角度探讨一组汉语语法现象,而对具体案例的分析也将深化对有关特征核查理论的认识。

　　指宾状语句是一种句法-语义的"错配"句式。基于认知参照点的分析把其分为两大类若干小类,并对这类语法现象进行了清晰描写,也解释了该语法现象背后的运作机制,但是这种分析有把简单问题复杂化之嫌。基于控制理论的解释在一定程度上简化了句法规则,符合最简方案的简约精神,但却制造了动词跨越处于附加语位置上的状态形容词短语的难题。补语小句分析法以有界结构理论为指导,借用戴曼纯(2003:124—125)的四个附加语可能位置进行分析,但是戴曼纯所构拟的四个位置并没有一个在语义上是指向宾语中心语的。本书以"扩充的特征核查"理论(EFC)为指导,将有"致使义"和无"致使义"的指宾状语句整合到一个句法模型下进行统一分析。本书认为指宾状语的原位是处在宾语中心语的定语位置,是说话人强调的重点信息,具有不可解释的强势[焦点]特征。正是该形式特征,导致状态形容词短语显性移位至焦点结构的指示语处,造成句法与语义的"错配"。

　　多项式名词状语句就是邢福义先生(1988)的"NN 地 V"结构。多项式名词在结构上具有论元性,在语义上具有累加性,在语用上构造了一种"小夸张"架式。本书认为具有论元性的多项式名词是说话人强调的重点,是句子的焦点信息,具有强势的不可解释的[焦点]特征。在该特征的驱动下,多项式名词提升到焦点结构的指示语处,即线性上的状语位置。本书认为"地"是一个专门为状语投射句法位置的功能性核心,这样状语在结构上就可以像主语、宾语那样有了自己的具体位置,并使状语的传情达意功能在结构上得到了相应的体现。

　　倒装句又叫易位句。句子倒装是口语中的一种常见现象。在结构上,倒装成分可以还原,其中前移成分具有语法重音,是说话人强调的焦点信息,因此具有强势的不可解释的[焦点]特征。正是该特征驱动了句子成分的倒装,倒装后的前移成分的着陆点是外层焦点的指示语位置。由于语气词在音韵上不自足,因此在语气词向 VP 的黏附过程中就发生了一个融合操作。这样一来,黏附在句末的语气词就以拖带移位(pied-pipig)的方式跟随黏附主体一起提升,最终导致成分倒装后语气词只能依附在前移成分之后。另外,外层焦点是相对于内层焦点而言的,它位于语力层的外围,与内层焦点呈互补分布。

　　"把"字句是语法学界研究的热点之一,关于其语法意义出现过"处置说""影响说""致使说"和"掌控说"等观点,这四种观点都有一定的解释面和适用范围。本文发现由动词宾语或小句主语提升移位而来的"把"后 NP 是句子的次话题,且具有强势的不可解释的[次话题]特征,而"把"具有标记次话题的作用。本文依据扩充的特征核查理论(EFC),认为"把"后 NP 为删除强势的不可解释的[次话题]特征,就会显性移位到次话题短语的指示语处进行特征核查,生成"XP＋NP＋VP"。作为次话题标记词的"把"通过"Ba-支持"的方式直接插入到次话题 NP 前,生成"XP＋把 NP＋VP"。本文主张"把"字句没有独立的句法地位,它只是人们用来表达次话题的一种句法手段。

"V＋数＋动量＋名"结构是派生形式,其基础形式是"V＋名＋数＋动量"结构,即"数＋动量"结构是动词的补语而不是名词的定语。"数＋动量"结构发生提升操作的原因是说话人为其指派了强势的[焦点]特征。根据特征核查理论,强势[焦点]特征会引发显性的句法移位,相反,弱势的[焦点]特征不引发显性的句法操作。为满足特征核查的局域性要求,"数＋动量"结构便显性提升到[Spec, FocP]处,从而生成"V＋数＋动量＋名"结构。

在"N＋们"结构中,"们"除了具有表数、表类和修辞功能外,还具有充当名词弱势[有定]特征激活剂的作用。非物质名词和非抽象名词本身具有[有定]特征,但该特征在强度上是有强弱差别的。强势特征在句法系统中直接显现,弱势特征处于休眠状态,需要激活才能显现。在"N＋们"结构中,若 N 的[有定]特征为弱势特征,则"们"起激活作用;若为强势特征,"们"强化并核查该强势特征。一句话,"N＋们"结构无论如何都具有[有定]特征。这就是"N＋们"结构为何鲜能出现在宾语位置,却能出现在句首话题位置的原因。

# 目　　录

# 第一章　绪论

Why nature is thus and not others. Here lies the highest satisfaction of a scientific person.

——Albert Einstein

　　事实发掘的程度,反映研究的深度。离开了事实的发掘,谈不上理论的建树,也谈不上汉语语法研究的成熟。

——邢福义

## 1.1　选题缘由

　　本研究以专题研究的方式展开,共选取了指宾状语句、多项式名词状语句、倒装句、"把"字句、"V+数+动量+名"结构、"N+们"结构六类句法现象,探讨这些句法结构生成的句法语义动因及机制。从表面上来看,这六个句法结构毫无关联,但是在本质上它们却有着一个共同特点:都是某种句法结构的派生形式,即都是一种变异结构(derivational form),不是基础结构(base form)。具体来说,指宾状语句,在句法结构上处于状语位置的状态形容词为何在语义上却跟其后面的宾语存在着联系? 多项式名词状语句,由于充当状语的多项式名词大多具有"论元性",那么为什么在深层结构中充当论元的多项式名词在表层结构中却出现在了状语的位置？在北方方言中使用尤为普遍的倒装句,语气词为什么一定要附着在前移成分上,而不是后置成分上,其中前移成分在结构上处于什么位置,又具有什么样的句法语义特点？"把"字句,一般认为"把"具有提宾的作用,但有时主语前也可添加"把",换言之,"把"后成分可能来自句子的宾语,也可能来自句子的主语,那么"把"后成分提升移位的动因是什么？在表达上,"把"后成分又具有什么功能？在"进了一趟城"这个句法结构中,"一趟"在线性结构上处在状语的位置,而在深层的语义结构上却与动词"进"存在关联,那么"V+数+动量+名"结构的句法语义特征是什么？具有什么样的派生过程？"V+数+动量+名"结构,"数+动量"是其后名词的定语还是前面动词的补语,为什么？"N+们"结构一般不出现在宾语位置,而不含"们"的 N 则不受此限制,我们感兴趣的是在语法上"们"除了具有表［复数］和［集合］的语法功能外,是否还有其他语法功能？其句法推导的具体过程又是如何？

从表面上来看,这些句法现象似乎毫无关联,但在本书看来,在深层结构中它们的句法推导却遵循着相同的句法原则。换句话说,在它们背后很可能隐藏着一只"看不见的手",正是这只"看不见的手"支配着整个句法运作的流程。本书就是要找出这只"看不见的手",并对上述看似毫不相关的句法现象尝试整合到同一个句法模型下作出统一解释。实际上,这只所谓的"看不见的手"正是贯穿全文的一条理论红线。因此,句型及结构的差异只是表面现象,是句法运算系统在抽象原则之下的运作结果,而彻底抽象的普遍原则就是儿童语言习得之机制。本研究以对语言事实的充分观察与描写为基础[①],尝试对其作出统一的理论解释,

---

① 笔者认为语言事实的充分观察和充分描写只能作为一种研究理念(转下页)

借此推动语言理论的创新与发展。吕叔湘先生(1979：6)也曾经说过，"个别词语、个别格式的研究和语法体系的研究是互相支持、互相促进的"，本书正是通过具体的个案研究来发掘隐藏在其背后神秘的理论机制。

### 1.1.1　深化对语言事实的认识

邢福义(1991a)认为语言研究要做到"三个充分"：观察充分、描写充分和解释充分。具体来说"三个充分"是语言研究的目标和追求，以此为目标邢福义(1990；1991b)又提出了"两个三角"的方法论。"两个三角"和"三个充分"互补互证，互为条件，二者之间的关系可以用下图来表示。

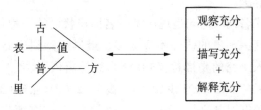

本研究选取了指宾状语句、多项式名词状语句、倒装句、"把"字句、"V＋数＋动量＋名"结构和"N＋们"结构六种句法句式或结构作为研究对象。从某种程度上说，本文正是在"两个三角"方法论的指导下，尽最大可能向"三个充分"逼近。当然，由于学位论文的时间安排和笔者研究水平等诸多因素的限制，本文很难真正做到"三个充分"，只能尽最大努力向"三个充分"无限逼近。

具体来说，朱德熙(1982：154)、张国宪(2005)从语义异指的角度对指宾状语进行了解释，认为指宾状语是一种句法语义的错配现象；杨静(2015a)从认知语法的角度对指宾状语进行了分门别类地解释;熊仲儒(2013a)、杨永忠(2014)虽然都以生成语法理论为指导对指宾状语进行了研究,但是他们的结论却大相径庭。另外,学界关于指宾状语基础位置的观点也不尽相同,王亚斌(2011)、祁文慧、张智义(2016)认为指宾状语基础生成于宾语中心语的定语位置,而卢建(2003)则举了"黑黑的染了头发"不等于"染了黑黑的头发"的反例,这样就对"基础位置是定语"的假说提出了挑战;熊仲儒(2013a)则认为指宾状语基础生成于补足语或VP 的附加语位置。另外,何洪峰、彭吉军(2009),何洪峰(2013)也曾两次撰文从历时语法的角度对指宾状语现象进行描写与考察。纵观各位学者的研究,指宾状语的基础位置及其句法语义特点仍没有解决。

多项式名词状语句是现代汉语名词作状语的一种特殊形式,学术界对这一现象的研究不算太多。最早注意到这类现象并对其进行深入研究的是邢福义(1988),另外唐依力、齐沪扬(2010;2011)、高天(2009)、朱庆洪(2004)、高天(2007)、张瑜(2011)等也从各自的角度对其进行了研究。综合而言,关于多项式名词状语的句法功能及其推导机制还有待进一步研究。

倒装句,陆俭明(1980)称之为易位句,并最早对其进行了系统研究。随后,朱德熙(1982),张斌(2008),黄伯荣、廖序东(2011)对此也有相关论述。倒装句的争论主要集中在焦点位置是在前移成分上还是在后置成分上,徐盛桓(1995)、张克定(2001)、文旭(2004)等认为后置部分是强调的对象,而陆俭明(1980)、苏承志(1985)、李胜梅(2009)则认为前移成分是强调的对象。本文在前人研究的基础上,以制图理论(Cartographic Approach)为指导,提出了外层焦点假说,并借用扩充的特征核查理论,尝试对其进行重新分析。

"把"字句可谓是汉语语法学界讨论最为广泛和深入的话题了,笔者从"中国知网"共检索到 1600 余篇各类文章研究该句式。

综合来看,关于"把"字句的研究主要集中在语法意义、焦点位置、"把"的语法范畴等方面。"把"字句的语法意义可谓众说纷纭,王力(1984;2011),宋玉柱(1979),宋玉柱(1981a),黄伯荣、廖序东(2011),邢福义(2016)等认为"把"字句表处置;Tai(1984),Sun(1996),张伯江(2001),周长银、尹晓静(2016)等认为"把"字句表影响;叶向阳(2004),熊仲儒(2004),胡文泽(2005),施春宏(2015)等认为"把"字句表致使;牛保义(2008)认为"把"字句表掌控。另外,关于"把"字句的焦点位置,学界争论也比较大,有的坚持"句末焦点说",认为 VP 或 V 的补语是焦点(宋玉柱 1981b;郭德润 1981;崔希亮 1995;陈昌来 2000;孟艳丽 2000;张旺熹 2001;刘培玉 2002;赵金色 2010;陆俭明 2016;张慧丽、段海凤和潘海华 2017),有的坚持"把"后 NP 焦点说,认为"把"后 NP 是焦点(傅雨贤 1981;李英哲等 1990;徐杰、李英哲 1993;徐杰 1993;金立鑫 1993;金立鑫 1997;沈阳、何元建、顾阳 2000;刘月华等 2004;邵敬敏、赵春利 2005;岳中奇 2007)。无论是"把"字句的语法意义还是其焦点后置,学术界很难达成一致意见,本研究在扩充的特征核查理论的指导下,借用徐烈炯、刘丹青(2007)的次话题概念尝试对其重新分析,并提出笔者的观点。关于"把"的语法范畴,先后出现过动词说、次动词说、介词说、轻动词说等,本书发现"把"可能具有标记次话题的功能,认为"把"可能是个次话题标记。

在"V＋数＋动量＋名"结构中,比如"看了一场电影",从线性上来看,"一场"可以充当"电影"的定语,也可以充当"看"的补语。因此,学术界存在"定语观"和"补语观"两种分析思路,并且都有自己相当充分的理由。但是从语义上或者说语感上来看,把"一场"分析为"电影"的定语似乎不太符合母语为汉语说话人的语感。我们知道,语言学是解释语感,而不是规定语感。本研究对上述两种分析暂且采取鸵鸟政策,不作讨论,然后借用焦点理论进行了分析,认为"一场"本身是说话人突显强调的对象,是语用上焦点,最后在最简方案的框架内对其句法推导过程进行了分析。

在"N+们"结构中,"们"具有非常复杂的句法功能和语法意义。一般认为"们"具有表示复数或集合概念的功能,有的还认为其具有划分群体的作用。从相关文献来看,邢福义(1960;1965)较早地对"们"的组合能力进行过研究,加深了我们对"们"的认识。李宇明(1984)、陶振民(1991;2002)、孙云英(1993)、Li(1999)、张谊生(2001)、童盛强(2002)、宋玉柱(2005)、徐连祥(2011)、杨炎华(2015)、李艳花(2015)等学者也对"们"进行过分门别类地研究。但是,关于"N+们"结构一般不能出现在动词后的宾语位置,但可以出现在句首的主语位置的问题,至今尚没有做出令人满意的解释。

从上面的分析不难看出,学术界对指宾状语句、多项式名词状语句、倒装句、"把"字句、"V+数+动量+名"结构、"N+们"结构这六类句式或结构都从各自的学术视角进行过深入研究,也都各自提出了各种各样的富有原创性的观点,但是分歧依旧很大。唯物辩证法告诉我们,事物之间是存在联系的,这种联系是客观的,不以人的主观意志为转移。因此,我们想问题、办事情要多从事物之间相互联系的角度出发,用联系的观点全面地分析和解决问题,否认事物的联系会把我们带入形而上学的危险境地。同样,语言研究也要避免把语言现象孤立起来,对语言现象的孤立研究可能会有一叶障目的危险。据此,我们作出一个大胆猜想:若把它们整合在一起进行研究会不会收到意想不到的效果呢?巧合的是,据我们检索,将这六种句式或结构整合到一个句法模型下进行统一解释的研究尚未发现。正是本着这种朴素的想法,本研究尝试将这六种句法现象整合到同一个句法模型下,探求隐藏在它们背后的共同机制或普遍原则,从而深化对这几类语言现象的认识。

### 1.1.2 推进语言理论的发展

在最简方案理论体系下,与成分移位关系最密切的恐怕就是特征核查理论(Feature Checking Theory)了。特征核查理论主要解决了成分移位的动因问题。

Chomsky(1995：278)认为在句法推导中没必要区分固有-可选特征,而＋/－可解释性的区分至关重要。这是因为词汇范畴的某些形式特征在 LF 接口层面进入解释程序,其他不可解释的特征为了推导收敛必须将之删除。一般来讲,可解释的特征有语类特征、名词性成分的 Φ/phi-特征。

下面以例(1)为例加以说明。在句法推导中,尤其是进入 LF 接口层后,必须知道 we、build、airplane 的语类范畴,即它们分别具有[代词]、[动词]和[名词]的形式特征,airplane 具有 phi-特征,也就是具有[复数]、[-人]、[第三人称]的特征,这些特征都是可解释的;相反,airplane、we 的[格]特征、T 和 build 的[一致]特征是不可解释的。根据解释的充分性原则(Full Interpretation Principle),这些不可解释的特征必须被删除。

(1) We build airplanes.

特征不仅可以具有是否可解释性的区别,还具有强度(strength)的区别。Chomsky(1995：232—234;277)把特征区分为强势特征(strong feature)和弱势特征(weak feature),并认为强势特征具有以下句法特征:

(2) 如果 F 为强势特征,那么 F 是一个非实语类的特征,且 F 由语类特征核查。(If F is strong, then F is a feature of a non-substantive category and F is checking by a categorical feature.)

Chomsky(1995：233)认为强势特征具有两个属性:其一,在进行拼读(spell out)操作之前,它会触发显性的操作;其二,它会引发循环性,即让某一强特征 α 不能越过它,而由 β 来核查该强特征,这实际上就允准违反相对最简性原则(比如允准 wh-岛、过度提升)。由此可见,强势特征具有非常明显的句法效应,如果把特征强度的假设和特征核查理论放在一起考虑有可能进一步细化特征核查的程序和步骤,也就能更加精细地刻画和解释句法推导的相关过程。本着这个想法和目的,本书提出了"扩充的特征核查理论",并尝试用之解释本文所选择的六种句法现象。反过来讲,本文所选择的六种句法现象也是对该理论的一种验证。从研究范式上来看,实际上,本文所采用的是归纳与演绎相结合的研究方法。

本研究是建立在对相关汉语语料的搜集与分类的基础之上,并对相关语料进行高度抽象的概括归纳,提出了"扩充的特征核查理论"(EFC)的理论假设,并用该理论解释相关语法现象。当然,用该理论解释语法现象的过程也是一个检验或者说验证该理论的过程,是一个"知行合一"的过程,一个理论联系实践的过程。陆俭明(2013:211)就曾经指出:

> 对人类语言的研究如果只停留在描述阶段,那语言学就永远只能是实验性的人文学科,永远无法进入理论科学的殿堂,无法与生物学,物理学以及化学等理论性科学平起平坐。生成语言学的目标是为语言现象提供合理解释,也就是要像牛顿说明苹果的运动方向那样,找出能够解释语言运行机制的最佳理论。

这段话正是语言研究的终极追求和写照,尽管道路充满了泥泞和荆棘。

## 1.2　主要研究对象和研究目标

### 1.2.1　主要研究对象

实际上,扩充的特征核查理论(Extended Feature Checking

Theory/EFC)的应用十分广泛,但是作为学位论文来讲,只能选择一些有代表性的句法现象进行个案研究,包罗一切的研究是不可能的,也是做不到的。因此,本研究选取了现代汉语中的下以下五种句式或句法结构作为研究对象。

一、指宾状语句

杨静(2015a)利用认知参照点理论对指宾状语句进行了分析,从语义的角度对指宾状语的句法语义错配现象进行了解释,并从动词语义特征的角度把指宾状语句划分为"制作类"、"感知类"和"呈现类"三个子类别。熊仲儒(2013a)以控制理论为指导,认为指宾状语在深层结构中处于动词的补语位置或附加语位置,成功地解决了 PRO 的控制问题。杨永忠(2014)在批评熊文的基础上对指宾状语进行了重新分析,他认为指宾状语实际上是一个"主谓词+补语小句"的结构,该结构表示一个完整事件,其中谓语动词表示动作行为,补语小句表示终点或结果。本文重点探讨造成指宾状语这一句法语义错配的原因是什么?即处在状语位置上的相关成分在语义上为什么却跟宾语存在着联系?在表层结构中处于状位的相关成分又具有什么样的语法特征?

二、多项式名词状语句

名词作状语在现代汉语中比较常见,但是多项式名词作状语就比较特殊了。邢福义(1988)最早对多项式名词作状语(邢先生称之为"NN 地 V")现象进行了系统研究,发现多项式名词在句法上具有"突举性"、"累积性"和"可宾性"的语法特点,在语用上构造了一种"小夸张"架式,显示了一种异常感觉,使表达更富情绪性。另外,唐依力、齐沪扬(2010;2011)也曾两次撰文讨论多项式名词作状语这一特殊语法现象。本书重点研究多项式名词状语具有什么样的句法语义特征?造成这一句法异变的原因是什么?从生成语法的角度看,传统语法中的结构助词"地"的句法地位或句法范畴又是什么?

### 三、倒装句

倒装句又叫易位句,修辞学和语法学都将之列为自己的研究对象,然而修辞学和语法学所关注的重点并不相同。在语法学界,关于倒装句的前移成分是焦点,还是后置成分是焦点存在较大的争议。陆俭明(1980)认为倒装句在句法上一般具有以下四个特点:一,前移部分重读,后置部分轻读;二,语义重心在前移部分上,后置部分不能成为强调的对象;三,倒装成分可以复位;四,前移部分后一般可以添加语气词,后置部分则不能。本文重点讨论句法层级上居于高位的语气范畴是如何派生到处于低位的焦点短语之后的。另外,本书还要探讨句法成分倒装后在句法语义上具有什么特点? 句法倒装的动因是什么? 其中倒装后的前移成分,在句法结构上又处于什么位置?

### 四、"把"字句

"把"字句是现代汉语中的一种特有句式,学界从各个角度对其进行了深入研究,并取得了丰硕成果,但是在"把"字句的句法功能、"把"后成分的句法地位及"把"的语法范畴等方面,学术界还存在较大的争议。关于"把"字句的语法意义影响比较大的主要有"处置说"、"致使说"、"掌控说"和"影响说"四种观点;关于"把"字句的焦点位置,有的认为"把"后成分是焦点,有的认为 V 的补语是焦点;关于"把"的语法范畴也存在较大的争议,先后出现"动词说""次动词说""介词说""轻动词说"和"焦点标记说"等观点。本文重点研究"把"后成分,即"把"的宾语在句法语义上到底有什么特征? 它的基础位置在哪里? 在句法上又是如何推导的?

### 五、"V＋数＋动量＋名"结构

"V＋数＋动量＋名"结构在语法分析上存在较大争议,从生成语法的角度来看,该结构是基础结构还是派生结构? "数＋动量"成分是分析为定语更加充分还是分析为补语? 能否另辟蹊径对其进行重新分析?

六、"N+们"结构

一般认为"们"是汉语中表复数或集合的一个语法标记,但是在方言和近代汉语中,"们"有时也可用在表单数的名词后面。邢福义(1960;1965)、程观林(1985)就曾敏锐地发现即使汉语的名词前有表数量性质的词,"们"仍可作为词尾出现在其后。另外,"N+们"结构出在现句首位置不受限制,却不能出现在动词后的宾语位置。Li(1999)认为"们"最好分析为实现在限定语(determiner)位置的复数语素,而英语的-s作为常规复数标记,其实现位置是在N。"们"的用法非常复杂,本文感兴趣的是除了表示复数、集合、划分类群三种功能外,"们"是否还有别的功能? 从语法地位上来看,"们"到底应归属何种语法范畴? 另外,"N+们"在句法分布上又有什么特点?

1.2.2　研究目标

本研究以语言事实的充分描写为基础,借鉴前人及时贤的研究成果,对相关语言现象提出自己的观点。换句话说,笔者的研究是站在了巨人的肩膀上,力争将研究向前推进一步,哪怕是一小步或半步。

具体来说,本研究以扩充的特征核查理论(EFC)为指导,就指宾状语句、多项式名词状语句、倒装句、"把"字句、"V+数+动量+名"结构、"N+们"结构整合到同一个句法模型下进行统一分析,找出在这些不同语法现象的背后所蕴含的普遍语法原则。

## 1.3　理论背景

从本质上来讲,Chomsky的理论是一种原则与参数理论(Principles and Parameters Theory)。在Chomsky看来,人类的语言遵循着共同的普遍原则,这种所谓的普遍原则存在于人类遗传的语言器官中,为全人类所共有。由于这种普遍原则是儿童生来就有的,因此儿童在习得母语时根本不需要学习这些原则就能够快速成功地完成母语习得这一艰巨任务。但是不同语言间不只是共享普遍原则,还有参数的差异,这种差异具有二元(binary)特征。从本质上讲,儿童习得语言的过程就是一个参数设定(parameter setting)的过程。

从 Chosmky1957 年出版《句法结构》(Syntactic Structure)算起,以原则与参数为理论假设的生成语法已走过了半个多世纪的历程了。一般认为,Chomsky 的转换生成语法大体上经历了四个阶段[①]:经典理论(classical theory)时期(1957—1964)、标准理论时期(1965—1971)、扩充的标准理论时期(1972—1991)、最简方案时期(1992—　　)。学术界一般把"最简方案"之前的理论框架称为管辖与约束理论时期,之后称为最简方案时期。另外,生成语法在中国的发展大致经历了"引进译介期"、"本土尝试期"、"全面发展期"和"自主创新期"四个阶段(石定栩 2018)。

### 1.3.1　管辖与约束理论(Government and Binding Theory)时期

Chomsky《管辖与约束论稿——比萨讲座》(Lectures on Government and Binding：The Pisa Lectures)的五次出版(1981；1982；1984；1986；1988)标志着管辖与约束理论的逐渐走向成熟。具体来说,管辖与约束理论是一种模组化(module)的理论,各个模块相互联系相互制约,该理论主要包括以下几个模块。

一、题元理论(Theta-Criterion/θ-Criterion)

简单来说,题元理论共包含两个准则:其一,每一个题元角色

---

① 宁春岩(2001:导读 F23)把转换生成语法的发展过程划分为五个阶段:SS -模型(《句法结构》模型)、ST -模型(标准理论模型)、EST -模型(扩充式标准理论模型)、GB -模型(管约论模型)和 MP -模型(简约论模型)。笔者认为,无论是四个阶段还是五个阶段只是理论划分上的不同,实际上并没有本质或原则上的不同。

都必须传递给一个论元;其二,每一个论元都必须得到一个题元角色。把这两条准则合起来说就是题元角色和论元必须是一对一的关系,不能多对一,也不能一对多。换句话说,论元的数量与题元角色的数量必须相同。题元理论不仅要求动词的每一个题元角色都必须分派出去,而且句中每一个名词短语都必须得到一个题元角色。与题元理论有关的原则有四个:题元原则($\theta$-Criterion)、题元的阶层原则($\theta$-Hierarchy)、题元指派统一性假设(Uniformed Theta Assignment Hypothesis/UTAH)、题元指派邻近原则(Adjacent Principle)。

二、X-阶标理论(X-bar Theory)

当代语言学认为句法结构都是向心结构(endocentric construction),即任何结构都是一个中心语(head)的投射,X-阶标理论完美地表征了这一语法设想。在X-阶标理论看来,任何结构都可以用树形图表示如下,也可以用改写规则(Rewrite Rules)表示为(3)。X-阶标理论的精髓是成分的阶层结构,而不是成分的线性结构。X-阶标理论把句子看成是有层次的,即不同的句法成分在结构上处于不同的层级。在这一点上,X-阶标理论与传统的结构主义语言学是一脉相承的。

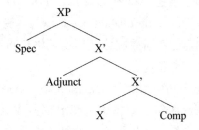

(3) a.　XP→···X'···

　　　b.　X'→···X'···

　　　c.　X'→···X···

这一结构的好处是明显的,一是 X-阶标理论允许词组与中心语之间有中间单位的存在,这就解释了代词替换词组中一小部分的现象;二是由于 X-阶标理论不区分词类,因此适用于所有词类甚至句子,一定程度上解释了一种语言中的不同词组为什么会呈现相同的词序;三是 X-阶标理论不规定具体词序,因此可用来分析表层结构中词序不同的语言;四是 X-阶标理论允许词组与中心语之间存在任意数量的中间投射,这就为修饰语预留了位置;五是 X-阶标理论规定 XP 短语必须有中心语 X,并且明确地突显了 X 的中心语地位。

三、格理论(Case Theory)

格理论,最核心的莫过于"格过滤式"(Case Filter)了。所谓格过滤式是指"所有的名词性短语都必须要有格"。名词短语的格是通过管辖关系由中心语授给被管辖成分的。一般认为宾格由动词授予,主格由屈折成分(inflectional constituent/I)授予,所有格(genitive)由功能范畴 D 向领有成分授予,介词一般给受介成分授予旁格(oblique)等。格,是理论上的预设,动词的主语和宾语位置都是有格位的,即结构格(structural case),介词的宾语同样也具有格位。

在格理论的基础上,Xu(1993;2003:116—117)还提出了"扩充的格位理论"(The Generalized Case Filter)。简单来说,扩充的格位理论包含两点:名词性成分必须得到格位指派,必选型格位指派者必须释放其格位能量。

四、约束理论(Principles of the Binding Theory)

约束理论负责在句法结构中解释名词性成分之间的指称关系。所谓约束是指均为名词性论元的甲乙成分,若甲成分统制乙且两者指称相同,则甲节约束乙节。另外,约束域(Binding Domain)也是约束理论中一个很重要的概念。所谓约束域是指甲节是包含乙节的第一个最大投射,且甲节为有时态的子句 IP 或甲节含有不同于乙节之主语。约束理论即约束三原则具体如下：

原则一：照应词必须在约束域内受到约束；

原则二：代名词不得在约束域内受约束；

原则三：指称词不得受约束。

五、控制理论(Control Theory)

在生成语法中，关于 PRO 在句中出现的位置及出现条件，以及如何解释的理论称为控制理论。PRO 的句法性质既像照应语，又像代名词，具有[＋A，＋P]的特征。具体来说，PRO 的控制可以分为主语控制(subject control)和宾语控制(object control)。PRO 以距离的远近作为选择控制语的标准，即遵守最近距离原则(Minimal Distance Principle/MDP)：PRO 总是以离它最近的名词短语作为先行语/控制语。另外，控制理论还有一个重要的定理，即 PRO 定理(PRO Theorem)：PRO 不得受到管辖。

六、管辖理论(Government Theory)

管辖是一种结构关系。所谓管辖是指如果甲是管辖语，且甲成分统制乙，且甲、乙之间无障碍，则甲管辖乙；其中最大投射是管辖之障碍，管辖语为中心语。管辖在格的授予和题元角色的分派中起重要作用。

七、界限理论(Bounding Theory)

简单来说界限理论就是关于移位限制的理论，这是关于 wh-移位最重要的理论。具体来说，界限理论主要包括岛屿条件(Islands Condition)和领属条件(Subjacency Condition)。最早对 wh-移位限制进行研究是的 Ross(1967)。岛屿条件主要包括"复杂 NP 岛"和"wh-分句岛"。领属条件是界限理论的中心内容。所谓领属条件是指"移位不得越过一个以上的界限节点，其中界限节点为 IP 和 DP"。

1.3.2　最简方案(The Minimalist Program)时期

1995 年，《最简方案》一书由麻省理工学院出版社出版，标志着生成语法"最简方案"时代的到来。最简方案是 Chomsky 不固守旧学、勇于创新可贵品质的最佳体现。语法理论的演变反映了真理探索的渐进性，这是一个逐渐逼近真理的求知过程。Chomsky(2006)曾明确指出最简方案不是一种具体的句法理论，而是对句法理论进行改造的纲领性思想，不带理论偏向，是一种追求理论雅致完美的简约主义，是对以往语言理论研究的检讨式探索。需要明确的是，Chomsky 每一次变革都不是单纯对前一阶段理论的简单否定，而是一步一步逼近解释目标、不断提高语言理论的技术手段(戴曼纯 2008：ix)。

在最简方案时期，Chomsky 将"经济原则"[①]作为评价语言运算的最高原则，他据此对管辖与约束理论时期的句法模型进行了大刀阔斧地删简。具体来说，将最初的三个层面简化为两个，即将原来的 D 结构-S 结构、逻辑式 LF、音系式 PF 简化为"发音/知觉接口"(A-P)和"概念/意向接口"(C-I)。另外，最简方案把"充分解释性原则"(Principle of Full Interpretation)放到一个非常重要的位置，该原则要求句法表达式中不能包含任何冗余的成分。充分解释性原则是逻辑形式接口中的理论原则。充分解释性原则的提出为特征核查理论的"入场"拉开了序幕。当逻辑形式接口收到句法表达式之后，就要核查所接收的表达式是否符合所要表达的语义内容。如果一切都顺利过关，句法推导收敛，否则崩溃。因此，对于任何一个语法系统理论来说，充分解释性原则意味着在设计系统的每一个部分、每一个步骤的时候，都要考虑到该原则，否则所设计的语法系统可能就是失败的。

Chomsky(1995：277)曾将特征划分为语类特征、Φ 特征、格

---

①　经济原则(Economy Principle)指语法系统在运作时没有冗余性。简单来说，当语法操作系统把小的语法单位合并成大的语法单位时，句法操作的步骤应该是没有冗余的，即句法操作的步骤多一步就是错误的。

特征和强特征 F(当 F 为语类特征时)。下面具体以限定短语/名词性短语 DP 为例加以说明。我们知道,DP 包含多种特征,比如:格特征、范畴特征、数特征、性特征(比如俄语名词就有"性"特征)等。句法推导系统敏感的是 LF 接口层能否解释这些特征,凡是不可解释的特征(un-interpretable feature)必须通过特征核查予以删除,可解释的特征(interpretable feature)可以直接进入 LF 接口进行语义表征。对于 DP 来讲,范畴特征/语类特征、Φ 特征(又记作 phi-特征,具体指人称、性、数特征)是可解释的,而格特征和一致特征是不可解释的。特征核查不是等句子推导完全结束时才全面开始的,而是当一个带强势特征的功能范畴进入推导系统且在结构上成分统制带相应强势特征的词汇语类,这样才能形成核查关系。一句话,特征核查要满足结构上的局域性(local)要求。

《最简方案》出版后,Chomsky(2001;2004;2008)又提出了语段(Phase Approach)推导的句法思想,其核心思想是句法推导是一个自下而上、一次一个语段的渐进式过程,即在语段理论中,句法成分的拼读(Spell-out)是循环式(cyclicity)地分段进行,不再是集中拼读。具体来讲,语段一般是指带有语力(Force)的 CP 和带有完整论元结构的 $v^*P$,由于 DP 和 CP 有很多相似之处,Chomsky(2008)认为 DP 也是一个语段。关于语段理论的相关研究,可以参阅 Gallego(2010)、Citko(2014)等。另外,语段理论最重要的假设是"不可穿透性条件"(Phase Impenetratability Condition),又译作"相面豁免条件"、"语段豁免条件"等。简单来说,所谓不可穿透性条件是指每一个语段要有一个语段中心语(phase head),当语段中心语的补足语部分生成之后,该补足语就会被分别输出(transfer)到语音接口(PF)和逻辑接口(LF)处进行相关特征核查,通过核查的补足语部分在句域内将不再进行任何句法操作。

## 1.4　研究意义

### 1.4.1　理论意义

本研究提出的"扩充的特征核查理论"(EFC)是对最简方案特征核查理论(FC)的继承与发展。特征核查理论认为凡特征必被核查。本书认为特征核查理论可能是粗线条的,这一点Chomsky(2006)也曾强调指出"最简方案只是一个研究的方案,是一个纲领性的思想,不带理论偏向"。我们知道,转换生成语法不是给我们提供一个直接可以拿回家去用、去描写汉语或英语的语法,而是邀请大家参与理论建设,根据新的语言事实,一步步、一点点去修改在旧的语言事实上建立起来的条件、原则和理论,追求理论解释和理论描写上的充分性(宁春岩 2001:F31)。因此,从这个角度来讲,对特征核查理论进行细化是符合最简方案的理论追求的。

从 Chomsky 一贯追求的经济性上来讲,扩充的特征核查理论完全符合这一理论假设。特征核查要满足结构上的局域性要求,这就涉及语序的调整或移位,Chomsky 认为移位是一种代价较高的句法操作,是迫不得已的办法(last resort)。也就是说,凡句法成分的移位,能不移就不移,能晚移不早移,即能拖就拖。在扩充的特征核查理论看来,由于强势特征不能被 PF 接口层所"容忍",因此必须在拼读(spell out)前进行特征核查并将之删除,这就会导致显性的(overt)句法移位;而弱势特征在 PF 接口层是不可见(invisible)的或者说能够被 PF 接层所容忍,因此其核查工作可以延迟到 LF 接口层再进行。这在理论上完全符合延迟原则(Procrastinate Principle)的精神实质。另外,LF 接口层的移位是一种隐性(covert)的移位,较之显性移位,这是一种比较"廉价"的句法操作。综合来看,扩充的特征核查理论继承了特征核查理论的基本精神和技术手段，又符合最简方案的经济性要求。

### 1.4.2　实践意义

本研究选取的指宾状语句、多项式名词状语句、倒装句、"把"字句、"V＋数＋动量＋名"结构、"N＋们"结构这几种现代汉语中比较常见的句法现象作为研究对象。我们运用本研究提出的"扩充的特征核查理论"，对它们进行了分门别类地研究，基本弄清了其句法运作机制，向"三个充分"的研究目标靠近了一步。

本研究通过把这六类句法现象整合在一起进行研究，发现它们遵循着一条普遍的句法原则，即它们都是由于某个句法成分具有强势的句法特征而导致的句法语义的异变现象。换句话说，这六类现象只是一种派生形式，不是基础形式。

本研究通过对跨语言/方言的不同句式进行考察、分析和对比，对外语教学和对外汉语教学也有一定的借鉴意义和参考价值。

## 1.5　语料使用情况

从语料类型及语种来看，本研究所选用的语料以现代汉语普通话为主，同时还涉及一些方言及上古汉语和近代汉语。另外，本研究在论证相关观点时也采用不少外语例证，比如：英语、法语、德语、日语、意大利语、西班牙语、葡萄牙语等。

从语料来源来看，有的语料来源于北京大学 CCL 语料库、北京语言大学 BCC 语料库，有的来源于现当代文学作品、明清小说等，有的转引于语言学论文文献，也有部分语料是笔者内省。除笔者内省的语料外，大部分语料都注明了出处。

# 第二章　特征核查理论与扩充的特征核查理论

　　好的理论能帮助我们发掘事实，让我们看到事实跟事实之间的系统关联，提高我们的语言自觉，加深我们对语言结构的认识。

——梅广

　　1995 年，Chomsky《最简方案》的出版标志着生成语法进入了"最简方案"时代。较之"管约论"时期，最简方案在理念和技术上都发生了显著变化，有的甚至是颠覆性的，但是 Chomsky 所追求的目标始终未变，即探求人类语言"既非常简洁，又高度抽象概括"的普遍语法原则。

## 2.1　最简方案的句法推导

　　"最简方案"语法思想的形成起因于对不同语言中动词、否定成分、动词状语之间的语序问题以及 Agr 和 Neg 两个功能范畴的研究；再对这两个功能性成分加上了"强势"（strong）和"弱势"（weak）两大概念后，Chomsky 最终提出了"最简方案"的框架雏形(宁春岩 2001：F32)。

### 2.1.1 "卜"字形句法推导模型

最简方案的句法推导模型在"管约论"时期"倒 Y"模型的基础上进行了大大简化，取消了 D-结构和 S-结构，仅保留了 PF 接口层和 LF 接口层，并提出了特征核查理论（Feature Checking Theory）和语段理论（Phase Approach）等，这反映了 Chomsky 通过不断否定自己、追求真理的螺旋式上升过程。D-结构的取消，导致题元角色的指派只能在合并时进行，移位并不能指派题元角色，而是携带已有的题元角色进行移位（Hornstein, Nunes & Grohmann 2005：54；徐烈炯 2009：335）。

伽利略、牛顿、爱因斯坦等科学家都相信大自然对事物的设计构造是完美无缺的，Chomsky 在近年来的著作中也反复坚持语言是完美的，屡有语言是在"自然选择的进化过程中接近完美无缺的产品"之类的说法（徐烈炯 2009：24）。充分解释性原则（full interpretation）和光杆输出条件（bare output condition）就是这一思想的具体体现。充分解释性原则又叫接口条件（interface condition），它规定句子所有的成分都必须得到恰当的解释，句子不能包含冗余成分（Chomsky 1995：27）。具体来说，充分解释性原则禁止任何无法解释的多余成分进入发音-感知系统（articulatory-perceptual/A-P）和"概念-意向"系统（conceptual-intentional/C-I）。句法推导结束后，所有不可解释的形式特征必须被全部删除，以最简的形式实现语言系统与外界的接口要求，即要满足光杆输出条件。

新的模型仍采用"倒 Y"模型，不过 Hornstein 等人（2005：73）主张句子表达式进入 LF 接口层后，移位、合并仍在进行，只不过是隐性的句法操作；相反，PF 接口层并不涉及成分移位等句法操作。因此，本研究建议将"倒 Y"模型修改为"卜"字形（如下图所示），这样可能更能形象地模拟句法推导的过程。

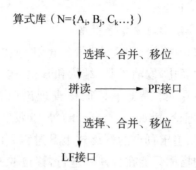

### 2.1.2 句法推导的步骤

Chomsky 假定人类的语言官能(language faculty)是由推导程序和词库(lexicon)组成的。句法推导的第一步是推导系统从词库中选取(select)相关词汇范畴(lexical category)和功能范畴(functional category)组成词汇阵列(lexical array)。被选进词汇阵列里的成分可以重复使用,但要标记每个词项使用的次数。被标明词项使用次数的词汇阵列叫算式库(numeration),一般记作N。算式库中的词项在句法推导结束时要全部被使用,否则会造成句法推导系统的崩溃(crash)。

第二步就是合并(merge),即组词造句。合并还是按照 X' 模式依次进行,直到把算式库中的所有的词汇范畴和功能范畴用完为止。通过合并生成的句子可能与日常交际所使用的句子相差较远,不能直接输送到 PF 接口层进行语音表征,还需要进行一些调整。

第三步就是结构调整——移位。移位也是一种合并,即内部合并(internal merge),与之相对的是外部合并(external merge)。外部合并是直接从算式库中选取词项进行推导的句法操作。最简方案把移位看作是"复制(copy)+合并"的过程,较之合并,移位是一种代价较高的句法操作。因此,根据拖延原则(Principle of Procrastinate),凡成分移位能不移就不移,能晚移不早移。另外,移位要讲究理据,没有无理据的移位。在最简方案的理论框架下,移位的理据涉及特征的核查与删除等句法理论。移位等相关句法调整工作完成后,句法通过拼读(spell out)后就"兵分两路",一路生成语音表达式 π,另一路生成逻辑表达式 λ。如果表达式 π 和 λ 分别满足解释充分性原则(Full Interpretation Principle),即不可解释的特征全部被核查,句法推导在 PF 接口层和 LF 接口层就会各自收敛。当句法推导进入拼读后,就不能再从算式库中选取词项,语音式和逻辑式也不再有任何联系。

拼读后,句法操作尚未完全结束,PF 接口层将相关表达式赋予一定的语音值,因此 PF 接口层不存在移位和合并等句法操作。但是,在 LF 接口层还要进行隐性移位,把在拼读前未被删除的冗余成分删除。需要说明的是,隐性的句法操作不会影响到话语交际中所使用句子的语序。

## 2.2 特征和形式特征

特征是驱动句法操作的基本动力,是最简方案中的关键概念(Citko 2014:14-20)。梅德明(2008:331)、邓思颖(2010:20)认为特征是语言系统中最小最基本的单位。特征包括音韵特征、语义特征和形式特征(Hornstein, Nunes & Grohmann 2005:291)。音韵特征与 PF 接口有关,语义特征与 LF 接口有关。只有形式特征才与句法推导系统有关,才能为句法推导系统所使用。因此,句法推导系统最关心的是形式特征。

关于"特征",可以借用邓思颖(2010:20)的例子来加以说明,比如汉语的"马"就包含了上述三套特征,音韵特征:[双唇鼻音][低元音][上声]等,语义特征:[哺乳动物][头小]等,形式特征:[+N]等。对于"马"的音韵特征和语义特征来说,句法推导系统是不关心的,只有形式特征[＋N]才能被句法系统识别,并为句法推导所使用。句法学中所讨论的特征如无特殊说明一般指形式特征。(方便叙述,本研究中的"特征"除特殊说明外,均指形式特征。)

### 2.2.1  可解释的特征和不可解释的特征

从理论上来说,特征的数量应该是有限的,是一个封闭的集合,但在实际研究中,只讨论特定移位所涉及的特征,无关的特征则很少涉及(石定栩 2002：332)。可能正因为如此,特征的数量到底有多少,文献中一直没有统一的说法。但是,文献中经常提到的特征大体有范畴特征、格特征、Phi-特征、EPP 特征、wh-特征/Q-特征(疑问特征)、Top-特征(话题特征)、Foc-特征(焦点特征)等,在书面上一般采用[X]形式加以标记。

在句法推导的过程中,一些特征进入 LF 接口层可以获得解释,而另一些特征不能获得解释,需要通过一定的句法操作将之删除,句法推导才能收敛(convergence)。从这个角度看,特征可分为可解释的特征(interpretable features/IF)和不可解释的特征(uninterpretable feature/UF)两种(Hornstein, Nunes & Grohmann 2005：292)。Chomsky(2004)认为所谓不可解释的特征是指进入句法推导时尚未被定值(unvalued)的特征;相反,那些带有固有的具体特征值的特征是可解释的特征。Svenonius(2007)认为可解释的特征是指在某个接口能够区分两种表征的特征。在 Radford(2009：286)看来,不可解释的特征是指在语义解释中不起作用的特征,反之则为可解释的特征。上述三种定义在文字表述上虽有不同,但其实质却是相同的,即凡是不能被 C-I 接口层识读的特征都是不可解释的特征,反之则是可解释的特征。Radford(2009：287)曾列举了哪些是可解释的特征,哪些是不可解释的特征,见下表。

**可解释的特征和不可解释的特征一览表**

| 范畴成分 | 不可解释的特征 | 可解释的特征 |
|---|---|---|
| 与时制有关的成分 | 人称、数…… | 时、体、态…… |
| 名词或代词 | 格…… | 人称、数、性…… |

下面以英语中的代词 THEY 为例加以说明。THEY 的"格"特征对 THEY 来说是不可解释的，这是因为处在主语层面上的 THEY 具体表征为主格、宾格还是所有格，并不会影响语义的诠释，如（1）所示。

（1）a. It seems they were arrested.

　　b. He expected them to be arrest.

　　c. He was shocked at their arrest.

相反，代词的 phi-特征（人称、数、性）则是可以解释的，因为第一人称的"我"和第二人称的"你"、单数的"我"和复数的"我们"、阳性的"他"和阴性的"她"在意义上是不同的。

### 2.2.2　强势特征和弱势特征

Chomsky 在《最简方案》第四章中已经明确提出了特征强度（feature strength）的概念，把特征区分为强势特征（strong feature）和弱势特征（weak feature）两种。特征强度是语言差异的重要因素，特征的强弱取决于其在运算过程中的地位，Chomsky（1993：198）、石定栩（2002：309）、Hornstein, Nunes & Grohmann（2005：39）认为凡是在推导过程中 PF 接口层无法"容忍"（indigestible）的，或者说必须在拼读前将之删除才能保证推导收敛的特征，就是强势特征；相反，凡是 PF 接口层能够容忍的，对推导没有直接影响的就是弱势特征。梅德明（2008：332）认为"强势特征无法被语音过程辨认，会造成推导取消，因此必须在到达发音-感知系统前将其删除"。换言之，从音韵的角度来看，特征也可以分为强势特征和弱势特征。即在句法推导过程中，凡是

PF 接口层无法"容忍"的、须在到达 A－P 接口前（拼读前）及时清除的特征就是强势特征；凡是 PF 接口层能够"容忍"的，不需要在拼读前删除的特征就是弱势特征。

简言之，强势特征无法被 PF 表达式所识别，会引起语音形式的崩溃，进而引起整个推导过程的失败。为了挽救句法，推导系统会采取某种显性的句法操作来删除该强势特征，比如移位。另外，Chomsky（2004）把句法推导的经济性（computational efficiency）和接口条件放到了中心位置。因此，出于推导经济性的考虑，根据拖延原则，弱势特征的删除可能就要延迟到 LF 接口层再进行。

众所周知，在 Chomsky 的基本假设中，PF 接口不涉及成分的移位，所以无法建立相应的句法结构关系，也就无法促成特征的删除。简言之，强势特征无法由 PF 接口层处理，该特征的删除必须在拼读之前进行。比如英语的时制范畴 T 和法语的时制范畴 T 在强度上就不同，请看例子。

（2）a. John often kisses Mary.

b. Jean embrasse souvent Marie.

　　Jean　kisses　often　Marie

在强度上，英语的时制范畴 T 是弱势特征，而法语的则是强势特征。原因是英语中的动词 kisses 并没有显性移位至 T，证据是在副词居前于动词。Radford（2016：273—274）认为现代英语（present day English）的主语和时制范畴（tense category）之间一致（agreement）关系没有伊丽莎白时代的英语（Elizabethan English）丰富，即时制范畴的强弱与一致关系的多寡有关。换言之，现代英语的时制范畴 T 是弱势特征，能够被 PF 接口所"容忍"，因此不需要在拼读前显性移位至 T 进行特征核查，特征的删除可以延迟到 LF 接口层进行，伊丽莎白时代的英语则与之相反。法语的动词 embrasse 居前于副词 souvent，说明动词已移位至 T，即法语的时制范畴 T 是强特征,不能被 PF 接口所"容忍",必须在拼读前进行特征核查并删除强特征。在这一点上,现代法语类似于伊丽莎白时代的英语。

据 Xu & Zhang(2016)研究,弱势特征在句法结构中被压制(suppress),处于休眠状态(dormant),即弱势特征一般不会在句法表层结构中主动呈现,但是在一定的句法结构环境下可以被"激活"(activate)。他们发现无论是名词、名词短语还是代词都具有[地点]/[L]特征,但是由于这种[地点]特征是弱势的,需要激活才能显现。弱势语法特征的激活在不同的语言中会通过不同的句法机制来实现,在结构"非地点名词+定位标记(localizer)"中,比如"在桌子旁","旁"就是用来激活"桌子"[地点]特征的典型激活剂。

语法特征具有强弱之别并不为语法系统所特有,在词汇系统中或者说语义系统中也具有类似的表现。据 Ungerer & Schmid(2006:226—227)报道,Talmy 早在 1976 年就发现动词 break 由于所涉及的初始事件和次事件个数或类型的不同,其致使(causative)义也呈现出梯度(gradient)特征。比如,在例(3a)中,由于致事是没有生命特征的事件性致事(event-causation),因此 break 的致使义最弱;在例(3b)中,致事是有生命的人,但并不是有意致使役事产生某种结果,为非意愿性致事(author-causation),其致使义在强度上居中;但在例(3c)中,由于具有生命特征的致事是有意致使役事产生某种其所希望达到的结果,为施为性致事/意愿性致事(agent-causation),因此其致使义在梯度上处于最高层级。一句话,break 的致使义在不同的句法环境中其强度层级是有不同的。

(3) a. The vase broke.

　　 b. He broke the vase by mistake.

　　 c. He broke the vase to irritate his wife.

　　小结：综合来看,特征的强弱不只为语法系统所具有,在词汇或语义系统中也有类似的表现。单拿语法特征来说,在句法推导系统中被压制的弱势特征处于休眠状态,能够被 PF 接口层所"容忍",因此不会引发显性的句法操作;弱势特征在一定的句法条件下可以被激活,激活的方式可以是使用"激活剂",也可以通过句法环境。

## 2.3　特征核查理论和扩充的特征核查理论

　　以 Chomsky 为代表的生成语法学派认为普遍语法(Universal Grammar/UG)是人类认知系统中专门负责语言知识及其运用的子系统,它是独立于人类其他认知系统的一个模块。Chomsky(1971)把该模块称之为语言官能(language faculty)。语言官能能够胜任与语言外部系统的接口(interface)功能,即能够实现与"发音-知觉"系统(A-P)和"概念-意向"系统(C-I)的接口。语言官能接口的成功实现要满足接口条件(interface condition)或光杆输出条件(bare output condition),也就是要满足充分解释性原则(full interpretation/FI)。充分解释性原则规定每一个成分必须在相应的接口中得到恰当的解释,即在 A-P 和 C-I 两个接口处语音式和逻辑式必须分别满足相应的接口条件。换句话说,语音式和逻辑式只能包含合法的 PF 和 LF 特征,而不能存在任何冗余的或无法"容忍"的成分,否则就会给句法推导系统造成麻烦,最终导致推导系统的崩溃。

### 2.3.1　经典的特征核查理论

　　众所周知,语言系统共包含句法部门(syntax component)、语音部门（phonological component）和语义部门（semantic component)三个组成部门。句法部门通过合并(merge)与一致(agree)对给定的一组词项(lexical items)进行句法推导操作。从严格意义上讲,词项是一束"特征"的集合,并不是初始的句法实体。因此,从本质上来讲,句法操作的对象是特征,并不是具体的词项。

句法部门推导出来的"产品"是一对语音-语义的表征体,即<π,λ>。这一对表征体要能够分别被发音-知觉系统和概念-意向系统所识读,即要满足接口条件。如果这一表征条件满足了这一条件,推导收敛(converge),否则崩溃(crash)。对于一个给定接口来讲,什么样的表征式是可读的或者说是可解释的是非常重要的问题。Citko(2014:9)认为表征式<π,λ>只要能够分别被语言外部系统 A-P 和 C-I 解释,就具备了接口条件。简单来说,语言表征式要能被 LF 接口层和 PF 接口层所解释或"容忍"才行。那么,什么样的特征才能够被接口层所解释或容忍呢? 一般来讲,A-P 系统能够解释与语序、音节结构、韵律结构和语调等方面的特征;C-I 系统能够解释辖域、量化、指称性、有定性、命题等。

然而,无论是 A-P 系统还是 C-I 系统都不能解释结构格、语类特征等形式特征。任何无法解释的成分在到达接口之前必须在推导系统中被删除,否则会引起推导系统的崩溃,这就是特征核查理论。本研究称之为经典的特征核查理论。

**经典的特征核查理论(Feature Checking Theory/FC):**
在拼读前,核查并删除不可解释的特征。

Chomsky 在近期的著作中强调功能范畴所携带的特征决定了各种语言的差异,句法成分移位的动因是功能范畴携带了不可解释的特征。特征总是成对出现的,一个出现在词汇范畴上,另一个出现在功能范畴上。Chomsky(1995)主张凡特征必被核查。不可解释的特征不能被 LF 接口所辨认,它必须在拼读之前被删除。特征核查只删除不可解释的特征,并不删除可解释的特征。不可解释的特征被删除后,也只是在 LF 接口层不可见

(invisible)，在 PF 接口层还是可见的。然而，特征核查在句法上要满足一定的结构条件才能进行。

### 2.3.2  特征核查的结构条件

不可解释的特征的删除要通过特征核查，而特征核查在结构上要满足局域性（local）条件和一致（agree）条件。这为移位（move）和合并（merge）等句法操作提供了必要的理论动因和行为标准。局域性是指参与特征核查的双方要形成指示语-中心语关系或附加关系。一致是指在推导过程中负责给不可解释的特征定值并删除的机制。Chomsky(2000)认为一致要满足以下四个条件。

a. 活跃条件：探针（probe）和目标（goal）要满足活跃条件，而活跃是指具有不可解释的特征

b. 匹配条件：探针和目标的特征要匹配（match）

c. 内部条件：目标要在探针成分统制的域内

d. 局域条件：目标必须是探针距离最近的成分统制的成分

总而言之，基于"探针-目标"关系的特征核查双方都要具有不可解释的特征，且特征匹配；在结构上，探针要成分统制目标；特征核查时双方要形成局域关系。

特征核查理论本质上是基于探针-目标的理论。特征的删除要通过特征核查的句法操作，特征核查在结构上要形成指示语-中心语关系（Spec-Head）或者是中心语-中心语（Head-Head）的附接关系。其中，活跃的功能范畴可以成为探针（probe），探针在自己成分统制的域内寻找特征匹配的活跃的词汇范畴——目标（goal）。探针吸引目标中的相应特征，后者拖带（pied-piping）整个词汇范畴整体移位到核查域内进行特征核查，把不可解释的特征删除。

### 2.3.3  扩充的特征核查理论

从能否被 LF 接口层解释的角度，特征可以分为不可解释性

的特征和可解释性的特征；从能否被 PF 接口层"容忍"的角度，特征可以分为强势特征（strong feature）和弱势特征（weak feature）。我们知道，语言是音义结合的符号系统，认识语言的性质要结合语音、语义两个平面。而特征的"可解释性"和"强度"基本上是从语义和语音两个平面进行划分的。这样一来，特征是否具有可解释性就类似于从语义层进行分析，特征的强弱则类似于从语音层进行处理。如果上述分析对路的话，那么特征可能是"不可解释"和"强势"、"不可解释"和"弱势"、"可解释"和"强势"、"可解释"和"弱势"的综合体（complex），具体如下表所示。

**特征的解释性和强度组合情况一览表**

| 强度　解释性 | 强势特征 | 弱势特征 |
|---|---|---|
| 不可解释的特征 | A：不可解释＋强势 | C：不可解释＋弱势 |
| 可解释的特征 | B：可解释＋强势 | D：可解释＋弱势 |

由于经典的特征核查理论只涉及不可解释特征的核查处理情况，其实不可解释的特征还包括上表中的 A 和 C 两种情况，从理论上讲，不可解释的特征的核查，有进一步细化的必要。Chomsky（1995）主张可解释的特征即使经过核查，也不会删除，这对于表中的 D（可解释＋弱势）没有问题，但 B（可解释＋强势）却可能存在问题。Lasnik（1999；2003）认为强势特征必须在显性句法中被核查。因为强势特征会给 PF 接口层造成"麻烦"，需要在拼读之前删除。

根据经典的特征核查理论（FC），凡是不可解释的特征都要通过特征核查予以删除。由于弱势特征可以被 PF 接口层所"容忍"，根据经济原则，弱势的不可解释的特征的核查就会延迟到 LF 接口层再进行。相反，强势的不可解释的特征不能被 PF 接口层所"容忍"，为避免给 PF 接口层造成"麻烦"，强势的不可解释的特征一定会在拼读前进行特征核查并予以删除。这就是扩充的特征核查理论(Extended Feature Checking/EFC),可以简单地表示如下。

**扩充的特征核查理论(EFC):**

a. 在拼读前,核查并删除强势特征;

b. 在 LF 接口层,核查并删除不可解释的特征。

根据扩充的特征核查理论,一个特征不管是否可解释,只要是强势的,都必须在拼读之前进行特征核查,这样就会导致显性的句法移位;反之,一个特征不管是否可解释,只要是弱势的,在经济原则的驱动下都可以延迟到 LF 接口层再进行核查,这是一种隐性的句法操作。可解释的特征即使经过核查,也不会被删除;相反,不可解释的特征一定会被删除,有的可能是在拼读前删除,有的可能是在 LF 接口层删除(拼读后删除)。另外,强势特征一定要在拼读前删除,弱势特征则不必删除。

## 2.4  结论

在句法推导模型上,本文接受了 Hornstein 等人(2005)的建议,将"倒 Y"模型修订为"卜"字形,根本原因是在 LF 接口层移位、合并等句法操作可能仍在继续,而句法推导式一旦进入 PF 接口层,移位、合并等句法操作将不再进行。在某种程度上,LF 接口层是句法层的延伸,而 PF 接口层可能与音韵、修辞、语体、语用等有关,不涉及移位。LF 接口层的句法操作是在拼读之后,在语音上已不为我们所感知,是隐性(covert)的句法操作。因此,句法层面的移位和 LF 接口层的移位并没有本质的区别,只不过前者是显性的(overt),后者是隐性的。

特征是句法推导的基本单位,包括音韵特征、语义特征和形式特征。只有形式特征才能被句法推导所使用,因此句法学上的特征一般指形式特征。不同的视角可以把特征分为不同的类别，从能否被 LF 接口层解释来看，特征可以分为不可解释的特征和可解释的特征；从特征的强度来看（PF 接口层视角），特征还可以分为强势特征和弱势特征。

　　本研究在经典特征核查理论的基础上提出了扩充的特征核查理论，这是对经典特征核查理论的细化和扩充，以期提高理论的适用面和解释力。在扩充的特征核查理论看来，强势的特征不管是否可解释，都必须在拼读前进行特征核查，以免给 PF 接口层造成"麻烦"。拼读前的特征核查会引发显性的句法操作，在语音上可以被我们所感知。弱势的特征不管是否可解释，都要推迟到 LF 接口层再进行，不会造成语序上的变动，也就不会为我们所感知。LF 接口层的移位不涉及成分的调整和语序的变动，是一种省力的句法操作模式，体现了语言的经济性。另外，可解释的特征和弱势特征即使经过核查，也不会被删除。一句话，句法的一切推导都是为了满足 PF 和 LF 两个表达式条件，即为了解读的需要。

　　我们知道，理论不是问题的答案，理论只是帮助我们找到答案的工具和框架。何元建（2011：30）同样认为理论为描述成分结构提供了手段和工具。换句话说，本研究所提出的扩充的特征核查理论（EFC）并不是我们研究对象的答案，而是我们用以寻找答案的工具和助手。我们希望能够在该理论的帮助下进一步认知语言机制，解释语言变异，预测语言发展。

# 第三章　强势语法特征
# 与指宾状语句

> ……（指宾状语）应该是定语的词语跑到了状语的位
> 置上。
>
> ——吕叔湘（1986）

## 3.1　引言

众所周知，状语是修饰动词或全句的。换句话说，状语的语义指向一般是谓语动词或全句，如例（1a—b），这是一种"正位"状语。但是，在实际语料中也的确存在语义指向是主语或宾语的状语，如例（1c—d），这实际上是一种"错位"状语。这样一来，状语的语义指向就可能是谓语动词、全句、主语或宾语。据统计，这种错位状语大多出现在文学作品和口语中，在科技和政论文体中鲜有出现。在张国宪（2005）看来，这种"错位状语"是一种语义异指现象。所谓语义异指就是指在句法上具有直接成分关系，而在语义上这些直接成分却没有直接联系的一种形义错配现象。

（1）a. 那只手<u>迅速</u>的缩了回去。（指向谓语动词）

　　b. <u>昨天下午</u>，村西头发生了一场火灾。（指向全句）

    c. 老王<u>高高兴兴</u>的喝着小酒。（指向主语）

    d. 餐桌上<u>热热</u>的放着一杯开水。（指向宾语）

本章将研究的重点聚焦在语义指向宾语的状语，即指宾状语句。指宾状语是指处在状语位置上的状态形容词短语在语义上跟宾语相联系的一种语言现象（王亚斌 2011）。较早注意到这类句法现象的是朱德熙（1982：154；1985：53），朱先生认为这是一种句法-语义的错配现象，即在结构上动词前的形容词短语是状语，可是在语义上却跟动词后的宾语相联系。从形式上看，杨静（2015a）认为指宾状语句包含两个大类：一类是主谓句式中的指宾状语句，如例（2）；另外，例（2）中的三个例句又分别代表了制作类、感知类和呈现类三个小类。另一类是存现句式中的指宾状语句，如例（3）。从语义上看，熊仲儒（2013a）认为有致使性的指宾状语句，如例（2a），也有非致使性的，如例（2b—c）和例（3）。杨永忠（2014）就熊仲儒的观点提出了四点质疑，并给出了自己的解决方案，即在杨永忠看来，指宾状语实际上是一个"谓语动词＋补语小句"结构。

（2）a. 阿 Q 圆圆的画了一个圈。（制作类/致使性）

    b. 他热乎乎的喝了一碗粥。（感知类/非致使性）

    c. 歹徒明晃晃的抽出一把刀。（呈现类/非致使性）

（3）a. 书架上厚厚的放着几本书。（非致使性）

    b. 嘴里白厉厉的排着牙齿。（非致使性）

另据何洪峰、彭吉军（2009）的考察，这类所谓的指宾状语句古已有之，最早出现在先秦的韵文中，如例（4a—b）；当然在元明清时也可用于白话或口语，如例（4c）。

（4）a. 娥娥红粉妆，纤纤现素手。《玉台·枚乘·杂诗》

    b. 其雨其雨！杲杲出日。《卫风·伯兮》

    c. 西门庆不由分说，满满捧一碗酒。《金瓶梅》

指宾状语句古已有之，在现代汉语中又是一种比较常见的语法现象。对此我们不禁要问,造成这一现象的原因是什么? 即为什么处在状语位置上的状态形容词短语在语义上却跟宾语存在着联系? 在表层结构中处于状位的状态形容词短语又具有什么样的语法特征?

本章共包括五部分:第一部分是引言;第二部分就基于认知参照点、控制理论和补语小句的三种分析模式进行述评,为本章的研究寻找切入点;第三部分就指宾状语的语法特征、语法意义和句法语义限制进行分析,为下一部分的研究奠定基础;第四部分是本章的重点,首先对焦点及其语法性质进行界定,然后本着简化分析,提高理论解释力的目的,运用扩充的特征核查理论重新解释指宾状语这一特殊语法现象,另外还提供了支持本研究的相关旁证;第五部分是结论。

## 3.2　相关研究述评

杨静(2015a)利用认知语言学的参照点模式对主谓宾句式中的指宾状语句的属性参照点进行了分析,遗憾的是她并没有就存现句式中的指宾状语句的属性参照点给出解释。熊仲儒(2013a)在控制理论的视角下,运用致使义(cause)和达成义(become)轻动词,探讨了指宾状语句的句法生成机制,并把指宾状语句分成致使性和非致使性两类,很好地解决了空代词 PRO 的控制问题。杨永忠(2014)在讨论熊仲儒(2013a)研究的基础上,认为指宾状语句实际上是"谓语动词＋补语小句",这进一步简化了句法分析模式,提高了理论模型的跨语言解释力。

### 3.2.1　基于认知参照点的分析

认知语法的创始人 Langacker(1991;1993)认为认知参照点是人们在认知事物时通过甲事体与乙事体在心理上建立联系的认知模型。人们在选择认知参照点模型时通常要先选择一个相

对突显的参照点,并通过该参照点来认识目标。认知参照点模型
为认知实体提供了一个很好的可能,但不足之处也是很明显的,
即它只能用来认知实体,并不能用来认知属性。针对认知参照点
模型的解释力不够强大的问题,Langacker(1999)对自己的理论
进行了修正,他发现事物的属性和动作的属性通常具有某种联
系,人们有时会通过感知事物的属性来感知动作的属性。我们不
妨把这一改进的理论称为拓展的认知参照点模型。

在拓展的认知参照点模型的指导下,杨静(2015a)解释了主
谓宾句式中的指宾状语句的句法-语义错配现象,依据动词的语
义特征把指宾状语句划分为"制作类"、"感知类"和"呈现类"三个
子类别,并进行了分门别类地描写与探讨。

所谓制作类指宾状语句,即卢建(2003)、张国宪(2005)认为
的那种"施事制作受事,并有意使受事呈现某种性状",该性状在
结构上处于状语位置,但在语义上却指向了动词宾语的中心语。
杨静认为例(5)中的"那和尚""奶奶"分别是动词"泡"和"摊"的施
事,即动作发出者,"一壶茶""一张饼"是受事或成事。受事或成
事"一壶茶""一张饼"又分别具有"酽酽的"和"薄薄的"的性状。
由于受事或成事"一壶茶""一张饼"分别与动作"泡"和"摊"具有
语义上的关联,说话人为了突显动作性,就会以受事或成事的性
状为参照点来描述动作的属性。一般来讲,"制作类"动词偏向于
达成一个令人比较满意的结果,这也就解释了例(5)中的"酽酽
的""薄薄的"色彩义为何是中性或者偏褒义。但是情况远非如此
简单,偏贬义色彩的词也可以出现在这类句式中,如例(6)所示。
显然,例(6)中的"龙飞凤舞的""歪歪斜斜的"在结构上处在状位,
在语义上却分别指向了其后的宾语中心语,属于典型的指宾状
语,但是从词汇色彩义上来看,这两个状语形容词短语却又是贬
义。其实这并不难解释,"制作"可以是为某种积极的目的而实施
某种行为,当然也可以是为某种消极的目的。

(5) a. 那和尚酽酽的泡了一壶茶。

　　b. 奶奶薄薄的摊了一张饼。

(6) a. 那船老大龙飞凤舞的写下了自己的名字。

　　b. 孔乙己歪歪斜斜的写了个"茴"字。

从认知语言学的象似性原则上来看,例(5—6)中状态形容词"酽酽的""薄薄的""龙飞凤舞的""歪歪斜斜的"可能是说话人的某种期盼或愿望。所以从时间序列上来看,在句子的表层结构中愿望先于"产品"也符合象似性原则。杨静认为状态形容词前移到动词前的状语位置可以达到以下两个语用效果:一是把事物属性和动作属性精细化地联系在一起,从而使它们的关系更加紧密和凸显;二是达到了客体属性(宾语中心语)、主体属性(主语)和动作属性(谓语中心语)的高度统一,即用一个表客体属性的状态形容词短语把三者有机整合起来,从而体现了语言的经济性。从理论上来看,这也与 Langacker 的"拓展的认知参照点模型"相符合。相反,如果这些属性统统在语言表达式中进行表征,那么句子将非常臃肿,也不利于交际的顺利进行。

感知类指宾状语句是用来描述人们运用感知系统对客观存在的感知的。具体来说,人类是通过视觉、听觉、触觉、嗅觉、味觉来感知和认识世界。从语言的表征式上来看,感知者被映射到句子的主语位置,感知对象被映射到宾语位置,具体的感知动作被映射到谓语中心语的位置,而感知的具体属性信息则映射为定语或状语。属性映射为定语的是基于一般认知图式的表征,而映射为状语的是基于某种语用目的变异了的表征,这种表征所包含的信息更加丰富和复杂。从句法-语义的关联上看,主语是感事(experiencer),宾语是客体(theme)。客体表现出的性状是一种客观存在,不以人的主观意志为转移,具有不可控性。换言之,感知者无法决定所具体感知的对象,也更无法对所感知对象的具体属性施加某种影响;只能被动地接收所感知对象的属性信息,不能主动地使感知对象产生某种变化。比如在例（7）中，感事主语"那孩子"、"华老栓"是无法决定所感知客体及其具体性状或属性的，更不能使感知对象发生任何性质的变异。

（7）a. 那孩子冰凉的吃了一块雪糕。

　　b. 华老栓硬邦邦的碰到一个物件。

众所周知，人类对世界的感知是一种有目的的认知行为，而认知的结果可能是给感知者带来某种积极正面的感受，相反，也可能是带来某种消极负面的感受。从感知内容上来看，感知对象的属性必须在感觉器官的感知范围内，反映在句子中就是具体的动词要与表示宾语中心语属性的状态形容词短语或相关成分相匹配，例（8）所示。具体来说，例（8a）中的"冰冷的"能和"喝"所表示的味觉相匹配，而例（8c）中的"名贵的"则很难与"吃"表示的味觉相匹配，所示"名贵的"不能移至状位；相反，"名贵的"位于宾语中心语"月饼"前充当修饰限定性定语时，句子完全没有问题，如例（8b）所示。

（8）a. 老乞丐冰冷的喝了半碗残汤。

　　b. 老王吃了一盒名贵的月饼。

　　c. ＊老王名贵的吃了一盒月饼。

据统计，呈现类指宾状语句出现的频率比较低，可接受性程度也不高，本章以例（2c）为例加以说明。性状特征"明晃晃"是受事"一把刀"的本身具有的属性，即不会因施事或施事"歹徒"的动作"抽出"而发生任何形式的改变。我们认为，存现句式中的指宾状语句，动作也是不能对宾语的属性造成任何改变的。在例（3）中，指宾状"厚厚的""白厉厉的"分别是宾语"几本书""牙齿"的固有属性，表示动作的动词"放"和"排"不会对其造成影响（为便于叙述，我们把例（3）重抄下面）。从动作能否对宾语中心语产生能动的影响这一角度来看，呈现类的指宾状语与感知类的大体相当。因此，把感知类的单列为一类的确没有必要，只会增加语言理论的复杂度。

　　(3) a. 书架上<u>厚厚的</u>放着几本书。

　　　　b. 嘴里<u>白厉厉的</u>排着牙齿。

　　这样一来,假若从动词能否对宾语或其性状产生影响来看,我们就可以把存现句式中的指宾状语句划归到无影响义或无致使义的类别。因此,基于认知参照点的分析可能把简单问题复杂化了。基于此,把指宾状语句划分为有致使义的和无致使义的两类似乎更具合理性和简约性。

### 3.2.2　基于控制理论的分析

　　熊仲儒(2013a)根据控制理论,认为在例(2-4)中充当状语的形容词短语的原位(in-situ)是受宾语成分统制(c-command)的补足语或附加语。具体来说,在具有致使义的(2a)中,形容词短语的原位是补足语位置,其他非致使义的是附加语位置。单从简约性和概括力上来看,较之杨静的分析,我们认为熊仲儒的分析更为优选。

　　根据扩充的投射原则(EPP),句子必须有主语。特征核查理论认为定式时制 T 能够核查论元的格特征,不定式时制 T 不能核查论元的格特征。这样一来,凡是不能核查论元格特征的不定式时制范畴 T 所带的论元可能会采取没有语音形式的空代词 PRO。PRO 在结构上要满足控制理论的要求,即要受到先行语的管辖。换句话说,在结构上 PRO 要受先行语的成分统制,在语义解读上与先行语同标(co-index)。比如在例(9a—b)中,由于扩展谓词"直冒汗"、angry 的是不定式时制范畴 T,根据 PRO 定理,那么它们的外部论元只能是没有语音形式的空代词 PRO,如例(9a'—b')所示,并且在结构上该空代词 PRO 还要分别受其先行词"爷爷"和 Mary 的控制。

　　(9) a. 那段楼梯爬得爷爷直冒汗。

　　　　a'. 那段楼梯爬得爷爷$_i$[PRO$_i$ 直冒汗]。

　　b. Mary left home angry.

　　b'. Mary$_i$ left home [PRO$_i$ angry].

　　熊仲儒(2013a)认为在具有致使义的指宾状语句中,指宾状语的原位是动词补足语,在没有致使义的指宾状语句中,指宾状语的原位是处在第一个扩展主动词的轻动词短语的附加语位置,即线性上的状语位置。熊仲儒并为例(2)指派了句法结构(10)。这种解释较之杨静的解释的确更具普遍性,更符合最简方案的简约精神。但是,这种分析在解释非致使义的指宾状语句的句法推导时,可能有值得讨论的地方,即忽略了汉语中动词发生提升移位时一般不会跨越状语的这一语言事实。具体来说,在结构(10b)中动词"喝"不会跨越状语"PRO 热乎乎的"。在熊仲儒看来,结构(10b)中主动词"喝"拖带(pied-piping)轻动词 v$_1$ 首先跨越状语"热乎乎的"附接到轻动词 v$_2$ 处,在结构保持原则(Structure Preserving Hypothesis)的驱动下,状语"热乎乎的"就会以附加语的形式附接到提升了的主动词"喝"处。简言之,主动词"喝"先跨越状语"热乎乎的"移位至更高位置,由于结构保持原则,状语"热乎乎的"再发生提升移位附接到相应的附加语位置。

　　(10) a. [$_{...v_2P}$[阿 Q][[PRO$_i$ 圆圆的][$_{v_2'}$[画 - v$_1$ - v$_2$][$_{v1P}$ [一个圈$_i$][$_{v1'}$ [画 - v$_1$][$_{VP}$ [画][PRO$_i$ 圆圆的]]]]]]]

　　　　 b. [$_{...v_2P}$[他][$_{v_2'}$[[PRO$_i$ 热乎乎的][喝 - v$_1$ - v$_2$][$_{v1P}$ [一碗粥$_i$][$_{v1'}$ [PRO$_i$ 热乎乎的][$_{v1'}$[喝 - v$_1$][$_{VP}$ [喝]]]]]]]]

　　汉语中的谓语动词提升移位不能跨越状语具有普遍性,下面以例(11)为例加以说明。在例(11)中,一般认为主动词"打"之所以不能显性提升到状语之前,是因为汉语的时制范畴 T 具有弱势[T]特征。同样地,英语也有类似的现象,请看例(12)。在自然语言中,也并不是所有的语言都不允许主动词移位跨越状语,比如法语就允许,请看例(13)。在例(13)中,主动词 joue 必须显性提升至 T 处,换言之,joue 在表层结构中要在状语之前。也就是说,在法语中,主动词可以跨越状语显性提升至 T 处,而汉语和英语则不行。由此我们可以看出,虽然语言具有共同的深层结构和逻辑结构,但是它们在表层结构上还存在一定的差异。

(11) a. 徐老师经常打羽毛球。

　　　b. ＊徐老师打ᵢ经常 tᵢ 羽毛球。

(12) a. Professor Xu often plays badminton.

　　　b. ＊Professor Xu playsᵢ often tᵢ badminton.

(13) a. Professeur Xu joueᵢ souvent tᵢ au badminton.

　　　　　 *徐教授　　打　　经常　　　羽毛球*

　　　b. ＊Professeur Xu souvent joue au badminton.

　　　　　 *徐教授　　经常　　打　　　羽毛球*

从功能上来看,补语位置上的形容词并不具有修饰功能,而是具有述谓性的陈述功能(张国宪 2005)。朱德熙(1982:140—141)认为定语和状语都是修饰性成分,其语法意义在于限定和描写中心语,也就是说,定语和状语的语法功能是限定和描写其中心语。这样一来,指宾状语就不可能是由处在补语位置的形容词短语提升移位而来的,因为它们分别具有不同的语法功能。

　　基于控制理论的分析虽然在 D-结构中解决了空范畴 PRO 的控制问题,但是却忽略了状语和补语具有不同的语法功能,如果没有特别的原因,补语很难舍弃自身的述谓性的陈述功能转作修饰限定性状语的;再者,熊文在分析非致使义的指宾状语句时,忽视了汉语动词的提升移位一般不能跨越状语的这一具体限制。另外,根据熊仲儒(2003;2004:47)的功能范畴假设,处在动词补足语位置上的状态形容词短语实际上是扩展动词的功能范畴为动词选择的结果论元(result argument)。从移位类别上来看,论元的移位是 A-移位,其着陆点(landing site)只能是[Spec, XP],而不应该是附加语。以上几点正是基于控制理论对指宾状语句的分析难以回答的问题,更是值得深入讨论的地方。

### 3.2.3 基于补语小句的分析

杨永忠(2014)对熊仲儒(2013a)的句法分析模式在四个方面提出了质疑。一是认为熊文设置了过多的功能范畴,不符合最简方案的精神,杨文主张句法研究最好在现有的理论模型下进行,除非有必要不要随意增加功能范畴;二是认为熊文的句法分析模式不能推广到英语和德语的类似结构中,有特设之嫌;三是认为熊文的分析不符合汉语语感和表达习惯;四是认为熊文功能范畴的排列具有任意性,缺少经验支持。杨文前三点质疑还是比较客观的,第四点本研究认为可以继续讨论。实际上,熊文是在拓展"功能范畴假设"(熊仲儒 2003;2004:47)的应用范围。功能范畴假设由熊仲儒在其博士论文中提出,该假设比较完美地解决了现代汉语中的致使结构分析中的难题,并为致使句指派了统一的句法结构,体现了该假设的魅力。另外,第四点认为熊文的功能范畴排列具有任意性,我们认为这种批评可以讨论。在逻辑语义学看来,"致使"义要先于"达成"义,反映在句法结构上就是表"致使"义的轻动词 CAUSE 要高于表"达成"义的轻动词 BECOME。由此可见,熊文关于轻动词的排列并不随意,但是任何理论都不是万能的,都有一定的适用范围。因此,本研究认为把功能范畴假设用于分析指宾状语句是否合适还可以作进一步的探讨。

杨永忠在质疑熊文的基础上以"有界"结构为理论基础,指出指宾状语句实际上是一个"主谓词+补语小句"的结构,该结构表示一个完整事件,其中谓语动词表示动作行为,补语小句表示终点或结果。杨永忠认为状态形容词和宾语共同处在补语小句中,并假定补语小句中存在一个隐性谓词。戴曼纯(2003:124—125)曾经为附加语指派了四个可能的位置,如结构(14)所示。在戴曼纯看来,在 AdvA 处参与句法合并的成分,当 VP 提升之后就是典型的补语,一般由"得"加以标记;在 AdvB 和 AdvC 处合并的成分，句法推导结束时，处于谓语动词之前，有修饰主语的可能；在AdvD 处参与合并的成分，由于其居于句子的最高位置，成分统制所有的句法成分，所以可以修饰限定整个句子。

(14) $[_{TP}$ AdvD$[_{TP}$ Spec$[_{TP}$ AdvC$[_{TP}$ T$[_{vP}$ AdvB$[_{vP}$ Spec$[_{vP}$ v $[_{AgroP}$ Spec Agro $[_{VP}$ Spec $[_{VP}$ AdvA $[_{VP}$ V DP$]]]]]]]]]]]]]$

杨永忠(2014)依据结构(14)中的四个不同附加语位置即状语位置为指宾状语句指派了结构(15)。在杨永忠看来，充当指宾状语的状态形容词短语的基础位置是补语小句，即在小句 SC 处。他认为状态形容词出现在其他位置是移位的结果，是语义特征激发了状态形容词短语的移位。从结构(14)可以看出，小句 SC 中的状态形容词短语的前移着陆点仅有四个位置，但是根据戴曼纯的解释，这四个位置并没有一个位置在语义上是指向宾语中心语的。因此，结构(15)即使能够生成在语序上类似指宾状语的句子，但在语义上其状语未必"指宾"。单从这一点来看，不能不说这是杨永忠分析的一个遗憾之处。

(15) $[_{IP}$ 主语$[_{I'}$ I$[_{vP}$ Spec$[_{v'}$ v$[$Spec$[_{v'}$ 谓语动词$[_{SC}$ 宾语＋状态形容词$]]]]]]]$

杨永忠认为基础生成于小句 SC 内部的状态形容词短语移位的动因是语义特征。一般来讲，语义特征在 LF 接口层是可以解释的，因此移位的动因似乎不充分。众所周知，移位较之合并是一种非常不经济的句法操作，具体来说其涉及复制、移动、合并、删除、语序调整等细节。Chomsky(1995)在《最简方案》中又把经济原则放到了一个非常重要的位置。因此，出于经济原则的考虑，在句法操作中凡是不需要移位的就一律不移，能晚移位的不早移，即移位必有动因，也是最后一招(last resort)。因此，杨永忠并没有就状态形容词短语的移位动因给出合理解释，也就是说状态形容词短语移位没有充分的理据。

在汉语中,状态形容词短语不用系动词的协助也可以单独做谓语,如例(16a)中,如果强行插入类似英语中的系动词,如例(16b)所示,句子的意味则发生了改变,其语义蕴含是"老王前几天不高兴",而不含系动词"是"的例(16a)就没有这个语义蕴含。这也就是说,汉语中的状态形容词短语可以单独做谓语。在这一点上,汉语与英语有着本质的区别,如例(16c—d)所示。因此,似乎没有必要构拟一个事实上并不存在的隐性谓词,因为即使没有该谓词,也不会降低理论的解释力。

(16) a. 今天老王特别高兴。

b. 今天老王是特别高兴。

c. * Lao Wang very happy today.

d. Lao Wang is very happy today.

另外,杨永忠把状态形容词短语的基础位置指派在补语小句内部,即状态形容词短语是补语的一部分,在这一点上与熊仲儒的分析有类似之处。这样一来,不可避免地又让述谓性的补语变成限定描写性的状语。关于这一点,我们已在前文分析过。对此,李国宏、刘萍(2014)的研究支持了我们的观点。他们认为定语性状是对宾语所指客观属性的描写,而状语性状是在言语声景中伴随着动作发生而显现出的一个性状。因此,把指宾状语的状态形容词的基础生成位置处理成补语显然与传统相悖。

### 3.2.4　小结

客观地讲,杨静、熊仲儒和杨永忠三位学者各自关于指宾状语的研究,的确使我们对指宾状语句的认识达到了一个新的高度。我们知道任何研究都有一定的局限性。同样,上述三位学者的研究也不可避免。具体来说,杨静运用认知语言学的理论对指宾状语进行了详细地分类描写,从语法意义的角度将非存现句中的指宾状语划分为"制作类"、"感知类"和"呈现类"三个子类,并分门别类地探讨了它们各自的形成机制。虽然杨静的分析比较详细,但是其仍没有把存现句中的指宾状语句囊括进来。这样的话,要是综合考虑存现句和非存现句,我们推想其分类将十分庞杂,因此有把"简单问题复杂化"之嫌。

熊仲儒从语义的角度把指宾状语句一分为二:致使类和非致使类,并运用控制理论巧妙地解决了空语类 PRO 的控制问题,但却忽略了汉语动词移位不跨越状语的语法限制。我们知道,谓语中心语在发生移位时,一般不能跨越处在 VP/vP 附加语上的状语。这可能是由于现代汉语中的时制范畴 T 的语法特征比较弱,不足以让谓语中心语发生核心移位。换言之,时制范畴 T 的特征核查可能要延迟到 LF 层再进行。

杨永忠的分析更为简约,利用生成语法现有的理论模型为指宾状语指派了统一的基础结构:谓语动词+补语小句,但他并没有为状态形容词提升的理据或动因给出合理解释。在结构上,杨永忠借用了戴曼纯的分析,但是在戴曼纯所给定的位置中并没有任何一个位置可以提供给这类所谓的成分异指成分。另外,熊仲儒和杨永忠同样也忽视了补语向状语转换的语法功能限制。

## 3.3   指宾状语的语法性质与语法意义

何洪峰(2013)通过对元明清时期方式状语的考察发现方式状语可以前指,也可以后指。从语义类型上来看,前指的一般指向施事或主事,后指的一般指向受事、施事或主事。陆俭明(2013:146)认为指宾状语现象实际上是一种语义指向(semantic orientation)问题。在陆先生看来,语义指向有狭义和广义两种理解。狭义的语义指向是指句中某个句法成分与哪一个词语或哪一个成分在语义上发生最直接的联系,而广义的语义指向则专指第三人称代词或反身代词与先行词之间,或者空语类与名词性成分之间的同指关系或照应关系。由此可见,陆先生所谓的广义的语义指向类似于管辖与约束理论(GB Theory)中的约束理论(Binding Theory)。显然,本研究所讨论的指宾状语这一语言现象属于狭义的语义指向,并不是广义的语义指向。本节将从指宾状语的基础位置、句法语义限制和语法特征三个方面进行分析。

### 3.3.1　指宾状语的基础位置

由于处在状位的状态形容词在语义上与宾语存在联系,因此一般认为指宾状语的原位可能是处在宾语中心语的修饰语位置(王亚斌 2011;祁文慧、张智义 2016);也有学者认为指宾状语的原位是处于动词的补足语或 VP 的附加语位置(熊仲儒 2013a)。显然,上述两种观点都与生成语法主流的移位理论相符合,因为成分的移位一般是上移,不允许下移。祁文慧、张智义(2016)认为在指宾状语句中生成于基础位置的形容词短语或其他成分没有不可解释的形式特征需要核查,移位的动因是移位成分为了获得[dynamic]、[durative]等新的语义特征。很显然,这种观点有合理的成分,但也有值得商榷的地方。其合理性体现在承认指宾状语句是个派生句式,即承认表层结构中状态形容词短语所在的状位不是基础位置,而是经移位推导后的派生位置。而主张"状态形容词短语在基础位置没有不可解释的形式特征,移位是为了获得相关特征",这一点显然有悖于特征核查理论的基本假设,即词项是以饱和的状态参与句法推导的。

熊仲儒(2013a)认为指宾状语的原位是动词的补足语或附加语位置,而杨永忠(2014)则提出与之不尽相同的观点,认为指宾状语实际上是谓语动词的补语小句。根据 3.2.2 节的分析,在深层结构中,非致使句中的指宾状语不可能处于 VP 的附加语位置。因此,认为指宾状语的基础位置是动词补语或 VP 附加语可能与一致性的方法论要求不相符合。

从指宾状语在句子中的相对语序来看,当多项状语共现时,指宾状语的语序等级和语序自由度总是处于最低层级(郭中

2007；靖立坤 2015），其原因可能与郭中（2012）提出的"语义靠近原则"有关，即指宾状语在语义上指向宾语，所以要尽可能地靠近宾语。这也就是说，指宾状语在线性距离上是距离宾语中心语最近的状语。这为修饰宾语中心语的成分前移在距离上提供了可能，即移位要满足局域性要求。换言之，若是"语义靠近原则"成立的话，也从一个侧面印证了指宾状语的原位是宾语中心语的修饰语，即定语。

这样一来，把指宾状语的基础位置处理成宾语中心语的修饰语（定语）位置可能更符合方法论的一致性要求，也可能更符合母语为汉语的说话人的语感。

### 3.3.2　指宾状语的句法语义限制

李劲荣（2007）注意到不是所有宾语中心语的定语成分都能移位到动词前的状语位置，反过来讲，也不是所有的状语都能后移到宾语中心语前做定语。换句话说，并不是所有的词类都可以移位到动词短语前的状语位置充当指宾状语，指宾状语要受到一系列的句法语义限制，比如词类及其形态、语义和体等。

第一，词类及形态方面的限制。形容词作状语时一般表示的是动作的方式或状态，其性质是描写性的，不是限制性的。何元建（2011：162）认为描写性的副词是从形容词中"借用"来的。张国宪（2005）发现充当指元状语（语义指向论元）的形容词一般以复杂形式出现，即表物形容词在状位异指时一般要具有显著的形态特征，甚至有的形容词不重叠就不能充当状语。换言之，能够充当状语且语义指向是宾语中心语（名词）的形容词必须采用重叠式，通常是 AA 式、ABB 式或 AABB 式，比如例（17）。这也就是说，从词的语法范畴来看，只有状态形容词才能充当指宾状语。这是因为状态形容词本身固有一种量的属性或者是与说话人对这种属性的主观评价发生了联系。沈家煊（2015a：321）也认为状态形容词做状语时的语义指向常常是与动词相关联的名词。据赖慧玲(2015)对重叠式数量结构的研究,她发现数词"一"与量词的组合形式重叠为"一量一量"或"一量量"时也可以充当指宾状语;更为重要的是,充当状语的"一量一量"或"一量量"可以变换到宾语中心语前作定语,且基本语义不变,也就是变换前后的语义真值条件等值,比如例(18)。对此,我们认为重叠后的数量结构"天生"具有"量"的特征,其内在"量"的属性已类似于状态形容词,所以它能够充当指宾状语。从词类及形态上来看,只要能满足搭配上的要求,状态形容词的复杂形式或数量结构的复杂形式就可以前移充当指宾状语。这里所说的搭配主要是指语义的兼容和语法上的匹配。

(17) a. 薛林二人也吃完了饭,又酽酽的喝了几碗茶。(《红楼梦》)

   b. 也这么给姑娘热热儿的倒碗茶来。(《新儿女英雄传》)

   c. 花也不多,圆圆的排成一个圈,不很精神,倒也整齐。(《鲁迅小说集》)

(18) a. 撩开门帘,发现是周伯伯坐在矮凳上,一束一束地择理韭菜根。(李英儒《野火春风斗古城》)

   b. 安兆丰和周凤山又拿起一张,一片一片地撕碎,勉强地吃着。(吴强《红日》)

第二,语义方面的限制。语言的演变和语用动机会诱发词语的句法异位,而词语的句法异位是在真值语义条件不变的前提下某词语可能实现的所有句法位置。具体从语义特征上来看,我们知道,状语表示的是一种方式或状态,因此在指宾状语句中具有[临时]义、属性[可变]义的的形容词一般可以前移到动词前作状语,而表示本质属性的形容词短语则很难前移至状语位置。李劲荣(2007)认为动词要具有[＋动作性],这里的[＋动作性]是相对于[＋自主性]和[＋致使性]来说的;修饰宾语中心语的状态形容词短语所表示的性状要具有[＋渐成性]的特点，这是相对于宾语中心语的[＋渐成性]来说的。因此，从语义上来看，指宾状语之所以能发生句法异位是因为异位成分（状态形容词短语、数量词短语）、动词和宾语中心语同时满足了语义上的种种要求或限制，即动词要具有动作性，异位成分要具有[临时]特征的可变义，例(17—18)无不如此。

　　第三，体范畴(Aspect Category)方面的限制。从体范畴上来看，由于汉语指宾状语多数涉及两个参与者，一般来讲第二个参与者是"产品"。因为"产品"代表的是一种结果或终结，所以动词后一般要加完成体标记"过"或"了"。这也就是为什么不能用表进行体的"着"，而能用表完成体的"着"的原因。这也就是说，指宾状语可与完成体共现，不能与进行体共现；存现句由于特殊的句式义，可以允许出现非完成体。虽然在非存现句中，指宾状语可以用非完成体，而普通宾语中心语定语句不能用非完成体。对此，我们的解释是存现句之所以能够允许出现非完成体，可能与存现句式本身固有一种"存在、出现或消失"的存现语义有关，如例(19)。换句话说，这种存现语义实际上也是一种完成或完结，可以看作是从语义的角度对非完成体的一种补偿。

　　(19) a. 妈妈薄薄的煎了一张饼。

　　　　　b. 床上厚厚的铺了/着一层棉被。

### 3.3.3　指宾状语的语法意义

　　何洪峰、彭吉军(2009)发现指宾状语从先秦至宋代只用于韵文，元明清也可用于白话口语，他们认为指宾状语形成的动因是表达说话人的某种主观情感或凸显某种认知视角。虽然他们并没有明确指出指宾状语表达了哪种情感或凸显了何种视角，但是从其表述中我们不难推出说话者想要凸显强调的正是前置的相关成分（状态形容词短语或数量词短语），这是因为状态形容词短语或者说是数量词短语可以与情感紧密联系。李劲荣(2007)也曾有类似的看法,他认为成分异位作状语后降低了句式的及物性特征,改变了常规的句末焦点结构,从而使性状成为凸显的焦点。同样,孟艳华(2011)认为现实事件句、静态场景句和非现实事件句中的指宾状语句都是对某种意图、物体或场景的某种特征的凸显,即都是对指宾状语的某种凸显。

从常规认知图式的视角来看,定语和中心语的关系是背景-图形(ground-figure)的关系,即定语是背景(ground),中心语是图形(figure),但是当定语修饰语提升到状语位置后,导致背景与图形在句法结构上产生了分离,使提升了的修饰语被提取了状态焦点,其语义得到凸显和强化,最终把提升了的修饰语转成为了事实上的或者说是变异后了的焦点。

从主观化理论的视角来看,汉语形容词短语做修饰语时出现的语义异指现象,体现了说话人对识解对象识解(construe)方式的变化,也正是这种识解方式的变化导致形容词短语的语义由静态性状义转变为动态情状义。换句话说,语义异指是一种形义错配的语言表达式,它既是对概念内容的显性编码,又体现了对概念内容的识解方式。因此,从主观性程度上来看,异指句要比同指句的高。换句话说,指宾状语句具有较强的主观性。实际上,在语义上并不指向动词的状语有时也体现了说话人的主观性,表达了一个定量概念,即只有定量性状的状态形容词短语才可以出现在该位置。实际上,指宾状语的性状形容词短语本质上表达的是一个主观性成分,表达了说话人对言语事件中事物的凸显性认识。句法异变后的指宾状语是说话人要强调的重点信息,是句子的焦点。

把状语分析成句子的焦点成分,可以得到 Talmy(2000/I: 258—309)注意窗(windowing of attention)理论的支持。Talmy 在分析"On 26 July 1909 Louis Bleriot flew across the English Channel from Les Baraques to Dover."时,指出 across the

English Channel 激活了整个运动事件框架(motion event-frame)的"路径"(path),from Les Baraques to Dover 则确定了路径的起点(initial point)和终点(final point)。路径及其起点和终点在认知上就被前景化,这种把事件框架中某个部分前景化的认知过程就是注意窗。显然,注意窗理论关注的是在整个运动事件中处于前景部分的成分。显然,处于前景部分的状语成分就是句子的焦点成分。

### 3.3.4　小结

总之,指宾状语是一种语义异变现象,有着比较久远的历史。表层结构的状位不是其基础位置,其原位可能是位于谓语中心语之后的宾语中心语的修饰语位置。指宾状语这类成分异指现象,我们猜想可能是在某种句法特征的激发下,处于宾语中心语修饰语位置的成分经过句法移位而来的。换言之,指宾状语在表层结构中的位置是个派生位置,不是其原生位置。

从词类范畴和形态类型来看,并不是任何词类或词类的任何形态形式都能够充当指宾状语。一般来讲,只要在语义上搭配,且具有"量"特征的状态形容词的复杂形式和数量结构的复杂形式才可以进入该位置;同时,进入该位置的相关成分要受语义和句法相关规则的制约。从功能上来看,充当指宾状语的成分一般起描写性作用,不具有限制性功能。从语法特征上来看,指宾状语表征了说话人的主观性,凸显了说话人的某个方面的意图,具有强烈的焦点属性。

## 3.4　基于扩充的特征核查理论(EFC)的句法分析

### 3.4.1　焦点与强势焦点

焦点本来是光学上的一个概念,指光线经过透镜折射后的会聚点。Halliday(1967)、Chomsky(1971)、Jackendoff(1972)、

Teng(1979)等较早地把"焦点"这一概念借用在语言学研究上。焦点与预设相对,它是一个语用概念。在句法上,焦点这一语用概念会抽象化为一种形式特征,可以记作[焦点]或[F],它可以被句法推导系统所使用。在徐杰(1999a;2001：117—124)看来,所谓焦点是指说话者认为不是听说双方共有的信息,是需要特别强调的信息,但信息所受到的强调在程度上是有强弱差别的。一般而言,信息的强度是以说话人为中心(speaker-oriented),主要表明说话人打算实施的言语行为(performance)或对命题的主观态度及其个人评价(强星娜 2013)。何元建(2011：389)认为焦点是经过强化了的新信息,焦点可以通过焦点结构来获得,也可通过语音、形态方式获得。简言之,焦点的实质是指信息的强度,主观性(subjectivity)是焦点强度的区别性特征。因此,焦点的强弱与说话人的主观性密切相关。

徐杰、李英哲(1993)认为每个句子至少有一个焦点成分,各个焦点所受到的强调程度是有强弱差别的。就句子成分成为焦点的可能性或受说话人强调的不同程度而言,他们曾经给出过一个选择序列。本研究借鉴吸收了徐、李二位先生的主要观点,并借用数学中"数轴"的概念对其稍加改造表示如下。

| 弱势焦点 | 一般焦点 | 强势焦点 |
|---|---|---|

话题成分→中心成分→一般修饰成分→"把"字句→数量成分→"连/就/才"强调的成分→"是"强调的成分

从上面的示意图即"焦点轴"中我们可以看到,一般来讲,话题成分的[焦点]特征强度最弱,加用标记"是"的成分的[焦点]特征强度最强。一般修饰性成分较之中心成分更容易成为焦点,但是从上图所反映的序列来看,修饰性成分在"焦点轴"中所处的位次相对较低,不是强势焦点。换句话说,定语或状语不是强势焦点。当然,这只是就一般意义而言的,一个成分是否具有强势[焦点]特征,是受主客观等多种因素的制约的,其中起决定性的是说话人的主观因素。在某些场合下,说话人迫于某方面的压力可能会刻意强调某个成分,这样一来,这个成分就会成为强势的焦点。比如,在上图中话题的[焦点]特征最弱,按说最不可能成为说话人强调的焦点信息,但是有时也可能会成为强势焦点。据司罗红(2015)报道,他发现话题标记"光"可以引导名词、动词或介词短语充当话题焦点,比如例(20b)中的"张三"显然是交际的起点,是话题成分,按说信息量应该是最少的,但是"张三"前面若加了焦点标记词"光"(如例(20c)所示),"张三"就具有了强势[焦点]特征了。

(20) a. 张三有三套房子。

b. 张三嘛,有三套房子。

c. 光张三,就有三套房子。

话题焦点的概念最早由刘丹青、徐烈炯(1998)提出,他们认为话题焦点通常用前置或后置的话题标记来表示,后置标记是指句中的语气助词,如(20b)中的"嘛",前置标记是指"是""光""连"等。加用焦点标记词的成分一般具有强势[焦点]特征;未加的可能具有强势[焦点]特征,也可能具有弱势[焦点]特征。焦点特征的强弱一方面固然与充当的句法成分即所处的句法位置有关,但另一方面也与说话人的主观视点有关。若说话人刻意强调某一成分,即便是该成分在"焦点轴"中处于较低的序列,它也有可能成为强势的焦点。

### 3.4.2 基于 EFC 的指宾状语句的句法推导

下面仍以例(2—3)中的句子为例,探讨基于 EFC 的指宾状语句的句法特点及其推导过程。按照杨静的观点,例(2)和例(3)分别代表了主谓宾句式和存现句式中的两种不同的指宾状语句,其中例(2)又包括了制作类、感知类和呈现类三个小类。熊仲儒对例(2—3)所代表的两类句式进行了整合,并以致使义的有无为标准进行了分类研究。杨永忠把它们统统划归到"补语小句"中。客观地讲,上述三位学者都在自己的理论框架内对指宾状语句进行了精细描写和分析，从不同的理论视角对汉语中的这一句法现象进行了理论解释，讨论了其中的句法机理。若从 Chomsky 一直追求的简约性上来看，熊仲儒和杨永忠的分析在技术上似乎更具简约性。

　　然而，在扩充的特征核查理论（EFC）看来，无论是致使性的还是非致使性的指宾状语句，都可以整合到同一个"菜篮子"里进行统一分析。李劲荣（2007）曾明确指出，语义上描述宾语的状态形容词短语前置于动词充当状语时，二者之间存在着一定的变换关系，变换的动机就是使状态形容词短语所描述的性状成为焦点。在本研究看来，李先生的判断是正确的。依据 EFC 理论，焦点只有强弱之分，没有类型的差异。当说话人想要突显强调某一句法成分时，该成分就有可能具有强势的[焦点]特征。需要说明的是，[焦点]特征是抽象的语法特征或形式特征，仅能被句法推导系统所识别和使用，对于 PF 接口层和 LF 接口层来说，该特征是冗余的，是必须被删除的。

　　吕叔湘（1986）曾指出指宾状语句是"充当定语的词语跑到了状语的位置上"，我们赞同吕先生的观点，但更关心充当定语的词语为何能够跑到状语的位置上去？

　　依据吕先生的观点，例（2—3）的定语到状语的变换关系可分别表示为例（21）和例（22）/例（21'）和例（22'）。在例（21—22）或（21'—22'）中，状态形容词短语处在名词的定语位置，是修饰语。① 根据徐杰（2001：141）"修饰语较之中心语更容易成为焦点"的观点，因此，在一般情况下充当定语的状态形容词短语可能是句子的焦点。另外，如果说话人刻意强调该状态形容词短语，

---

　　① 朱德熙（1982：140—155），黄伯荣、廖序东（2017：5）都把定语和状语统一称作修饰语，这说明定语和状语无论是在语法功能还是在语法性质上都有一定的相似性。实际上，这就为定语转化为状语提供了理论上的可能。

那么它就完全可能具有强势的[焦点]特征。

(21) a. 阿Q画了圆圆的一个圈。  →a'. 阿Q圆圆的画了一个圈。

　　 b. 他喝了热乎乎的一碗粥。  →b'. 他热乎乎的喝了一碗粥。

　　 c. 歹徒抽出明晃晃的一把刀。  →c'. 歹徒明晃晃的抽出一把刀。

(22) a. 书架上放着厚厚的几本书。  →a'. 书架上厚厚的放着几本书。

　　 b. 嘴里排着白厉厉的牙齿。  →b'. 嘴里白厉厉的排着牙齿。

(21') a. 阿Q画了一个圆圆的圈。  →a'. 阿Q圆圆的画了一个圈。

　　 b. 他喝了一碗热乎乎的粥。  →b'. 他热乎乎的喝了一碗粥。

　　 c. 歹徒抽出一把明晃晃的刀。  →c'. 歹徒明晃晃的抽出一把刀。

(22') a. 书架上放着几本厚厚的书。  →a'. 书架上厚厚的放着几本书。

　　 b. 嘴里排着白厉厉的牙齿。  →b'. 嘴里白厉厉的排着牙齿。

　　下面我们以(21a)为例(其他与之相同),探讨指宾状语句的句法推导过程。一般情况下,充当定语的状态形容词短语是焦点(因为它是修饰语),若说话人不是刻意强调的话,那么它可能只具备弱势[焦点]特征。根据EFC,不可解释的弱势[焦点]特征可以延迟到LF接口层再进行特征核查,那么在线性上的表现就是状态形容词短语处于定语的位置。若说话人刻意强调该性状,那么它就具备了强势[焦点]特征。根据EFC,不可解释的强势[焦点]特征就需要在拼读前进行特征核查。这样一来,就会引发显性的句法移位,在线性上的表现就是充当定语的状态形容词短语提升到状语位置,成为指宾状语。上面的分析可以用树形图大致表示如下。

　　在下面的树形图中,功能范畴Foc具有不可解释的EPP特征或者说具有边缘特征(EF/edge feature),因此Foc是活跃的探针(probe)。探针Foc在自己成分统制的域内搜寻特征匹配(match)的目标(goal)进行特征核查。状态形容词"圆圆的"是说话人重点强调的对象,在句法上就会内化为一种抽象的形式特征——强势的不可解释的[焦点]特征。因此,"圆圆的"就成为活

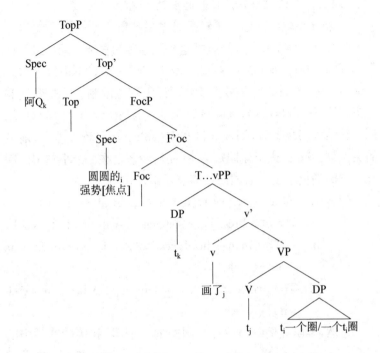

跃的目标。强势[焦点]特征对于 PF 接口层来说,是不能"忍受"
的,必须在拼读之前将其删除。由于 Foc 和"圆圆的"特征匹配,
双方建立一致(agree)关系,Foc 为"圆圆的"的不可解释的强势的
[焦点]特征定值,并将其删除。同时,"圆圆的"显性移位到
[Spec,FocP]处,满足了 Foc 的 EPP 特征。

　　在汉语语法研究中,将焦点成分采用特征核查的办法进行推
导并非我们的首创,沈阳、何元建、顾阳(2000:416—417)就曾运
用该方法分析汉语中焦点范畴,但是他们并没有区分强势焦点和
弱势焦点。正如我们前文所指出的那样,不同强度的焦点在表层
句法结构上所引发的句法操作不同,因此它们是两种不同性质的
焦点。

### 3.4.3 定语"圆圆的"提升的理论可能性

Ross(1967)在研究句式转换时发现英语中复杂名词短语在移位时存在一定的限制,Ross把这种现象称为复杂名词词组移位限制(Complex Noun Phrase Constraint/CNPC)。下面以徐烈炯(2009：186)的例子来说明复杂名词词组移位限制。依据管辖和约束理论(GB Theory),例(23a'—b')分别是例(23a—b)的D-结构。从结构层次上看,例(23a')和例(23b')存在较大差异,前者的关系词 who 内嵌于介词短语中,而后者却是在一个小句中。因此,(23b)违反了复合名词词组移位限制,而(23a)没有。

(23) a. The man who I read a statement about is sick.

a'. The man I read $[_{DP}$ a statement $[_{PP}$ about who$]]$ is sick.

b. ∗ The man who I read a statement which was about is sick.

b'. The man I read $[_{DP}$ a statement $[_{SC}$ which was about who$]]$ is sick.

显然,本研究例(21a)中的"圆圆的一个圈"和例(23b')中的 $[$DP a statement $[$SC which was about who$]]$ 并不等同。在范畴上,前者是经过关系化操作而生成的一个 DP,而后者则包含一个小句(small clause)。因此,"圆圆的一个圈"中的"圆圆的"的提取可能并不会违反复合名词词组移位限制。

所谓关系化,是指功能范畴 n 扩展 vP。具体来说,vP"一个圈圆圆的"被功能范畴 n 扩展,生成 nP,nP 再被 D 扩展,生成 DP,其推导过程可以用结构(24)表示。具体来说,DP"圆圆的一个圈"的基础形式是 vP"一个圈圆圆的"。处于[Spec, vP]处的"一个圈"在关系化的推动下提升到[Spec, nP],后来由于限定范畴 D 参与句法合并,导致具有限定描写功能的状态形容词短语"圆圆的"提升到[Spec, DP],从而得到"圆圆的一个圈"。这样一来,我们就顺利地得到了 DP"圆圆的一个圈"。这样分析,只要能使语迹得到约束就可以了,事实上在结构(24)中语迹的约束已不是问题;另外还避免了引进空语类 PRO,因此也就不必再考虑其控制问题。

(24) $[_{DP}$ 圆圆的$_j$ $[_{D'}[D]$ $[_{nP}$ 一个圈 i$[_{n'}$ $[n]$ $[_{vP}$ t$_i$ t$_j$$]]]]]

简单来说,在体词性成分"圆圆的一个圈"中,修饰性成分"圆圆的"投射在最外围的指示语位置①,我们可以用树形图简要表示如下:

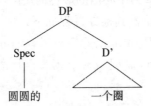

在结构(24)中,指示语"圆圆的"和中心语"的"处在边缘位置(edge position),根据 Chomsky(2001)语段不可穿透性条件(PIC),即边缘位置是句法移位的逃生口。换言之,对上一级语段(phase)而言,边缘位置是可见的(visible)。因此,说话人所强调突显的充当定语的状态形容词短语"圆圆的"提升到状语位置就具备了理论上的可能。

把修饰语"圆圆的"投射在指示语位置,我们其实是借鉴了Radford(2009:55)的相关分析。Radford 在分析副词短语的修饰语时,就曾将 very 投射在其指示语位置,下面 Radford 的分析过程。

(25) Speaker A:How does your mother feel about your brother's success?

Speaker B:(i)Proud of him. (ii)Very proud of him.

① 何元建(2011:114)将"的"字短语投射在附加语位置,虽然与这里的分析不尽相同,但这并不影响"圆圆的"的提升,具体分析见下文。

显然,"very proud of him"与"proud of him"相比多了一个very,能否把 very 处理成 very proud of him 的中心语呢? 如果very 是中心语的话,那么 very proud of him 就是一个副词短语(AdvP/Adverbial Phrase)。这样的话就存在一个问题,即"How does she feel?"可以用一个形容词性成分比如 happy 来回答,而不能用副词性成分 happily 来回答。同样地,由于 very proud of him 可以用来回答例(25)中的 How-问句,因此 very proud of him 一定是以 proud 为中心语的形容词短语,不是以副词 very 为中心语的副词性短语。其推导过程如下:介词 of 与代词 him 合并生成介词短语(PP)of him,然后与形容词 proud 合并生成形容词短语 proud of him,副词 very 在形容词短语 AP 的指示语位置合并。

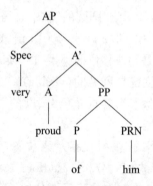

不可否认,从语感上来看,"一个圆圆的圈"也是可以接受的,如例(21'a)所示,"圆圆的"就处在了内嵌位置。这样的话,数量结构"一个"是否会对其提升造成阻碍呢? 应该不会。类似的移位在英语中就有,比如漂浮量词(floating quantifier)就是一个典型的例子。在主语内部生成假说(Subject-inside -VP Hypothesis)看来,例(26a)中的主语 all the travelers 基础生成在[Spec,VP]处,在格的驱动下,the travelers 以 DP 移位的方式提升到[Spec，TP]处，量词 all 悬垂在原位，如例(26b)所示。当然，这一点在形态变化丰富的葡萄牙语和德语中表现的就比较明显了。在例(27a)葡萄牙语的例子中，漂浮量词要与相关 DP 的性和数一致；类似地，在例(27b)德语的例子中，漂浮量词要与相关 DP 的格一致。这样一来，我们就有理由让"一个圆圆的圈"中的"圆圆的"越过"一个"进行提升。

(26) a. All the travelers have drunk from the well.

　　 b. The travelers$_i$ have all t$_i$ drunk from the well.

(27) a. As meninas tinham todas/ * todos almoçado.（葡萄牙语）

　　　 *the girls had all. FEM. PL/all. MASC. PL had. lunch*

　　　 The girls had all had lunch.

　　 b. Diesen Mädchen gefällt der Peter * alle/allen.（德语）

　　　 *these. DAT girls pleases the. NOM Peter all. NOM/all. DAT*

　　　 These girls all like Peter.

　　何元建(2011：114)曾为"数量词＋的字短语＋名词"(QP＋PartP＋N)指派过如下结构，他明确指出 PartP＝状态形容词＋的。很明显，在 NP 这个最大投射中，"状态形容词＋的"处在附加语位置。根据结构保持原则，当 NP 扩展到 DP 时，"状态形容词＋的"同样会处在附加语位置。Chomsky(2008)认为 DP 和 CP 都是语段。根据语段不可穿透性原则(Phase Impenetrability Condition/PIC)，附加语对于上一级的探针来说是可及的。这就从理论上为状态形容词短语"圆圆的"提升提供了又一可能。

　　另外，李国宏、刘萍(2014)认为定语表示的是事物固有的属性，处在自然焦点位置，因此说话人已没有办法再对它进行显性的焦点化。上文我们曾提出焦点的强弱在很大程度上取决于说话人的主观视点。如果此时说话人想凸显强调状态形容词，但由于它处在定语的自然焦点位置，这样一来唯一的办法就是将之移走。我们知道，定语和状语在语法功能上都是对中心语的限定和

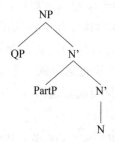

描写。这样的话,定语向状语的转化就不会有功能上的障碍。另外,状语一般不是对客体客观属性的描写,而是对说话者主观情绪的表达,这又为表达主观性的强势焦点提供了一个可能。实际上,这也从另一个侧面解释了为什么指宾状语的状态形容词会从定位提升移位到状位。

### 3.4.4 "黑黑的染了头发"与"染了黑黑的头发"

卢建(2003)发现汉语中描摹事物性状的词语与事物名词之间存在一种自然的联系,因此它们一般出现在定语的位置上,但有时也可以现在状语的位置上。但是出现在状语位置上的摹物词语与定语位置上的有时会有不同的语义蕴含,另外在变换的平行性上也有差异。请看例(28)。

(28) a. 扔过来一个黄黄的香蕉。→ *黄黄的扔过来一个香蕉。

　　　b. 染了黑黑的头发。　　→ 黑黑的染了头发。

　　　c. 熬了锅稠稠的粥。　　→ 稠稠的熬了锅粥。

例(28)中的三组句子代表了摹状形容词短语提升的三种情况。具体来说,例(28a)中处在定语位置的摹物形容词短语"黄黄的"提升到状位后导致句子不合法,不合法的原因是状中不搭配(我们在前文中已分析)。虽然例(28b)处在定语位置的"黑黑的"可以提升到状语位置,但是提升后句子的语义蕴含却发生了细微的变化。具体来说,在"染了黑黑的头发"中,"黑黑的"是头发固有的属性,是在实施"染"这个动作之前就具有的状态,而在"黑黑的染了头发"中,"黑黑的"表示的是"染"这个动作所造成的结果,而在实施"染"这个动作之前头发的颜色属性是不能确定的。例(28c)变换后句子的语义内涵并没有类似例(28b)的变化。例(28a)和例(28c)中的摹状形容词短语一个不能由定位提升到状位(搭配原因),一个提升后语义蕴含基本没有改变,因此它们不会对本文的分析构成威胁。但是由于例(28b)中的摹状形容词短语由定位提升到状位后,句子的语义蕴含显著不同,这就对本文的分析形成了严重挑战。

　　据李劲荣(2007)研究,在语义上描述宾语中心语的状态形容词短语可前置于名词作定语,也可前置于动词作状语,二者虽然在语义上并不完全等同,但也存在一定的变换关系。这实际上是说在指宾状语和宾语中心语的修饰语在深层结构中可能是同一成分,或者说指宾状语由后者转换而来,或者相反。需要指出的是,这里所谓的语义不同,只是语用义的不同,并不涉及真值语义条件。语用义的变化,可能是由于状态形容词的提升导致其辖域的扩大而造成的①。具体来说,原位处于宾语修饰语的状态形容词的辖域就是其修饰的名词短语,而提升到状语位置后其辖域则扩大到整个 VP,即 V+NP。特定成分辖域的不同会造成不同的语义解读,这一点其实并不难理解。比如,在火车站售票窗口或检票口我们会经常看到"军人依法优先"的标牌,为什么不是"依法军人优先"呢? 根本原因就是两个句子的语义蕴含不同,即状语"依法"的辖域不同,前者可以解读为"军人在法律规定的条件下优先",而后者则是"按照法律,军人在任何条件下都优先",显然后者的表述是不准确的。

　　另外,我们认为例(28b)并不能威胁到本研究的分析。徐杰(2015)在分析英语分裂句(cleft sentence)时,发现受强调的焦点

---

① 这一点是香港中文大学的郑兆邦博士告诉笔者的。

成分在表层结构所处的位置都不是其基础位置。换句话说,作为焦点成分,它们都被移至句首,前面又添加了 to be 系动词充当焦点标记词。同汉语中的"是"一样,英语的 to be 也是个动词。因此,to be 在作为焦点标记词使用的同时还要遵守动词的规则。英语中与动词有关的规则和汉语又有所不同,其中一个重要差别就是英语加进这个动词后,无端地又额外制造了一个谓语。众所周知,英语不允许出现无主句,因此加进这个动词后,还要再添加一个虚主语 it 来满足一条跟这里所关心问题无关的条件(参看例(29),引自徐杰(2015))。换句话说,英语和汉语都可以通过添加系动词"是"/is 来标记焦点,但是英语中在添加焦点标记词 is 的同时还要再添加一个的虚主语 it;虚主语 it 不是焦点标记的硬性要求,它只是一个为满足某种句法操作所附带的副产品(by-product)。

(29) a. It is the new house$_i$ that John will buy t$_i$ for his mother.

b. It is for his mother$_i$ that John will buy the new house t$_i$.

c. It is John$_i$ who/that t$_i$ will buy the new house for his mother.

d. It was your cat$_i$ that I found t$_i$ in the park.

e. It is not Bill$_i$ that Mary hates t$_i$ badly.

在这里,我们同样也想借用徐杰关于"副产品"的概念来解释"黑黑的染了头发"不等于"染了黑黑的头发"。我们知道,语序在现代汉语中是重要的表义手段。说话人出于强调摹状形容词"黑黑的"的目的将其由定语位置提升到状语位置,在摹状形容词"黑黑的"提升作焦点的同时,意想不到的事情发生了,即导致句子的语义蕴含发生了细微变化。这种语义蕴含的变化与我们当前所讨论的问题完全没有关系,只是句法操作即语序的改变所带来的一种"副产品"。这里与英语中的焦点成分前添加焦点标记 is 后,还要再追加一个虚主语 it 一样,都是句法运算带来的"副产品"。其实这种现象并不难理解,比如医学中的化疗在杀死病变细胞的同时也会杀死部分正常细胞,其中正常细胞被杀死就是化疗所带来的副作用。同样的道理,处在定语位置的摹状形容词提升到状语位置后是为了强化焦点,但也有可能会带来语义蕴含的细微变化,这种变化是句法成分移位带来的"副产品"或者说是产生的"副作用"。

### 3.4.5 旁证:领主属宾句和带保留宾语的被动句

徐杰(1999b)运用"领有名词的提升移位"(Possessor Raising Movement/PRM)的句法规则对"领主属宾句"和"带保留宾语的被动句"进行了统一分析,他认为这两种句型适用同一种句法规则。客观的讲,徐杰的"领有名词的提升移位"简化了句法规则系统,提高了理论的解释力。

(30)领有名词的提升移位(PRM)

在"领主属宾句"和"带保留宾语的被动句"两种句式中,将领有名词从深层宾语中的定语位置移至全句主语位置。

在管辖和约束理论看来,(31a'—b')是 D-结构,(31a—b)就是 S-结构。徐杰(1999b;2001:47)根据领有名词的提升移位规则,为例(31a—b)指派了结构(32),他暂时没有考虑"的"字的删除。在结构(32)中,领有名词"那老头"和"老王"的不可解释的强势[主格]特征被时制范畴 T 核查并删除,同时"那老头"和"老王"移位到[Spec,TP]处,满足了 T 的 EPP 要求。而"一颗门牙"和"一台电脑"的部分格则被扩展主动词的轻动词给予核查。从结构(32)中,也可以清晰地看出领有名词"张三"和"老王"可以突破"复合名词词组移位限制"。

(31)a. 那老头掉了一颗门牙。

a'. 掉了那老头的一颗门牙

　　　　b. 老王被偷了一台电脑。

　　　　b'. 被偷了老王的一台电脑

（32）a. [$_{TP}$那老头[$_{T'}$[T][$_{VP}$掉了[$_{NP}$那老头的[$_{N'}$两颗门牙]]]]]

　　　　b. [$_{TP}$老王[$_{T'}$[T][$_{VP}$被偷了[$_{NP}$老王的[$_{N'}$一台电脑]]]]]

　　领主属宾句和带保留宾语的被动句的句法推导说明在汉语中充当修饰性成分的领有名词是可以突破"复合名词词组移位限制"的。这从一个侧面证明了例（21'—22）和（21'—22'）中关于充当定语的状态形容词前移至状语位置在经验上也是可行的。丁仁（2009）认为由于汉语的领属者与被领属者之间不存在像日耳曼语系那样丰富的一致/呼应（agree）关系，因此容许领属者移位至名词组处的 A 杠位置。

### 3.4.6　基于 EFC 理论分析指宾状语句的优势

　　第一，具有简约性，符合最简方案的理论追求。EFC 理论视角下的指宾状语句的句法推导模式不考虑句式义，即不论是存现句还是非存现句，也不考虑谓语动词是致使性的还是非致使性的，统统划拨到同一个"菜篮子"里用同一个句法模型来解决。另外，本研究对特征核查理论进行了拓展和细化，在不增加新的功能范畴和参数的情况下同样解决了空语类 PRO 的控制问题，提高了理论的解释力和应用范围。

　　第二，避免了动词提升跨越状语的问题。熊文认为非致使性的指宾状语的基础位置是扩展谓语动词的第一个轻动词短语的附加语位置，即结构（33）中的▲处。这样附加在▲处的是附加语（状语），动词要想与中心语移位到轻动词 v 处，不得不跨越▲处的状语。本研究把状态形容词处理成宾语中心语的定语，就避免了这个问题。

（33）$[\cdots[_{vP}\,\mathrm{Spec}[_{v'}[_{v'}\blacktriangle[v[VP]]]]]]$

第三,避免了句法成分间转换的功能交错问题。本研究认为指宾状语的原位是处在宾语中心语的定语位置。定语和状语都具有限定性的描写功能,而补语具有述谓性的陈述功能(朱德熙1982:125)。因此,在深层结构中处于宾语中心语定语位置的状态形容词短语提升到状语位置也就不存在所谓的功能交错问题了。换句话说,状态形容词短语由深层结构中的定位提升到表层结构中的状位也只是一个线性句法位置的改变,其句法功能并未发生实质改变。

## 3.5 结论

指宾状语句是汉语中一种典型的句法-语义错配现象。认知语言学观照下的认知参照点理论能够为主谓宾句式中的指宾状语句提供很好的解释,但是并没有就存现句式中的指宾状语句给出充分解释。另外,把主谓宾句式中的指宾状语句划分为制作类、感知类和呈现类三种类型,固然能够使描写更加充分,但在理论层面上可能会把简单问题复杂化。

基于控制理论和轻动词理论的解释把指宾状语句一分为二,即致使义指宾状语句和非致使义指宾状语句。这一分析大大简化了语法规则,提高了理论的解释力,向 Chomsky 所倡导的理论的简约性迈进了一大步,体现了理论的魅力。但是这一模式也有值得商榷的地方,即在非致使义的指宾状语句中,动词为何能够跨越处在附加语位置上的状态形容词短语? 另外,在具有致使义的指宾状语句中,认为状态形容词短语基础生成于动词的补足语位置,后提升至附加语即状语位置,这也与句法成分的功能特征相冲突。

小句补语分析法根据戴曼纯的"附加语四个可能的位置"为

指宾状语统一指派了基础位置，也就是宾语中心语和状态形容词短语构成一个小句充当谓语中心语的补足语。这样一来，就把各种类型的指宾状语句拢在了一起，简化了分析，提高了理论的解释力。但是在"附加语四个可能的位置"中并没有任何一个位置在语义上是可以指向宾语的。此外，小句补语分析法还构拟了一个不必要的隐性谓词，增加了理论的负担。

在遵循 Chomsky《最简方案》特征核查理论基本精神的前提下，本研究提出了扩充的特征核查理论（EFC），其根本目的是简化规则系统，提高理论的解释力。本研究运用这一理论统一分析解释了汉语中的指宾状语句式。从理论和经验上来看，该理论能够为指宾状语句提供统一解释。本研究认为，所谓指宾状语，实际上是处在定语位置上的状态形容词短语是说话人想要突显强调的对象，是话语的强势焦点。虽然焦点是个语用概念，但在句法上却可以被内化为一种高度抽象的形式特征，即强势的［焦点］特征。正是该强势的［焦点］特征，触发了显性的句法提升移位，最终导致处在定语位置上的状态形容词短语提升到状语位置，在线性上表现为指宾状语，从而出现了句法-语义的错配。本研究不再考虑其句式的具体语法意义，无论是制作义、感知义、呈现义，还是致使义和非致使义等，而是通过焦点特征的核查"一揽子"地予以解决。这样处理能够将隐藏在具体语言事实背后的简单、清晰、有限的普遍语法原则勾勒出来。

# 第四章 强势语法特征与多项式名词状语句

> NN 状语在语义上具有突举性、累积性和"可宾性",在形式上也反映出某些相应的特征;用 NN 名词作状语,语用上具有特殊价值。
>
> ——邢福义(1988)

## 4.1 引言

在现代汉语中除了表时间、地点和方式的名词可以直接用作状语外(如例(1)所示),普通名词作状语的倾向性不高。即使对在例(1c)中作方式状语的名词"电话"来说,就有不少学者(Bresnan & J Grimshaw 1978;孙德金 1995;姚凤仪 1998;刘慧清 2005)认为是由于省略介词造成的。

(1) a. 她昨天起的很早。(时间状语)

　　b. 咱们法庭见!(地点状语)

　　c. 我们电话联系。(方式状语)

但是,汉语中的确存在为数不多的名词可以直接充当状语。一般认为普通名词直接作状语要通过助词"地",即形成"N 地 V"

结构。据孙德金(1995)对国家汉办《HSK 词汇等级大纲》中的
3892 个名词的考察,发现其中仅有 60 个可以做状语,占总数的
1.5%,而能够进入"N 地 V"结构的却只有 4 个:深情、本能、历
史、逻辑。另外,据梁永红(2010)对《现代汉语信息词典详解》中
的 3528 个普通名词的考察,发现仅有 92 个可以进入"N 地 V"结
构,占总数的 2.61%。从上述数据中似乎不难得出"作状语不是
名词的主要功能"的结论。虽然作状语不是名词的主要功能,并
且能够充当状语的名词也为数不多,但这并不能否定名词作状语
的语言事实。另外,在现代汉语口语和文学作品中,多个名词的
连用形式却可以轻松充当状语,如例(2)所示。

    (2) a. 他们单位福利好,整天大米白面地发。

        b. 就三人五人地跑来怂恿夏天智。

        c. 他呀,整天北京上海地乱花公家的钱。

    最早对类似例(2)中的多个名词连用作状语进行系统研究的
是邢福义(1988),邢先生把这一现象叫做"NN 状语"。当然,学者
们对这一语言现象的命名方式不尽相同,比如"NP 并立结构作状
语"(朱庆洪 2004),"多项 NP 连用状语"(储泽祥 1999)、"多项式
名词成分作状语"(唐依力、齐沪扬 2011)等等。为方便指称与论
述,本文把类似例(2)中的多个名词性成分作状语的现象统一叫
作"多项式名词状语";把表时间、地点、方式的名词(单个儿名词
作状语的现象)叫作"单项式名词状语"。为控制研究范围,本文
将"单项式名词状语"排除在本研究之外。当然,为了弄清楚"多
项式名词状语"的相关句法语义特征,对"单项式名词状语"进行
适当考察也是有必要的,这一点我们将在下文中讨论。

    从充当状语的多项式名词与动词的关系来看,有的可以充当
动词的论元,比如例(2a—b),前者是内部论元,后者外部论元;有
的不能充当动词的论元,比如例(2c)。关于多项式名词不能充当
论元的句子,邢福义先生认为这样的"NN 地 V"实际上是省去了

与 NN 具有论元选择关系的动词中心语 V°,其中省略的 V° 可以补充出来。比如例(2c)可能就是"他呀,整天北京上海地跑,乱花公家的钱。"如果成立的话,那么作状语的多项式名词一定是句内某个动词的某个论元。这样一来,在深层结构中处在论元位置上的多项式名词在表层结构中就提升到了状语的位置。本文感兴趣的是,多项式名词状语具有什么样的句法语义特征? 造成这一句法异变的原因是什么? 从生成语法的角度看,传统语法中的结构助词"地"的句法地位或句法范畴又是什么?

本章共包括五个部分,第一部分是引言;第二部分是文献综述,主要从单项式普通名词能否作状语、多项式名词作状语的句法语义特征及限制两个方面进行评述;第三部分是本章的重点,主要运用"扩充的特征核查理论(EFC)"对多项式名词状语这一语法现象进行重新分析,重点从多项式名词的基础位置、语法特征、提升过程及"地"的语法范畴及功能四个方面展开,最后有个小结;第四部分论述本文的创新点及优势;第五部分是结论。

## 4.2　相关研究述评

名词状语包括单项式名词状语和多项式名词状语。下面我们将从上述两种情况就名词作状语的句法语义限制的相关研究进行综述。本研究所说的普通名词是指除表时间、地点(处所)之外的名词。

### 4.2.1　单项式普通名词能否作状语

洪心衡(1963)曾把单项式名词作状语划分为三种情况:一,表处所、时间的名词可以直接作状语;二,普通名词作状语要加助词"地";三,表比喻的名词作状语有时要加"似地、一样"。具体来说,表处所、时间的名词有时可以直接作状语,但有时也需要介词的介引才能做状语;普通名词作状语有时需要加助词"地",但有时也不需要，比如"我们微信联系吧"，其中"微信"后就没有加"地"。一句话，单项名词可以作状语，但在某些情况下可能需要其他词的辅助才行，比如介词、助词"地"等，如例(3)所示。

(3) a. 小王北京上的大学。/小王在北京上的大学。

　　b. 他们小两口前天下午到的武汉。/他们小两口从前天下午就出发了。

　　c. 伊万病态地想回到过去，以改正他童年时的破碎生活。/以后咱们就邮件联系吧！

　　d. 门口那棵树水缸一样粗。/门口那棵树水缸那么粗。

普通名词能否作状语，学界也存在着不同观点。一种观点以朱德熙先生为代表，不承认普通名词作状语；另一种观点以邢福义先生为代表，认为部分表人或表物的普通名词有时可以作状语。

朱德熙(1982：141)认为"不管中心语是什么，名词只能作定语，不能作状语"，孙德金(1995)对此持相同意见。至于"微信联系"、"武汉见"等，孙德金(1995)提出了"介词省略说"，即所谓的"零格标式"。沈家煊(2015a：295)认为介词省略一般限于语义关系是表示方式、工具或范围的语义格，另外一般具有熟语性。孙德金(1995)主张词类与句子成分存在着一定程度上的对应关系，语法分析要做到"类有定职、职有定类"①，他认为考察名词作状语的情况，要注意词的"同一性"问题。简单来说，既能出现在名词的分布位置上又能出现在副词的分布位置上的词，可能分属不同的词类范畴。也就是说，能够出现在不同位置的同音同形词从本质上来看可能不是同一个词，比如例(4)。这样的话，汉语中可能

---

① 朱德熙(1985：4—5)对此曾明确提出汉语的词类与句法成分之间并不像印欧语那样存在着简单地一一对应关系，汉语的词类与句法成分之间对应关系是错综复杂的。

就有两个"机械"。我们知道,汉语中类似"机械"之类的例子举不胜举,如果仅仅为了实现词类与句法成分的对应,就把这些词项划归为不同的词条,汉语的词库将会非常庞大。另外,这么做也不符合母语为汉语的说话人的语感。

(4) a. 这个厂生产农业机械。

　　b. 我们不要机械地处理市场问题。

刘慧清(2005)对"介词省略说"提出了商榷性意见,她认为句法分析要尽量少用"省略",因为"没有形式标记我们很难进行形式化的句法分析";而李梅(2001)则通过从句法、语义不同特征的对比出发,得出了现代汉语的部分名词可能是由于突破了原有的功能,从而具备了充当状语能力的结论。

邢福义(2016:140—148)认为表示人物时地的名词在句法功能上以能够充当主语和宾语为必要条件;在小句中,人物名词的基本功能是充当主语、宾语和介词后置成分,另外少数人物名词也可以充当状语。比如在例(5)中,"博士"、"口头"就是名词用作状语。我们很难说它们省略了什么介词,由此可见"介词省略说"并不能解释类似的语言事实。需要说明的是,邢先生的"人物名词"实际上就是本文所说的表人或表物的普通名词,即除时间名词和地点名词之外的名词。

(5) a. 她博士毕业了了,找了份不错的工作。

　　b. 那家伙口头答应了按时还贷。

虽然名词作状语不具普遍性和能产性,但是汉语中也的确存在名词作状语的语言事实,比如例(5)。我们总不能因为其数量少,能产性不高就否认其客观存在。实际上,据苏颖(2011)考证,名词作状语这一语言现象,在上古汉语中同样存在,只不过从东汉时就出现了衰微,在形态上的具体表现就是需要被"赋予标记";到了南北朝初期,在口语中名词作状语逐渐失去了能产性。另外,名词作状语也能得到跨语言的例证,英语中就有类似的例子。比如在例(6)中,名词 hand 和 nuclear 就分别用在动词 wash 和形容词 deterrent 前作状语。

(6) a. That item should be hand-washed.

b. The United States has been nuclear deterrent to other countries.

由于普通名词作状语失去了能产性,因此有时需要借助于语法、词汇或其他手段才行,比如有些单项名词需要借助于“地”的标记作用才能作状语。刘芳(2016)认为名词加“地”作状语是受印欧语影响出现的,是语言接触的产物。从认知语言学的角度来看,我们认为名词作状语是名词逐渐失去其典型特征的非范畴化(decategorization)过程,是人类认知思维方式的创新,反映了人类认知结构的组织方式和原则①。换句话说,名词用作状语体现了语言的经济性原则。从理论上来讲,名词能否充当状语与名词存储的类概念有关。众所周知,状语的作用在于限制和描写谓语中心语,也就是说只有充当状语的句法成分所具备的句法语义属性与谓语中心语的句法语义属性存在某种程度上的关联时,状-心搭配才能成立。

### 4.2.2  多项式名词作状语的句法语义特征及限制

从相关文献上来看,学术界对多项式名词作状语这一语言现象的研究还不算太多,从检索到的文献来看,主要有邢福义(1988)、唐依力、齐沪扬(2010;2011)、高天(2009)等为数不多的几篇期刊论文,朱庆洪(2004)、高天(2007)、张瑜(2011)等为数不多的几篇硕士论文。

#### 4.2.2.1  邢福义(1988)

一般来讲,多项式并列名词成分的结构比较松散,语义比较单一,功能具有多样性。多项式名词状语是现代汉语中名词作状

---

① 陆俭明(2013:273)也曾提到“名词直接作状语会造成名词的非范畴化”。

语的一种特殊语法现象,邢福义(1988:141—150)以"小三角"理论(表-里-值)为基础对其语法性质和句法功能进行了精细描写。从构件的组成上来讲,多项式名词状语对动词和多项式名词都有一定的限制和要求。具体来说,动词可以是单个儿的动词,也可以是动词短语,而名词一般不会被看作比名词大的单位,且其指称意义主要涉及人、物、时和处所。从形式上来看,起码是两个名词四个音节,且NN之间不能用"和",另外还需要带助词"地",如例(7)所示。从语法意义上来看,NN状语在语义上具有"突举性"、"累积性"和"可宾性"。从语用价值上来看,这种格式可以突出NN,构造小夸张架式。从语气上来看,还可显示异常感觉,使话语富有情绪性。其中,助词"地"对多项式名词状语具有促成性,有时省略"地"会导致句法语义关系的改变。比如在例(8a—b)中,省略"地"多项式名词"喜糖花生""公式定理"是小句的受事主语;相反,在例(8a'—b')中,添加"地"后多项式名词则是状语。一句话,凡是不用"地"会导致多项式名词与动词的句法语义关系发生改变的,一律不能省略。

(7) a. 北京上海地跑　　　跑北京上海

　　 b. ﹡北京和上海地跑　　跑北京和上海

　　 c. ﹡北京地跑　　　　　跑北京

　　 d. 北京、上海、广州地跑　跑北京上海广州

(8) a. 喜糖花生撒了一地。

　　 a'. 喜糖花生地撒了一地。

　　 b. 公式定理天天背。

　　 b'. 公式定理地天天背。

　　邢先生认为多项式名词状语在语义上具有"突举性",突举包括部分突举和总体突举。部分突举是突举有代表性的事物,换言之,NN不是所属群体的全部事物。反之,将动作所涉及群体的全部事物进行列举的则是总体突举。比如在例(9)中,例(9a)中的

"大鸡大鱼"不是"他"这两天享用的所有美食,属于部分突举;而在例(9b)中,除了"白天黑夜"外,不可能存在第三种情况,因此是总体突举。

(9) a. 他这两天生活好着呢,大鸡大鱼地吃了些好多东西。

b. 小李也太拼了,这两天白天黑夜地加班加点干。

邢先生认为多项式名词状语在语义上具有"累积性"。累积是指多项式名词状语所表示的事物不是一般意义上的并列,而是对象的多次复现性累积或一次加合性累积。复现性累积可以与"经常、老是、天天、整天"等词配合使用,加合性累积一般与"已经、今天、现在、这两天"等词搭配使用。比如例(10a)突显的多次累加,而例(10b)突显的则是一次性的加合。

(10) a. 那个男子整天处长科长地讨好领导。

b. 她已经教授院长地干了多年了。

邢先生认为多项式名词状语在句式变换上还具有"可宾性"①。所谓可宾性是指多项式名词可以还原到宾位充当宾语。在邢先生分类体系中,他将可宾变换分成直接变换和间接变换两类。所谓直接变换就是如例(7a)、例(7d)所示的类型那样,可以直接复原到动词后的宾语位置;所谓间接变换就是指多项式名词与句子的动词之间不存在论元选择关系,如例(2c)所示。但是邢先生认为在例(2c)这种情况下,与多项式名词具有管辖关系的动词可以通过一定的语境或上下文补充出来。

需要指出的是在"NN 地 V"结构中,有的多项式名词可以充

---

① 刘丹青(2017:83)就曾将状语分为论元性状语和非论元性状语。所谓论元性状语就是指充当状语的成分是谓词的必要成分,即使充当状语,仍具有补足语的身份。刘先生(2017:95)还认为状语是个纯句法概念,用生成语法的话说是个表层结构的概念,假如结合句子的论元结构,则状语要分两类:一类属于论元,句法上实现为状语,另一类是副词性成分和具有加接(adjunct)性质的状语,不在论元结构之内。从刘先生的上述论述中也不难发现,本文所研究的"多项式名词状语"的确具有很强的"可宾性",也就是下文所说的"论元性"。

当动词的内部论元,例(2a)中的"大米白面"是内部论元(internal argument),有的则只能充当外部论元(external argument),例(2b)中的"三人五人"就只能是外部论元。这样一来,可宾性就不能涵盖全部语言事实。本书建议,若将"可宾性"修改为"可充当论元性"(简称"论元性")可能更具概括力,更符合语言事实。

另外,储泽祥(1999)在邢先生研究的基础上也对多项 NP 的连用情况进行过研究,他发现与"连用"这一句法手段相对应的是抽象语义范畴是"代表性",而"细节"是决定 NP 连用的认知基础。从结构上看,NP 连用是并列粘合在一起的,即并列项之间不能添加表并列关系的连词。张怡春(2005)曾就粘合性给出过定义,她认为所谓粘合性是指并列结构中的并列项是粘着的,与其他并列项的关系是不可分的,具有不能单独充当句法成分的性质。由于并列性的名词成分可以作状语,即多项式名词短语 NN 具有了一定的自足性。从节律上看,储文和邢文具有一致性,即 NP 连用式不少于四个音节。储文认为判断是否是 NP 连用式主要看两条:能否添加"和",NP 是否具有"代表性"。这里的"代表性"类似于邢福义(1988)的"突举性",但又有不同之处,邢先生认为突举分全部突举和部分突举,其中部分突举类似于储泽祥的"代表性"。储文不承认全部突举,这可能无法解释类似"他白天黑夜地干"之类的语言事实。

一般来讲,名词的常用位置不是状位。名词充当状语是一种句法功能的异变,这种异变一定会附带特定的语用价值。在邢福义先生看来,这种语用价值主要体现在两个方面,一是"突出多项式名词 NN,构造小夸张架式",二是"显示异常感觉,使话语富有情绪性"。我们认为,邢先生的判断是准确的。综合来看,邢福义先生是从"表-里-值"的"小三角"理论出发,采用"表里印证"、"语值验察"的研究方法,沿着"由里究表"和"由表察里"的研究思路,将"NN 地 V"结构的语表形式、语里意义和语用价值描写得十分清楚,这为我们下一步的研究奠定了基础。

### 4.2.2.2　唐依力、齐沪扬(2010;2011)

唐依力、齐沪扬(2010;2011)曾两次撰文讨论多项式名词状语这一特殊语法现象。下面我们将分别就其两篇论文进行述评。

### (一)唐依力、齐沪扬(2010)

唐依力、齐沪扬(2010)主要从语义指向的角度(前指、后指和双指)探讨了"地"字的隐现问题,另外还从主观与客观、图形与背景、隐喻与转喻的视角对多项式名词状语的认知机制给出了解释。他们认为多项式名词状语是一种非常特殊的语法现象,其中"地"是多项式名词实现性状化的有效手段。他们发现多项式名词作状语时一般不能拆开使用,这一点与邢福义先生相同。

第一,"地"的隐现问题。从语义指向的角度来看,多项式名词可以单指(包括前指和后指),也可以双指。多项式名词状语语义前指的情况比较少见,因为处于状位的多项式名词若是在语义上对其前面的体词性成分进行述说或描写,这样就会造成句法与语义的错位,此时需要用显性的语法标记"地"来标明其状语身份。因此,这种情形下的"地"是不能省略的。而最常见的则是语义后指的情况,这种情况下的多项式名词与谓语动词发生了语义联系。这样句法和语义的一致性就得以实现。此时,"地"的隐现比较复杂。具体来说,与动词关系紧密的多项式名词一般是论元,即要么是外部论元要么是内部论元,而与动词关系相对松散的是非论元成分,从题元角色上来看,主要包括处所、时间、范围、程度、数量等情况。由于时地名词充当状语具有普遍性,范围、程度、数量名词类似副词,因此这种与动词关系松散的非论元成分不在我们的讨论范围之内。关于这一点从"地"的隐现也可以看出,当多项式名词是句子的论元或特殊论元成分时,"地"都是不能省略的,原因是省略"地"会造成句法结构关系的改变;但是当多项式名词表时间、处所、方式时,"地"却是可以省略的。

语义双指，也是为数不多的一种情况，主要是指多项式名词既跟其前面的体词性成分发生语义关系，同时又跟其后的谓语动词发生语义联系。多项式名词的语义双指现象既体现了句法关系和语义关系的一致性，又体现了它们的冲突性。他们认为只有在语义双指时，"地"的隐现才是自由的。

第二，多项式名词作状语的认知理据问题。在认知语言学看来，语言结构是概念结构或经验结构的投射。语言形式和意义之间的联系是可以解释的，即具有理据性。从主观性上来看，话语的主观性是指话语总会带有说话人的立场、态度和情感，也总会或多或少地留下说话人的某种印记。他们认为话语的主观性可以从"说话人的情感"、"说话人的视角"和"说话人的认识"三个方面来理解。他们认为句法通过添加显性标记"地"将多项式名词放在状语位置上的现象就是表现主观性的一种方式。多项式名词表达了说话人的某种主观意愿，是说话人想要凸显的主要内容，这一点与邢福义先生的观点相一致。换句话说，多项式名词状语是句子的焦点信息。

另外，他们还从隐喻或转喻的视角对多项式名词状语进行了解释。从本质上讲，隐喻是用具体映射抽象。很显然，结构"NN的V"中的多项式名词是具有具体指称的体词性成分，因此该结构正是用这一具体的指称性成分来映射某种抽象的情感。一般认为转喻是一种指代手段，其源域具有显著性。换句话说，多项式名词是转喻的源域，其所凸显的情感则是目的域。这样的话，多项式名词状语表达的是具有凸显性的源域。通过隐喻和转喻的认知思维方式，说话人使用多项式名词作状语这一简洁的语法手段就能表达丰富多彩的语义内容。

（二）唐依力、齐沪扬（2011）

构式语法理论（Construction Grammar Approach）认为所谓构式是指形式（form）和意义（meaning）的配对体，其中形式或意义的某些方面不能从其构成成分中推导出来(Goldberg 2007：4)。唐依力、齐沪扬(2011)认为"NN 地 V"是一个具有表达"主观量"的构式,即"NN 地 V"具有[＋主观量]构式义,且该意义是不能从其组成成分中推导出来的。比如在例(11)中,由于"NN 地V"是个构式,就明显具有[＋主观量]的构式义。具体来说,该[＋主观量]可以是主观大量,如例(11a),也可以是主观小量,如例(11b)。

(11)a. 从现在起就牛肉牛奶地暴饮暴食。

　　　b. 什么"白灵芝"、"神算子"之类的小算命摊,就在街角旁一桌两凳地摆开了。(例(11)转引自唐依力、齐沪扬(2011))

　　综合来看,他们认为多项式名词在韵律上多数以四音节形式出现,以"2＋2"为优化模式;多项式名词的语序安排体现着"主观量"的特征,N 与 N 的结合越具临时性,其语序的安排就越自由;多项式名词在义位上要相同或相近,比如具有类义关系、同义关系、反义关系和顺序义关系等。另外,他们又重新探讨了"地"的隐现机制,提出了与唐依力、齐沪扬(2010)不尽相同的观点。其一,构式"NN 地 V"中的"地"的隐现受制于多项式名词组合的临时性强弱。具体来说,多项式名词结合的临时性越强,可能越要借助于"地"的标记以完成构式义的表达,因此"地"就越不容易省略。其二,多项式名词的论元性。当多项式名词是论元时,若省略"地"会造成句法结构关系的改变,即充当论元的多项式名词后的"地"是不能省略的。其三,韵律的要求。当多项式名词越多时,越需要用"地"来标记其构式义。其四,VP 的复杂度。谓语若是光杆动词时,"地"不能省略;是复杂谓语时,"地"可以省略。从动词的次范畴来看,他们认为能进入"NN 地 V"构式的动词一般以动作动词和使令动词居多;从形态上来看,以动词的复杂形式居多,即多项式名词与动词的搭配要遵循"有界/无界匹配原则"。

### 4.2.3　小结

充当状语，不是普通名词的主要功能。从历时和跨语言的角度来看，普通名词作状语在上古汉语和英语中都存在，只不过其能产性并不高。普通名词作状语是一种语言异变形式，必有其特定的语用价值。从认知上看，普通名词作状语是一种非范畴化（decategorization）的过程，即一个指称义弱化和性状义增强的交替过程。

邢福义先生以"小三角"理论为指导，就"NN 地 V"结构的语表形式、语里意义和语用价值进行了精确描写。从语表形式上来来，多项式名词至少要有两个名词四个音节，"地"对 NN 状语的语法地位有促成作用；从语里意义上来看，多项式名词状语具有突举性和累积性；从语用价值上来看，这种结构突出多项式名词，能够构造一种"小夸张"架式，给听话人一种异常感觉，使句子富有情绪性。

唐依力、齐沪扬两次撰文从不同的理论视角对"NN 地 V"这一结构进行了研究。前者重点探讨了"地"的隐现问题和该句式形成的认知理据。当多项式名词是句子论元时，"地"不能省略；当多项式名词为表示时间、处所、方式的"环境格"[①]（Situational Case）时，"地"可以省略。后者从构式语法的角度探讨了构式"NN 地 V"的［＋主观量］义，另外还从多项式名词组合性的强弱、论元性的强弱、韵律和 VP 的复杂度研究了"地"的隐现问题。

### 4.3　基于扩充的特征核查理论（EFC）的分析

在汉语多项式名词状语这一语法现象中，无论是从时贤的理

---

① 袁毓林（1995）提出核心格、外围格和环境格的概念，核心格是指施事、受事、当事、结果等，外围格指与事、工具等，环境格指时间、处所等。

论研究还是从我们的语感上来讲,多项式名词都是说话人急欲凸显的重要信息,具有焦点的句法属性。下面,将首先论证充当状语的多项式名词短语的原位是论元位置、多项式名词状语的语法特征及其句法推导过程,另外还就"地"的句法范畴和句法地位进行讨论。

### 4.3.1　多项式名词短语的基础位置

正如前文所述评的那样,多项式名词具有论元性,但却有着强弱的区别。比如,在例(12a—b)中,由于多项式名词分别是内部论元和外部论元,也就是说其论元位置一眼就能看出,故它们是强势论元。当然,也有的论元性不太明显,具有一定的隐蔽性,即管辖论元的核心动词在语表形式上出现了省略①,如例(12c)所示。这样的话,其论元性就比较弱。为便于论述,我们把这种弱势论元叫作特殊论元,其在深层结构中的原位就是特殊论元位置。

(12) a.　他们单位福利好,整天大米白面地发。

　　　b.　就三人五人地跑来怂恿夏天智。

　　　c.　他呀,整天北京上海地乱花公家的钱。(＝他呀,整天北京上海地跑/逛,乱花公家的钱。)

本研究把"NN 地 V"结构中的多项式名词短语看作是句子的论元,并不是空穴来风和主观臆断,我们的观点可以得到汉英翻译实践的佐证,比如在例(13)中,处在状语位置上的多项式名词状语"桌椅板凳"、"亲戚朋友"翻译成英语时,全部处在了动词后的宾语位置。因此,从这个角度来讲,将在表层结构中充当状语的多项式名词的基础位置处理成深层结构中的论元位置(A-position),就得到了翻译实践和跨语言的支持。

---

①　这在一定程度上支持了焦点是动态的、不一定出现在句末的观点,因为句末的 VP 可以省略。

(13) a. 桌椅板凳地卖得精光。　→sold all furniture.

　　 b. 亲戚朋友地请来一大帮。→ invite a big group of
　　　 friends and relatives.（转引自张颖（2002））

### 4.3.2　多项式名词状语的语法特征

特定的语法形式必定表示特定的语法意义,反过来讲,特定的语法意义必定通过特定的语法形式表现出来。一般来讲,名词作状语表示非常态、非默认值的情况,或者说是需要特别强调的情况(刘慧清 2005)。这一点,可以从认知理论上得到解释。我们知道,在人类的认知系统中,常规语序的顺序义一般充作背景,反常的异常词序(弱势词序)能给听话人带来感官上的特别刺激,其顺序义常被图形化(曾常红 2007)。

正如前文所讨论的那样,名词在汉语中虽然能够充当状语,但并不多见,充当状语的名词也以时间名词、地点名词居多。换句话说,普通名词一般不能作状语,多项式名词作状语在感官上可能更具冲击力。根据"小三角"理论,语表异常,究其语值,即多项名词状语必有其特定的语用价值。这个所谓的特定语用价值是什么呢? 我们认为多项式名词就是说话人想要凸显强调的重点信息,也就是句子的焦点。需要强调的是,本文将"NN 地 V"结构中的多项式名词 NN 处理成句子焦点,这跟邢福义先生的"突出 NN,构造小夸张架式"的主张在理论上是一脉相承的。

将结构"NN 地 V"中的多项式名词 NN 处理成句子的焦点,可以得到以下几个方面支持和验证。第一,在"句子的三个敏感位置"(徐杰 2005:223—234)理论看来,谓语前的"谓头"位置是句子的三个重要敏感位置之一。换句话说,谓头位置附近的信息能够引起听话人的特别注意。因此,处在句子"谓头"位置的多项式名词短语 NN 成为句子的焦点就具备了理论上的可能。将重要的信息放在敏感的位置上也符合语言的象似性原则和人类普遍的认知规律。

第二,从句子重音的角度来看,我们知道句重音的作用主要是表现语句的信息焦点,而句重音包括语法重音和逻辑重音两种。语法重音又叫自然重音,是指根据一般的语法规则,某些语法成分比其他语法成分读得重一些。一般来说,谓语比主语读得重一些,宾语或补语比述语读得重一些,状语和定语比中心语读得重一些(邢福义、吴振国 2010:85—86)。既然状语比中心语读得重,那么将多项式名词状语处理成句子焦点就得到了句子重音方面的支持。

第三,众所周知,"是"具有标记焦点的作用。具体来说,就是通过在句子的不同位置插入焦点标记词"是"来突显或标记焦点,比如"老张明天是乘火车去上海"和"老张明天乘火车是去上海"所凸显强调的信息就不一样:前者是"乘火车",后者是"去上海"。同样地,例(2)中的状语前同样可以插入"是",如例(14)所示。需要指出的是,在例(14b)中,由于"就"本身就具有标记焦点的作用,因此"就"和"是"不能同现。

(14) a. 他们单位福利好,整天大米白面地发。→他们单位福利好,(他们单位)是大米白面地发。

　　 b. 就三人五人地跑来怂恿夏天智。　　→是/就三人五人地跑来怂恿夏天智。

　　 c. 他呀,整天北京上海地乱花公家的钱。 →他呀,是北京上海地乱花公家的钱。

综上,将结构"NN 地 V"中的多项式名词 NN 处理成句子的焦点既有理论的可能又有经验上的支持。另外,多项式名词作状语与单项名词作状语在语气上有很大的不同,前者构造了一种"小夸张"架式,向听话人传达了某种异常感觉,使话语富于情绪性,而后者则完全没有这样的功效。从这个角度来说,我们可以进一步推定多项式名词状语不仅是句子的焦点,而且在强度上还是强势焦点,从而在句法推导系统中具备了强势的[焦点]特征。

徐杰(2001:141)认为修饰语较之中心语更容易成为句子的焦点，即状语本身就容易成为焦点。在本研究看来，单项式名词作状语和多项式名词作状语的区别是其焦点特征的强度，前者是弱势焦点，后者是强势焦点。

### 4.3.3　多项式名词的提升

根据前两节的分析，我们知道"NN 地 V"中的多项式名词NN 的原位是深层结构中的论元位置或者是特殊论元位置，是语用上的焦点信息，在形式上具有强势的［焦点］特征。但是，该特征是后天获得的，不是先天就有的，同时也是不可解释的。下面，我们将分别讨论处在论元位置的多项式名词和特殊论元位置的多项式名词的句法推导过程。

### 4.3.3.1　多项式名词是论元的句法推导

现在讨论原位处在论元位置的多项式名词的提升问题，例(2a—b)的深层结构可以分别表示为例(15a—b)。

(15) a. 他们单位整天发大米白面。

　　　b. 三人五人跑来怂恿夏天智。

在例(15)中，多项式名词"大米白面""三人五人"分别是句子的受事宾语和施事主语。显然，例(15)是普通的直陈句，无法表达出例(2)那种"小夸张"式的表达效果。但是，说话人意欲强调多项式名词"大米白面"和"三人五人"，并构造这种所谓的"小夸张"架式，怎么办？从逻辑上来讲，句法操作的手段极其有限，无外乎"移位"(movement)、"添加"(adjoining)和"重迭"(reduplication)三种手段(徐杰 2005:223—234)。也就是说，句法只能从上述三种句法操作手段中选择一种或多种来实现这种"小夸张"的效果，至于具体选择哪一种，那是多种因素综合角力的结果。具体以例(15)来说，对"大米白面"和"三人五人"分别进行重迭也不符合汉语的习惯，那么剩下的只有移位和添加两种手段了。

根据上文的分析,多项式名词"大米白面""三人五人"是语用上的焦点信息,且是强势焦点,该焦点信息在句法上会高度抽象化为一个纯粹的形式特征[+焦点](徐杰 2001:117),并被句法推导系统所识别和使用。具体来说,由于处于内部论元位置的"大米白面"在句法上具有强势的不可解释的[焦点]特征。在扩充的特征核查理论(EFC)看来,该特征可以被句法推导系统所识别和使用,但是不能被 PF 接口层所容忍,需要在句法拼读(spell out)前将其删除。这样一来,在强势的不可解释的[焦点]特征的驱动下,"大米白面"首先提升移位嫁接到 vP 的上方,因为这个位置是状语的投射位置。一般来讲,这个位置是具有弱势[焦点]特征状语的投射位置。根据扩充的特征核查理论,弱势的[焦点]特征可以延迟到拼读后的 LF 接口层再进行核查并删除。但是,结构"NN 地 V"中的多项式名词"大米白面"所具有的[焦点]特征是强势的,必须在拼读前进行核查并删除。句法推导到这里,多项式名词"大米白面"的问题仍没有解决,还需要进行移位或成分调整。换句话说,嫁接到 vP 处的"大米白面"所携带的强势的不可解释的[焦点]特征没有被删除,仍旧存在。这样的话,在基于探针-目标假设的"扩充的特征核查理论"看来,"大米白面"会成为活跃的目标(target),具有边缘特征(EF/edge feature)或 EPP 特征的功能性中心语焦点范畴 Foc 此时会进入句法推导系统,Foc就成为了活跃的探针(probe)。探针 Foc 在自己成分统制的域内搜寻特征匹配的目标进行特征核查,由于焦点范畴中心语 Foc 与多项式名词"大米白面"在特征上匹配,双方就会建立"一致"(agree)关系进行特征核查。众所周知,特征核查具有局域性,在结构上要满足"指示语-中心语"或"中心语-中心语"的要求,因此多项式名词"大米白面"就会移位到 Foc 的指示语位置/[Spec,FocP]进行特征核查。焦点中心语 Foc 将多项式名词"大米白面"所携带的强势的不可解释的[焦点]特征删除,与此同时多项式名词"大米白面"把焦点中心语 Foc 的 EF 特征或 EPP 特征删除。至此,双方不可解释的特征都被删除,探针和目标将不再活跃。

句法推导到这里我们所能得到的句子是"大米白面他们单位发",然而这并不是我们想要的句子。原因很简单,句法推导到这里并没有结束。在语段理论(Phase Approach)看来,这是由于算式库(numeration)中的词项还没有被完全用完。具体来说,句法推导系统还选择了功能性的话题范畴 Top。类似地,话题范畴 Top 也同样具有 EF 特征或 EPP 特征,外部论元即句子的主语"他们单位"与其特征匹配,且能满足话题范畴 Top 的 EPP 要求,双方在特征核查局域性的驱动下就建立了"指示语–中心语"的核查关系。这样的话,外部论元"他们单位"就移位到话题范畴 Top 的指示语位置/[Spec,TopP],以便完成特征核查。最后,生成的句子是"他们单位大米白面整天发"。从我们的推导过程来看,"他们单位"是句子的话题,这一点可以从以下两点得到证明:首先,"他们单位"后在语音上有稍许停顿;其次,其后可以插入"啊、呀、吧、呢、嘿"之类的话题标记词;另外,将处在句首的"他们单位"处理成话题也符合母语为汉语的说话人的语感。由于时间状语"整天"与本研究关系不大,本研究暂不考虑其推导过程,下同。

然而,句法推导到这里所生成的句子仍旧不是我们理想的句子,即"地"还没有出现。正如前文所论述的那样,"地"的隐现是有一定条件的。显然,此时的"地"是不能省略的,其原因如下:一是省略后会造成句法语义关系的改变,二是"大米白面"结合度是非常松散的,其组合具有很大的随机性,比如我们还可以说"小米白面""黄豆大米"……,三是"大米白面"的论元性非常强,是内部论元,四是句子的谓语是个光杆动词。另外,关于"地"的句法具体推导过程,我们将在下文讨论。

4.3.3.2　多项式名词是特殊论元的句法推导

下面,我们将讨论处于特殊论元位置的多项式名词的提升问

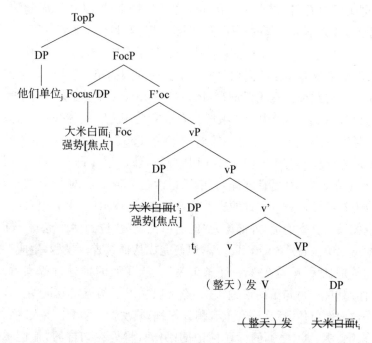

题。特殊论元位置,我们已在上文中进行过相关定义,实际上就
是指由于句子中支配多项式名词的动词在语音上出现了删略,导
致多项式名词在句法结构中似乎找不到管辖自身的谓语中心
语——动词。其实这并不妨碍句子的分析,因为我们可以通过具
体的语义关系或语境把它填补出来。例(2c)实际上就是"他呀,
整天北京上海地跑/逛/玩,乱花公家的钱"的简省形式。这样一
来,"他呀,整天北京上海地跑"的基础形式就可以表示为(16)。
这样的话,其推导过程与例(15)就基本相同了,本研究在此不再
赘述;所不同的是要说明谓语动词"跑/逛/玩"为何会删略,以及
为什么会有多种解读。

(16) a. 他呀,整天跑北京上海。

　　 b. 他呀,整天逛北京上海。

　　c. 他呀，整天玩北京上海。

　　实际上，谓语动词"跑"的删略并不难解释。首先，这种所谓的多项式名词状语句一般出现在口语中，在书面语中很少出现。换句话说，出于交际时效的考虑，说话人将句子的重要信息或焦点信息说完后，可能潜意识地就将谓语动词省略了。其次，谓语动词的省略往往出现在连动句中，也许说话人急于表达动词所表述的下一个事件，在口头上将前一个动词给省略了。

　　另外，关于删略动词的多重解读，邢福义（1988）也有过类似的表述，邢先生指出在结构"NN 地 V"中与多项式名词 NN 有语义关系的谓语动词虽然可以补出，但是究竟补出一个什么样的词语，却有一定的灵活性。我们认为，之所以出现多种解读，与缺乏一定的上下文有关，若把例（2c）放在一个确定的语境中，可能就不会出现多种解读了。关于这一点，在汉语中并不是孤例，熊仲儒（2013b：118）就曾发现"张三的书包"与不同的动词搭配，"张三"和"书包"会分别获得不同的题元角色，请看例（17）。

　　（17）a. 李四捡到了张三的书包。（"张三"和"书包"是领属关系）

　　　　b. 张三的书包画得好。（"张三"是个画师）

　　　　c. 张三的书包制作得很精美。（"张三"是个工匠）

　　　　d. 张三的书包卖完了。（"张三"是个售货员）

　　熊仲儒认为"张三的书包"之所以会出现如此多的解读，可能与谓词的省略有关。简单来说，"张三"和"书包"是某个抽象谓词的论元，而由于这个抽象谓词在语音上没有实现，所以在缺乏一定上下文的情况下就会出现多种解读。简单来说，抽象谓词可以指示不同的事件图景，所以"张三"和"书包"就会有不同的参与者角色，导致"张三的书包"出现不同的解读。"张三的书包"的句法结构层次关系，我们可以用下面的树形图加以说明（$V_{ab}$ 表示抽象谓词）。该树形图的大致意思如下："张三"和"书包"分别是抽象

谓词 $V_{ab}$ 的外部论元和内部论元，n 是扩展 vP 的功能范畴，其作用在于完成关系化操作；在关系化的作用下，"书包"就会提升到[Spec，nP]处；关系化完成后，还要进行指称化操作，即限定范畴 D 要扩展 nP，外部论元"张三"就会提升到[Spec，DP]处，其中功能范畴 D 可以语音实现为"的"，最终生成指称性短语 DP"张三的书包 n‐v‐$V_{ab}$"。由于 n‐v‐$V_{ab}$ 在语音上没有值，因此不为我们所感知，但是它们在理论上的确存在。这样的话，"张三的书包 n‐v‐$V_{ab}$"由于抽象谓词 $V_{ab}$ 的存在，从而导致多种语义解读。

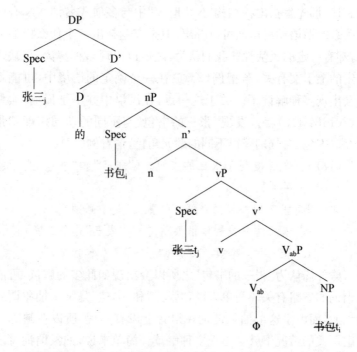

再回到例(2c)，就不难理解为何会出现"跑北京上海""逛北京上海""玩北京上海"了……，其原因就是管辖"北京上海"的动词中心语在语音上出现了删略，我们这里所删略的谓语动词就相当于熊仲儒所说的"抽象谓词"。

### 4.3.4 "地"的句法推导：状语中心语的语音实现

邢福义(1988)曾明确指出"地"对多项式名词状语的形成具有促成性。具体而言，"地"有时必须使用，否则句子要么不合法，要么句子成分间的句法语义关系会发生改变，如例(18a—b)所示；"地"有时也可以不用，但有可能导致多项式名词状语身份发生改变，如例(18c—d)所示。唐依力、齐沪扬(2011)认为在特定的语境下，出于交际和表达的需要，说话者有时会让名词去表达性状，而要实现名词成分对性状的表达，在名词之后插入"地"进行标记是最好的办法。从动态的语境来看，多项式名词组合的临时性和论元性越强，多项式名词的并列项越多，"地"就越不容易隐去；另外，若谓语是光杆形式，"地"是不能省略的，如例(18a)。例(18b)虽然可以省略"地"，但句法结构关系发生了改变。因此，多项式名词带"地"的一定是状语，不带"地"的则不一定是状语。一句话，"地"对多项式名词作状语的形成具有强制作用。

(18) a. 临时抱佛脚，这几天他一天到晚主语谓语地背。
→……＊主语谓语背。

b. 呀——快去看吧！……杨胖子跟财务科长，姨儿姥姥地骂。→……姨儿姥姥骂。

c. 主语、谓语地整天背。　　→主语、谓语整天背。

d. 辣椒、茄子地种了一园子。→辣椒、茄子种了一园子。(转引自邢福义 1988：143)

这样的话，"地"在多项式名词状语结构中具有重要的语法作用，一般是不能省略的。那么，我们在上文的推导中，并没有就"地"的句法推导进行详细说明。下面我们将讨论"地"的句法推导。

传统上，一般认为"地"是个结构助词，标示它前面的词或词组是状语。换言之，"地"是个状语的标记。这也就是说，"地"的功能具有唯一性，即专职负责标记状语。这样一来，我们不妨假设"地"就是个功能范畴（记作 de），在句法结构上专门用来为状语投射句法位置。这样的话，状语就不必再是嫁接到某个投射上的附加语了。deP 具体投射到何处，取决于状语所修饰的对象。当状语修饰动词短语时，deP 就投射到 VP 的上方，当状语修饰全句时，deP 就投射到 CP 的上方。关于"地"投射的句法结构，我们可以用下图表示。

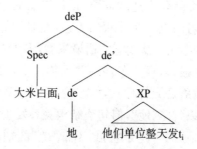

我们知道，"地"具有黏附性，不能单说单用，即"地"应该与"大米白面"组成一个句法成分（constituent）。这样一来，就对上面的分析提出了挑战。实际上，作为功能核心的"地"在语音层面可能会发生一个融合（incorporate）操作，最终会导致"地"依附在"大米白面"上。其实，这种分析并不罕见，Hornstein, Nunes & Grohmann（2005：195）就曾为英语的所有格指派过类似的结构，请看例（19）。显然，英语的所有格标记-'s 同样具有黏附性，也不能单说单用，但这并不影响其作为功能核心投射句法结构。从这一点上来看，-'s 与"地"具有类似的特性。

(19) a. John's discussion of the paper

　　b. $[_{DP}$ John$_i[_{D'}$ 's$[_{NP}$ t$_i[_{N'}$ dicussion of the paper$]]]]$

把"地"处理成投射状语的功能范畴，有以下好处：在理论上，可以为"地"找到一个确切的句法位置，符合制图理论的理论追求，即用精细的树形图把句子的句法语义关系刻画出来；在经验上，能够把状语的句法地位准确的表述出来。我们知道，状语对于句子的传情达意来说决不是可有可无的成分，它具有重要的修辞和语用价值，但是长期以来，生成语法一直将状语处理成附加语，似乎状语是可有可无的成分。这样的话，状语所具有的功能和在结构中的地位是不相称的，即"庙小和尚大"。如果承认"地"可以为状语投射句法位置的话，那么这个问题将迎刃而解。

把"地"处理成功能范畴，我们有以下理由：第一，"地"在语音上轻读。第二，"地"的语义内容几乎为零，语义虚灵。第三，Simpson（2002）、熊仲儒（2005）等根据 Abney（1987）的 DP 假设认为"的"是限定范畴 D 的语音实现，所以"的"系名词短语也是以"的"为核心的 DP 结构。类似地，何元建（2011：365）认为"得"在语法范畴上是表示结果补语的轻动词，熊仲儒（2004：146—186）也曾将"得"处理为达成范畴（Become）的语音实现，刘丹青（2017：76）把"说得大家都笑起来了"中的"得"处理成状态补语的标句词。如果可以类比的话，我们将"地"处理成专门为状语投射句法位置的功能范畴似乎也是可行的。

需要强调的是，把"地"处理成所在结构的中心语并非我们的发明创造，何元建（2011：172）就认为"地"在结构上是自己短语的中心语，而进入短语的成分是其补足语，只不过他认为"地"在语法范畴上是助词（particle），即"地"字短语是以"地"为中心语的句法投射。比如"认真地"、"认认真真地"的句法结构就可以用下面的树形图表示。

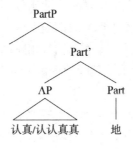

黄梅(2014)从韵律的角度考察了现代汉语普通名词作状语的四种情况：单音节、双音节、三音节和四音节。黄文认为单音节情况发生在词汇层，属于词法层面的操作，双音节兼有词法和句法操作；另外，三、四音节需要其他辅助手段才能修饰动词。黄文并为其指派了如下结构。从结构上来看，这样分析的确有一定的道理，但是其本质仍是把状语处理成附加语。另外，"双音节名词"既可以是在词法内进行，又可以在句法内进行，看似比较灵活，但在实践上操作性可能会不高，会让人无所适从，无从下手。

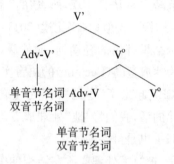

如果我们关于"地"的分析可以接受的话，那么前文关于名词叠用状语（多项式名词状语）的句法结构只要稍作修改就可以了，本文将重新为其指派如下结构。

### 4.3.5　小结

"NN 地 V"结构中的多项式名词 NN 在深层结构中基础生成于论元位置。具体来说，有的论元性比较明显，可以直接还原到 A-位置；有的论元性不太明显，那是由于管辖它的动词在语音上删略造成的。不过在大多数情况下，删略的动词可以补充出来。另外，若没有一定的语境限制，动词的补充具有较大的灵活性和多可性。

多项式名词 NN 在句法功能上充当句子的状语，在语用上构造了一种"小夸张"架式，表达了说话人的某种异样的感受和特殊

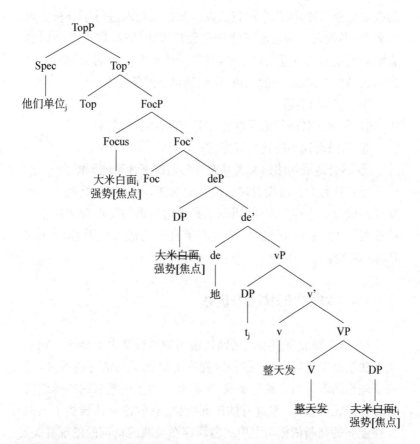

的情感,是说话人强调的重点信息,即句子的焦点成分。较之一般名词作状语(单项名词作状语),名词多项式状语的[焦点]特征在强度上是强势焦点,在句法推导系统上就会内化为一种抽象的特征——强势的[焦点]特征。该特征可以被句法推导系统所识别和使用。

多项式名词状语的句法推导大体上可以分成两大类三种情况。第一大类,多项式名词来源于论元位置,其中包括内部论元位置和外部论元位置,其论元性较强。由于内部论元和外部论元的推导完全一样,因此本研究仅以内部论元为例进行了分析。第二大类,多项式名词来源于特殊论元位置的情况,即由于动词的删略造成论元的位置比较隐蔽,其论元性较弱。动词的删略要受到句法结构的限制,一般来讲,需要满足下列条件之一:

    ① 多个动词连用;

    ② 多项式名词的论元性比较弱、临时组合性较强;

    ③ 谓语动词不能是光杆形式;

    ④ 不会造成句法语义关系改变等情况下才可能删略。

"地"具有为状语投射句法位置的功能,本文将其处理成一种功能性成分。这样一来,状语就不必以附加语的身份嫁接到相应的投射上了。换句话说,状语也有了自己的最大投射(Maximal Projection)。

## 4.4　本研究的创新点及优势

第一,本研究将多项式名词状语句的两种基本类型统一到一个句法模型中进行分析,在一定程度上简化了句法分析模式,提高了理论的解释力。具体来说,本研究认为多项式名词的基础位置都是论元位置,只不过有的论元性强,有的论元性弱罢了。论元性强弱的判断依据与多项式名词存在关联的动词的隐现有关。与多项式名词存在关联的动词在表层结构中有语音值,则论元性强;反之,论元性弱。在我们看来,论元性弱是由管辖多项式名词的动词在表层结构上出现删略所造成的。这样一来,本文的分析实际上就是承认在深层结构中为论元的多项式名词是句子的焦点成分,在句法上具有强势的焦点特征。本研究认为正是该强势的[焦点]特征,导致在深层结构中处于论元位置的多项式名词在表层结构上出现在了状语位置。简言之,多项式名词状语形成的原因是由于多项式名词携带了[+焦点]特征。这样就可以用"焦点"这个概念把两个句式统一起来进行解释。

第二，本研究把句法、语用问题进行了有机的整合，一定程度上解决了句法-语用的接口问题。我们认为多项式名词状语是说话人强调的重点信息，在句法上具有强势[焦点]特征。焦点范畴在本质上是一个语用概念，但我们认为这个语用概念在句法层面可以转化为一个纯形式的语法范畴，即[焦点]特征。根据扩充的特征核查理论，该特征在拼读前要通过特征核查并予以删除，这样就会引发一系列的句法操作，从而顺利实现语用与句法的接口。

第三，本研究为状语指派了统一的结构位置。状语是重要的句法成分，在表情传意方面具有举足轻重的作用，但是在主流的生成语法体系中，状语一直没有自己的固定投射，总是以附接语的身份嫁接到相关投射上，从而让人产生状语是可有可无成分的感觉。本研究认为，"地"可能是状语投射的功能性核心（head），在结构上可以为状语投射专有位置。这样一来，状语就和主语、宾语一样有了固定位置，状语的句法功能和地位在结构上也得到了相应的体现。另外，从移位起始位置上来讲，多项式名词从论元位置（A-position）移位到[Spec, deP]处也比较顺畅，即移位方式也更加整齐划一。

从严格意义上来讲，附加结构（adjunction structure）与 X' 理论的精神并不完全一致，因为 X' 理论要求每一次投射都要与上一级投射不同，而附加语则是上一次投射的复制，并没有改变节点的类型；另外附加结构还会导致成分间的关系混乱（Ouhalla 1999：118—121）。比如在例（20）中，主流的生成语法为附加语指派了如下结构，附加语 latest 的姐妹节点和母亲节点都是 N'，因此附加结构会导致关系混乱。因此，从某种程度上来讲，用"地"为状语投射句法位置可以避免这种尴尬。

（20）Mary's latest solution to the probem

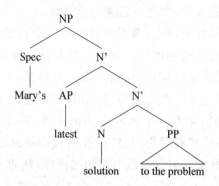

第四,解决了多项式名词的格特征的核查问题。这一点,我们在前文中并没有提及,实际上这个问题在我们的框架中已得到解决。具体来说,在表层结构中作状语的多项式名词的基础位置要么是在论元位置,要么是在特殊论元位置,这就是说多项式名词在向[Spec,FocP]移位时,其格特征已被管辖它的动词或屈折范畴核查并删除。换句话说,表层结构中的多项式名词的格问题已在深层结构中解决,驱动多项式名词移位的是强势的不可解释的[焦点]特征,而与格特征无关。贾林华(2014)曾让隐性(covert)介词核查多项式名词的格特征。我们知道,介词作为一个词汇范畴,在语音上必须是显性(overt)的。实际上,没有语音实现的功能范畴可以核查格特征,词汇范畴在语音上必须有值才能参与特征核查。退一步讲,如果隐性的介词能够核查格特征,那么隐性的动词也可以。这样的话,格过滤式的存在将变得毫无意义。

## 4.5  结论

现代汉语普通名词的基本功能是充当主语、宾语和介词的后置成分,充当状语不是其主要语法功能。但这并不是说普通名词不能作状语。普通名词作状语可能会传达说话人的某种特殊视点,这个特殊视点可能就是句子的焦点。一般来讲,修饰性的状语及普通单项名词充当状语的焦点较之由多项式名词充当状语的焦点在强度上是弱势的,因为它们不具有"小夸张"的架式。

多项式名词状语在语用上是句子的焦点成分,在表达效果上构造了一种"小夸张"的架式,能给听话人以某种异常感觉,使话语具有情绪性。"NN 地 V"结构中的多项式名词在深层结构上处于动词的论元位置,但其论元性在强度上存在差异。从句法上来看,这种多项式名词状语具有强势的不可解释的[焦点]特征,正是该特征诱发了一系列的句法操作。

"地"具有标记状语的句法功能。本研究接受了这一传统观点,并在此基础上提出"地"在语法范畴上可能是个功能性成分的观点,认为"地"具有为状语投射句法位置的功能。这样,状语在结构上就可以像主语、宾语那样有了自己确切的位置。这样一来,状语的传情表意功能在结构上就得到了相应的体现。

# 第五章　强势语法特征与倒装句

　　　　易位句的意义重心始终在前置成分上,换句话说,后移成分永远不能成为强调的对象。

——陆俭明(1980)

## 5.1　引言

　　众所周知,汉语缺乏严格意义上的形态标记和形态变化,句法成分之间既相互对立又相互依存。从某种意义上说,语序在汉语的表义中尤为重要。一般来讲,汉语句法成分的位置是相对固定的,即主语在谓语之前、述语在宾语之前、修饰语在中心语之前,但是在口语中相关句法成分有时也可以进行灵活的位置互换,陆俭明(1980)把这种现象称为成分易位。陆镜光(2004)、邓思颖(2018)称之为延伸句。成分易位,也叫倒装(inversion),它既是个语法学概念,又是一个修辞学概念。骆小所(2000:72)发现有时为了取得积极的修辞效果,汉语句子成分的语序也可以变动,他把变动后的句式叫作倒装句。为便于述说,本文将这种语言现象统一叫作倒装。然而,倒装这种语言现象不是汉语的"专利",在英语中也广泛存在,英语分实词倒装(full inversion)和助动词倒装(auxiliary inversion)，如例(1)所示。

(1) a. With success would come wealth.（实词倒装）

b. Into the room rushed Tom.（实词倒装）

c. Never have I felt better.（助动词倒装）

d. Never did I felt better.（助动词倒装）

汉语中的倒装比英语复杂，从成分间的相互关系来看，传统上一般认为汉语的倒装句主要包括主谓倒装、状心倒装、述宾倒装、复谓结构组成成分间的倒装四种类型，如例(2)所示。为控制研究范围，本文将研究对象限定在上述四种情况。

(2) a. 看电影去吧，我们！（主谓倒装）

b. 上课了，已经！（状心倒装）

c. 啤酒吧，喝点儿！（述宾倒装）

d. 昨天我去公园了，跟着小王。（复谓结构倒装）

陆俭明(1980)通过调查发现，凡倒装句都具备以下四个特点：第一，倒装句的语句重音一定在前移部分上，后置部分一定轻读；第二，倒装句的语义重心始终在前移部分上，后置成分永远不能成为强调的对象；第三，倒装句中被倒置的两个成分都可以复位，复位后句子的意思不变；第四，句末语气词决不在后置部分之后出现，一定要紧跟在前移部分之后。陆先生归纳的倒装句的四个特点，为语法学界所认可和接受。需要强调指出的是其中第三个特点："被倒置的两个成分复位后意思不变"，我们认为"意思不变"是指逻辑语义真值条件不变，而语用意义是变化的。关于这一点，陆先生也曾指出"前移部分是说话人急于传递给听话人的东西，往往带有被强调的色彩，后置部分则是稍带补充性的东西。"

从当代语言学的视角来看，倒装句的前移部分实际上是说话人向听话人传递的重点信息，即前移部分是句子的焦点。另外，倒装句的语气词出现在句子的前移部分——句子的焦点之后，而不能出现在后置的追加部分。王珏(2017)认为语气词只能强制性位于句末这个唯一位置。换句话说,在句法层次上,语气词只能位于句末这个最高层面即语气层。根据制图理论(Cartographic Approach),句子的语力范畴①(force category)和焦点范畴(focus category)都是位于左缘结构(left periphery)的功能性成分,但是在句法层级上语力范畴要高于焦点范畴。这样的话,问题就来了,句法层级上居于高位的语力范畴是如何派生到处于低位的焦点范畴之后的呢? 这是本研究要解决的问题之一。另外,本研究还要探讨句法成分倒装后在句法语义上有什么特点? 句法倒装的动因是什么? 其中倒装后的前移成分,在句法结构上又处于什么位置?

为便于叙述,本研究将"倒装句"形式化为YX,其中Y指表层结构中的前移成分,X指后置成分,那么与倒装句相对应的常式句则为XY。本章共包括六个部分:第一部分为引言;第二部分是文献综述,主要从倒装的概念及其基本类型、焦点的位置等方面进行述评;第三部分探讨分裂投射假说并提出句子外层焦点结构的理论假设;第四部分是依据 EFC 理论和外层焦点结构假设来讨论前移成分 Y 移位的句法动因,并为前移成分 Y 在句法结构上指派具体位置,进而为本章研究的问题作出解答;第五部分是说明本研究的创新点及优势;最后是结论。

## 5.2　相关研究述评

下面我们将从倒装句的概念、类型及焦点的位置等方面进行

---

① 　一般认为,语气助词可以表示句子的语气类型,邓思颖(2016a;2016b)主张汉语的语气助词在句法结构上实现在 Force 处,并且可以联合使用。邓先生将语气词的句法结构表示为$[F_3P[F_2P[F_1P[TP[XP\cdots事件]时间]\Phi]焦点]程度]感情]$。

述评。

### 5.2.1　倒装的概念及倒装句的相关类型

语言类型学认为汉语是典型的 SVO 型语言,所谓"倒装句"就是指基于 SVO 基本语序的"变式",而不是相对于其他各种句型的"变式"。在汉语句法结构中,句法成分的位置比较固定,除主语一般在谓语之前、宾语一般在动词之后外,修饰语一般也要在中心语的前边。然而,在一定条件下上述次序也可以倒置,成分倒置后的句法结构关系并没有变化,张斌(2008:402)把这种现象称为倒装。黄伯荣、廖序东(2011:97—98)把调换原句成分位置的变式句叫作倒装句,主要包括主谓倒置、修饰语后置(定语、状语后置)。主谓倒置是为了强调谓语,或者是说话急促而先把凸显的焦点说出来,然后追加轻读的主语。后置的修饰语只是一种追补语。倒装句的前置部分是说话人急于要说出来的,所以脱口而出,后一部分则带有补充的味道(朱德熙 1982:221—223)。

句子倒装,是指相对于常式句来说的一种句法变异现象。语法学和修辞学都将倒装句列为自己的重要研究对象之一。倒装句,是相对于常式句来说的一种变式句。变式句这一概念最早由黎锦熙(2007/1924:7)在《新著国语文法》中提出,而倒装的概念最早由王力(2011/1943)在《中国现代语法》中提出。王力认为倒装可以分为必要的倒装和自由的倒装两类,前者具有强制性,而后者不具强制性,凡说话人着重在目的语上,就可以把它提前到叙述词的前面或句首。因此,自由倒装类似于修辞倒装。当然,倒装这一概念,尤其是主谓倒装,学界尚存在不同看法。周士宏(2010)认为"述题-话题"(本书所说的主谓倒装)是常规话题句的镜像结构(mirror-construction),是一种句末话题(anti-topic construction)句式,他甚至主张"主谓倒装"的概念不利于话题结构的描写与研究,会造成术语的混乱。

从历时语言学的角度来看,倒装句出现的历史比较早。吴辛丑(2009)通过对《周易》《诗经》《山海经》中"谓语＋主语"格式的考察,发现这一格式主要集中在单音动词和形容词、重叠式及连绵式形容词。另据潘玉坤(2012)报道,汉语中这种句式在甲骨文、金文中已有相关用例;另外他通过对古汉语主谓倒装句中谓语的构成情况进行考察,发现能够充当前置谓语的以形容词最多,动词次之,且前置谓语后多有语气词黏附,古汉语中的倒装句基本出于书中人物之口,口语化特征比较突出。可见,上古汉语中的倒装句和现代汉语中的倒装句具有很大的一致性。

陈望道(2008:175—176)把倒装划分为随语倒装和变言倒装两种类型,但是目前这一分类在汉语界接受度并不高,其使用的频率也比较低。苏承志(1985)主张要区分语法倒装(inversion)和修辞倒装(anastrophe)。他认为虽然两者都指句子正常语序的改变,但是前者是基于语法的要求来解决句子通不通的问题,在语法上是必不可少的;后者是从修辞的角度看问题,在语法上是可有可无的,它的使用取决于修辞或文体上的因素,即句子的逻辑真值条件不变,变的只是附加意义和感情色彩,主要用来强调某一句子成分,或用来描绘动作或抒发情感等。比如在例(3—4)中显然是典型的修辞性倒装,表达了一定的语用意义;例(5)中的两个例子则是语法倒装,分别是基于语用和否定的强制性要求不得不采取的异变形式。在英语中,也存在语法倒装(inversion)和修辞倒装(anastrophe)两种性质不同的倒装(丁祖馨1964;苏承志1985;苏丽英2008)。语法倒装是基于语法规则的要求强制性的语序变异,表示一定语法意义的固定模式,是一种强制性倒装,如例(5a—b)。修辞倒装主要是为了达到修辞上的"表情、表意、韵律"等目的,因此句子倒装与否都能成立。所谓"表情",从语用上来看就是"强调"和"描绘"两种意思。修辞倒装虽然在逻辑意义上并不对句子产生影响,但在句子的意味或情感上却能引起细微的差别,是一种非强制性倒装,如例(3—4)。杨铭(1994)认为汉语中的倒装是一种修辞手段,是指其正常语序的改变。也就说,倒装是相对于正装而言的异变形式。判定句子是否是倒装句,首先要选择对比的参照句。从语言类型学的角度来看,汉语是典型的 SVO 型语言,且修饰语居前于中心语。那么异于这一普遍语序的句子,自然就是倒装句,然而倒装又是个跨领域的概念,既涉及语法领域,又涉及修辞领域。

(3) a. 怎么了,你们? ⇆你们怎么了?

　　b. 走了,都! ⇆都走了!

(4) a. At last our train pulled out, and was I relieved.

　　b. Speak, I must——I had been trodden on severely, and I must turn——but how?

(5) a. Did you go to school yesterday?

　　b. Never shall I forget the experience!

从"语法结构关系"上来看,倒装句可以分为两种:一种是欧化了的书面语,一种是陆俭明(1980)所说的"真正的倒装句",即口语中所特有的倒装句。从功能上来看,倒装句不仅具有强调的作用,还可以使句子韵律匀称,让表达收到语音和谐的效果。

从标记理论来看,倒装句包括无标记倒装(unmarked inversion)和有标记倒装(marked inversion)。无标记倒装就是语法倒装,具有相当的规约性,不具共性;有标记倒装就是修辞倒装,它是说话人有意识地设置的一种语序,几乎在所有语言中都存在。

语法倒装和修辞倒装既有共性又有差异。倒装在语法学上和修辞学上虽然都指正常语序的改变,但是两者又有很大的不同。从使用目的上来看,语法学关注句法成分倒装后合不合法的问题,修辞学关注句法成分倒装后表达效果的问题。换言之,语法倒装是语法上的要求,仅有语法意义,没有语用意义;修辞倒装不仅具有语法意义,同时还有语用意义。"语法倒装"多讨论倒装的语法规则,很少涉及语用或语义。从研究范围上来看,修辞倒装和语法倒装并不等同。语法学中的倒装其对应的常式句不是出现在语篇中,而是存在于人们的语感和常识中;修辞学中的倒装,既要考虑上下文的语篇衔接,又要考虑单独运用的情况(李胜梅2009)。修辞学中的倒装括了两个单位颠倒次序的所有情况,至于语法关系、逻辑关系、语义关系等是不是发生了变化都不在修辞学的考虑范围之内,因此修辞倒装范围更广(李胜梅2007)。语法学所说的倒装句,是一种狭义的倒装,只是口语中单句内特有的现象,句子成分次序颠倒后其句法关系并没有发生变化。修辞学中的倒装是广义的,是包括了各个层面的语言单位次序颠倒的种种情况。换句话说,修辞学中的倒装包括了语法学中的倒装。

从性质上来讲,由常式句式转换或派生而来的倒装句是一种变式句,可以分为强制性(obligatory)倒装与非强制性(optional)倒装,其中语境、话题延续性、焦点化等制约着语言实际运用中倒装句的选择和使用(张克定2002)。换言之,语用因素决定了说话人句式的选择与使用。从标记论上来看,符合人类认知规律的是无标记的常式句。反之,有标记的变式句是偏离人类认知规律的一种句式。语序变动会导致结构关系和整个结构的意思将随之改变(陆俭明2013:8)。一般来讲,变式句的选择和使用存在着一定的语用理据和语用价值。倒装是变化了的句式,是说话人对语序自觉的有目的的调整。倒装句是一种语用理据性很强的信息编排手段。从语法化的角度来讲,强制性倒装实际上是一种语法化了的句式,非强制性倒装没有完成语法化,还是一种变式句。这也就是说,强制性倒装要受语法规则的制约,而非强制性倒装是由语用或修辞因素决定的。这里的语用因素具体是什么呢?可能是焦点。

### 5.2.2　焦点位置之争:前移成分还是后置成分

从认知语言学的角度来看,人类对客观世界的有序观察体现在话语结构中就是语序(杨壮春 2003),即语序是主观视点的具体体现。倒装句是一种有标记的语言形式,这是从语言类型学所认定的汉语是 SVO 型语序这一角度来说的。相对"顺装"而言的倒装,是语言中的一种常见现象。不管是倒装句或者说是易位句,都是相对于正常语序即常式句来说的。既然语言中有常式句和倒装句之分,且它们之间还存在变换关系,那么从经济性的角度来讲,易位句显然具有特定的交际效果或语用价值,否则根本就没有存在的必要。换句话说,句法成分倒装后,基本意思(逻辑意义)和句法关系不变,变的只是语用价值,即句子强调的重点有所不同。倒装句具有强调作用,这一点学界没有争议,但是具体到前移部分 Y 还是后置部分 X 是强调的对象,学界却存在着不同看法。有的学者(徐盛桓 1995;张克定 2001;文旭 2004)认为后置部分 X 是强调的对象,有的学者(陆俭明 1980;苏承志 1985;李胜梅 2009)认为前移部分 Y 是强调的对象。

### 5.2.2.1　后置成分 X 是焦点

基于认知语言学突显观的研究认为语言结构信息的选择与安排是由信息的凸显程度决定的,句子的前半部分通常提供背景(background)信息,后半部分提供图形(figure)信息。Birner(1994)认为倒装句动词前的成分不应"新"于动词后的成分,即焦点信息或新信息是由变换至动词后的 X 表示,而不应是前移成分 Y。倒装句焦点的研究可以以单句为基本视点,也可以以语篇为基本视点。

以单句为基本视点的研究。徐盛桓(1995)把句法成分的倒装看成一种信息分布的调节装置(information packing device),认为语句中心信息的显著程度是从轻度显著到极度显著的连续统,信息不是已知和未知的两极,而是有递度(scale)的,语言系统通过使用成分倒装,造成语句成分恰当的"错位",达到全息的语用目的。简言之,徐先生认为倒装是一种出于语用目的的信息调节,后置成分 X 是强调的焦点信息。武果(1988)将英语中的倒装划分为完全倒装和不完全倒装两类,他认为完全倒装是对句末主语的强调,而不完全倒装是对句首状语的强调。也就是说,在武果看来,不同类型的倒装其焦点可能处于不同的位置。

以语篇为基本视点的研究。张克定(2001)从语篇的角度,在语用的平面上探讨了倒装句的焦点突显和对比功能,认为倒装句是把焦点成分置于句末使其得以突显。换言之,倒装句是一种语用重组手段,把重要信息置于句末,使之得到强化。文旭(2004)以图形-背景理论为基础,认为倒装句是说话者把认知结构"图形-背景"转化为"背景-图形"。倒装句是把主语后置为有标记的焦点成分,是"补语(背景)-谓语-主语(图形)"形式的有标记句式。同样,张克定(2011)借用认知语言学的图形-背景理论对倒装句进行了进一步的研究,主张倒装句是一种 GtF 构式(G 是具有背景作用的方位短语,F 为具有图形作用的名词性短语,t 为过渡,由动词充当),其焦点成分位于句末。

我们认为主张后置成为 Y 是倒装句焦点的研究,可能是基于 Quirk 等(1985)的著名"句末焦点原则"(the principle of end-focus)。所谓句末焦点原则是指说话者倾向于把新信息或重要信息放在句尾。一般来讲,在抽象的句子或静态的句子里,句子的焦点位于句末没有问题,但是我们知道,日常交际中所使用的言语是处于动态的变动之中的,焦点成分呈现的具体位置可能会受说话人语调、重音、语序、虚词的制约,不可能完全出现在句末,比如例(6)。

(6) ——谁是班长?

　　——我。/我是。/我是班长。

对于例(6),问话人询问班长是何人,可以有三种回答方式,但从语言的经济性上来考虑,似乎只回答一个"我"字更加简洁明了。根据刘丹青(2008:219—245)焦点成分的省略测试法,我们可以断定答句中的"我"是焦点。范晓（2001）认为动态语境中的焦点是对比焦点，句中的任何句法成分都有可能成为焦点。换言之，只要说话人在意念上想强调突显哪个成分时，那个成分就会成为全句的焦点。也就是说，焦点与说话人的主观性有很大关系。如果是这样的话，句末焦点说可能就会受到挑战。另外，系统功能语言学认为当功能成分在形式层体现（realization）时，就隐含着一个配列（arrangement）问题，即句法成分在线性上的排列问题。胡壮麟等（2017：65）认为"在未标记的情况下，有一个'已知信息-新信息'结构"。这实际上是说，如果形式层出现了比如移位、添加语法标记等情形时，未必就是"已知信息-新信息"的结构了。同样的道理，句末焦点只是没有出现标记时的常规焦点，若出现了语法标记，句末焦点未必成立。

### 5.2.2.2　前移成分 Y 是焦点

Gundel（1988）曾经提出过两个著名的语用原则："要事先说原则"（First Things First Principle）和"已知先于未知原则"（Given Before New Principle）。实际上，这两个原则是竞争（compete）与合作（conspire）的关系。当"要事先说原则"处于上风时，焦点成分则呈现在句首；当"已知先于未知原则"占据上风时，焦点成分也未必处于句末。因为新信息与焦点是两个不同的概念，即新信息未必是焦点，旧信息也可能成为焦点。从形式上来看，后置成分在语表形式上有时可以省略，在表义上一般起"追补"的作用。Radford（2004：332—336）通过对英语倒装成分的分析，认为前移成分 Y 是句子的焦点。玉柱（1983）认为主谓倒装变式句具有"语气急切"，"感情色彩重"和"先想到、先说出谓语"的特点，且倒装成分还可以还原。从句法结构上来看，倒装句由先行部分和后续部分两部分组成；从信息结构上来看，先行部分是句子的重心，即包含了所要表达的主要内容，后续部分负载的是已知、次要和补充的信息。一句话，"重点先说"是"倒装句"形成和使用的动因。范晓(2001)对此也有过相关论述,他认为倒装移位在成分倒装后而句型不变,也就是同一句子类型内部句法成分的语序变异,因此倒装移位构成的句子是变式句。倒装句调换了位置的成分,可以恢复原位而句法成分不变。袁秀凤、杨坚定(2003)以主位结构为理论框架,探讨分析了倒装呈现的主述位结构,认为倒装句具有强调、对比、结构平衡、渐次加强与和谐五种功能。

从汉语方言和跨语言的角度来看,前移成分 Y 更具焦点性。王海燕(2011)通过对徐州方言的考察,论证了前移成分 Y 是句子的焦点。具体来说,她发现倒装句可以出现在祈使句、疑问句、感叹句和陈述句中,其中主谓倒装的主要目的之一就是凸显主要内容,即前移部分 Y,比如例(7)。阿里木・玉苏甫(2007)、亚热・艾拜都拉(1998)通过对维吾尔语的研究发现,句子成分的倒装不仅在没有严格形态标志和形态变化的汉语中有,即使在有严格的形态标志和形态变化的维吾尔语中也是常见现象,谓语前置在维吾尔口语中是一种常见的语用现象,强调点落在谓语上,从重音的分布来看,重音在前置部分,后续部分一般要轻读,另外前置部分和后续部分可以复位,语气词出现在前置部分。从这些特点不难看出,倒装句比正装句的修辞效果要强,且具有跨语言的共性。同样地,亚热・艾拜都拉还认为口语中的倒装句一般是由于前置的部分是说话人急于要说出的,后移部分带有补充的意味。强星娜(2011)认为汉语口语中的主谓倒装句是"重要信息先说"(First Things First Principle)原则作用下的产物。这一点可以在日语中得到印证,日语话题后置后仍可添加话题标记,比如(8)。这样的话,前移成分 Y 是句子的焦点比后置成分 X 更加充分。

(7) a. 一边待着吧你!(祈使句)

　　b. 吃饭了吗你?(疑问句)

　　c. 不孬来这部戏!(感叹句)

　　　d. 消熊除了他。(＝他完了。)(陈述句)

(8) a. 去年より　暑い、今年は。

　　　*去年-比　热　今年-话标*

　　　今年比去年热。

　　b. この部屋に　住んでる、　彼も。

　　　*这个房间-在　住-持续体　他-话标*

　　　他也住在这个房间。

　　从语法和会话接口的角度来看,倒装句在话轮交替相关处起到话轮延续的作用(陆镜光 2000)。赵振才(1983)根据"主位-述位"理论认为主谓倒装标明信息的核心转移到了通常是陈述出发点的主语上。陆镜光(2004)认为倒装句是延伸句的一种,倒装句是把主要信息提到句首或者把辅助信息放置到句末的一种语法手段。延伸句,实质上是一种焦点前置句,是指句子的先行部分说到了末尾,在快要结束的一刻,说话人又补上后续成分。徐李洁(2003)认为"熟悉性、突显性、对比性、信息性"是诱发表述者选择参照点的主要因素。当表述者选择一实体充当参照点就会将这一事物作为表述的出发点、对比的基点或突显的焦点。当表述者以某种性状作为对比的基点或凸显的焦点时,该性状就是对比或凸显的焦点。把焦点置于句首会使焦点具有标记,从而具有更大的价值。陆俭明(1980)甚至明确指出"易位句的意义重心始终在前置成分上,后移成分永远不能成为强调的对象"。在陆先生看来,凡是易位句/倒装句,前置部分都是说话人急于要传递给听话人的信息,带有强调的意味,后移成分则稍带补充性意味。简言之,成分倒装后,表达的重心在前置部分,后置部分有"申述"或"追补"的作用;主谓倒装往往是为了强调谓语,或者是说话者急于把突显的焦点信息说出来,再追加主语,主语在音韵上要轻读。倒装是在话语交际中特意颠倒逻辑语序的部分,不管是随语倒装还是变言倒装,大都用以加强语势、调和音节或错综句法

（陈望道 2008：175—176）。具体来讲，前者大多是语次或语气上的颠倒，并不涉及思想条理和方法组织；后者虽然也只是颠倒顺序，却往往涉及思想条理和文法组织，同第一类单属程序上的倒装不同。

### 5.2.3　小结

倒装句 YX 由常式句 XY 改变语序而来。在结构上，倒装成分可以还原复位；在音韵上，前置成分 Y 重读，后置成分 X 轻读。也就说，倒装是相对于顺装/正装而言的一种语序变异现象。一般认为，倒装句包括语法倒装和修辞倒装。前者是基于语法规则的强制性倒装，后者是基于表达需要临时性的非强制性倒装。修辞倒装具有对前移成分强调的作用，即前移成分 Y 是句子的焦点信息，后置成分 X 在语用上起追补作用。本研究所说的倒装，类似于修辞性倒装。

常式句变换成异式句，改变的只是句子的形式和语用意义，句子的命题意义并不发生改变。关于倒装句的焦点，学界存在两种不同的观点：一种观点以句末焦点原则为依据，认为后置成分 X 是句子的焦点；一种观点根据"要事先说"原则，认为前移成分 Y 才是句子的焦点。从句法理论和跨语言的证据来看，把前移成分 Y 看作句子的焦点更具合理性[①]。

---

①　胡壮麟等（2017：174—175）曾从信息标记的角度对此进行过解释，他们认为说话者为了强调某个成分或为了其他目的，可以把新信息作为讲话的起点，此时的新信息是有标记的信息，否则为无标记的信息。比如在例 a 中，最后一个实词词项 pond 是新信息的中心，此时例 a 为无标记的信息结构。但是，在例 b 和例 c 中信息中心都不是 pond 而是 he 和 fell。原因是例 b 中的代词 he 重读，使句子的含义有别于例 a，强调的是他而不是别人掉进了池塘；在例 c 中，动词 fell 重读，使句子的含义有别于例 a 又不同于例 b，强调他这个人是无意中掉进池塘，而不是故意跳下去，也不是被人推下去的。

　　a. He fell into the <u>pond</u>.
　　b. <u>He</u> fell into the pond
　　c. He <u>fell</u> into the pond.

## 5.3 分裂投射假说及句子外层焦点结构

制图理论(Cartography Approach)的核心思想是把句子所表示的各种句法语义关系精细地刻画在树形图上。换句话说,各种句法语义范畴在树形图上都应该有一个确定的位置。本着这一精神,本节将词汇层、屈折层和标句层进行分裂投射(split projection),探讨其内蕴含的各种句法语义关系。另外,我们将重点探讨标句层内的功能范畴,尝试为倒装句的前移成分 Y 找到一个新位置,解决语气词黏附在前移成分 Y 上的理论难题。

### 5.3.1 VP 分裂和 IP 分裂假说

Rizzi(1997:281—337)认为句子是由词汇层(lexical layer)、屈折层(inflectional layer)和标句层(complementizer layer)三个结构层组成的,每个结构层都是以 X' 范式进行结构表征的。词汇层是以动词的投射为中心,是题元角色的分配层,又叫题元层;屈折层是以屈折范畴(动词具体或抽象的形态标记)为中心语的结构层,主要允准中心语和论元的相关特征,比如形态、格和一致等;最外层的标句层是以非粘着的功能语类为中心语的投射,主要包括话题、类似算子的疑问代词、关系代词、焦点成分等。

Kayne(1984)最早提出了双分枝(binary branching)投射假说。在该假说的基础上,Larson(1988)提出了 VP 壳理论,解决了双及物结构的论元投射问题。所谓 VP 壳理论,简言之就是把动词分裂进行多次投射。Pollock(1989)在动词移位分析中把 IP 分解成一系列的功能投射,包括体范畴(Aspect)、主语一致范畴(AgrS)、宾语一致范畴(AgrO)等。上述每个单一的投射都与动词系统的显性或隐性特征要求有关。Chomsky(1995:315—316)吸收了他们的观点,并加以改进,提出了轻动词假说,即 v‑VP 结构,这实际上是对 VP 壳理论的一种升华。

### 5.3.2　CP 分裂假说

通过上面的分析可以得知,句子的词汇层和屈折层都存在着多重投射。事实上,在标句层也是如此。分裂 CP 假说(Split CP Hypothesis)认为标句层处在"夹心"(sandwich)位置,对外接口话语层,对内接口屈折层。换言之,标句层是屈折层和话题层的接口层。这样一来,标句层要至少包含面向句子外部(话语层)的信息和面向句子内部(屈折层)的信息。在面向句子的外部层上,标句层要标明句子是疑问句、陈述句,还是祈使句等,即表征句子的类型(clausal type)。生成语法学界一般采用"语力"(force)这一术语来标示。这就是说,标句层在面向话语层的接口处可能会存在一个语力层(ForceP)。同样的道理,在面向句子的内部上,应该有标明句子屈折类型的信息。比如,英语中的标句词 that 与定式动词(tensed verb)共现,而标句词 for 只能与不定式(infinitive)成分共现,如例(9)。这样一来,标句层的最下层可能还存在一个用来标示屈折信息或时制类型的结构层,Rizzi(1997)把它叫做定式层(finiteness)。这样的话,标句层与话语层的接口处是语力层(ForceP),标句层与屈折层的接口处就是定式层(FinP)。

(9) a. I think that John will go to Paris tomorrow.

　　b. It is good for you to get a master degree.

语力层标明句子与话语层选择关系,定式层标明屈折层的范畴类型。那么标句层是否还存在其他功能层呢? Rizzi(1997)通过对意大利语的研究发现,在定式层和语力层之间可能还存在焦点层(focus)和具有递归性(recursive)的话题层(topic)。话题层和焦点层总体上独立于选择性限制。存在于句子左外围结构(left periphery)的焦点与话题,一般认为它们是个语用概念:前者与预设(presupposition)相对应,后者与陈述(comment)相对应。预设是说话人认为是听话人已知的信息,而陈述是一种复杂谓语,具有引进新信息功能。语法上把句子成分通过某种句法操作充当话题的现象叫做话题化(topicalization)。比如在例(10)中,"句法学"和 your pen 从宾语的位置移位到句首,成为说话的起点,是交际双方共知的信息,即句子的话题。话题在形式上具有[话题]特征,具有 aboutness 的语义特征。从音韵上来看,话题成分后要有稍许停顿,在书面上一般要加逗号。从信息类型上来看,作为话语交际起点的话题是交际双方所共知的旧信息(given information)。因此,Rizzi 认为标句层内还存在一个话题层(TopP)。

(10) a. 句法学$_i$,李雷喜欢 $t_i$。

b. Your pen$_i$, you should give $t_i$ to Tom.

焦点-预设结构(focus-presupposition)在形式上与话题-陈述结构相同,但在解读上却完全不同。在例(11)中,加粗部分是一种焦点成分,有焦点重音,是说话者强调的重点。从信息论的角度来看,焦点信息是听话者不知道或说话者认为听话者不知道的信息,与焦点相对的预设则是交际双方或说话者认为交际双方所共知共享的信息。这样,"句法学"和 your pen 就是说话人所要强调的焦点信息,在音韵上具有焦点重音。另外,我们还可以用逻辑语义表达式把例(11a—b)所强调的内容刻画出来,见(12a—b)。从语义表达式上来看,移位成分是一种算子移位,移位留下的语迹是变量(variable)。生成语法认为变量是一种照应语(anaphor),照应语要遵守约束原则一。

(11) a. 李雷句法学$_i$喜欢 $t_i$。

b. YOUR PEN$_i$ you should give $t_i$ to Tom.

(12) a. $\lambda x$(李雷喜欢 x)(x=句法学)

b. $\lambda x$(you should give x to Tom)(x=your pen)

话题和焦点只有在需要时才会投射到标句层,并不是强制投射层。换言之,当一个成分被赋予了话题或焦点特征后就会被激发移位形成"指示语-中心语"关系。这样一来,话题、焦点可能就是语力层和定式层的夹心层了。Rizzi(1997)发现意大利语的话题具有递归性。简言之,在结构上话题有时高于焦点,有时低于焦点,如例(13)所示。

(13) Credo che a Gianni, QUESTO, domani, gli dovremmo
　　　　　C　　Top　　　Foc　　　Top　　IP
dire.

I believe that to Gianni, THIS, tomorrow we should say.

因此,Rizzi 把标句层分裂为(14)。值得注意的是,Rizzi 在语力层的左边是打了省略号的,说明语力层的外部可能还有别的功能层。邓思颖(2016b)认为表示某个具体事件的 XP 要受到时制的扩展生成 TP,然后再受到标句成分 C 的扩展生成 CP,可能还会受到表焦点、程度、感情的功能性成分的扩展。邓思颖的观点可以用结构(15)来表示。熊仲儒(2013b:101—104)认为汉语中语气范畴在结构上高于话题范畴,话题范畴高于焦点范畴,而焦点范畴又高于时制范畴,见(16)。

(14) ⋯ForceP＞Top＊＞Foc＞Top＊＞FinP⋯

(15) $F_3P$ ＞$F_2P$ ＞$F_1P$ ＞CP ＞TP ＞XP

　　　感情　程度　焦点　标句　时制　事件

(16) MoP＞TopP＞FocP＞TP

从结构(14—16)可以看出,关于标句层即 C 层的各功能性范畴的层级划分和术语使用并不完全一致。由于意大利语中话题存在递归性,话题范畴可以高于焦点范畴也可以低于焦点范畴。综合起来看,结构(15)中的 TP 可能是指结构(14)中的 FinP,结构(15)中的 $F_3P$ 可能是结构(16)中的 MoP 或结构(14)中的 ForceP。根据结构(14—16)可以得知,语力层或语气层可能在结构上处于最高位置,其下分别为话题或焦点等。

### 5.3.3 句子外层焦点结构

根据制图理论的基本精神,即通过精准的树形图把句法结构的细微特点精细地刻画出来,本研究认为在标句层内可能不只话题具有递归性,焦点也许同样具有递归性。由于焦点与预设是一对概念,因此焦点的递归不同于话题。通过上文的分析,我们知道多个话题在同一个句子中可以共现,比如例(13)。焦点同样如此。比如在例(17)中,一个句子可以同时出现多个焦点,但是强势焦点却只能有一个。这一点徐杰(2001:126)称之为"单一强势焦点原则"(Unique Strong Focus Principle),见(18)。

(17) a. 今天下午你和谁去了哪儿干了什么?

　　 b. 张三昨天在运动场和留学生打篮球。

(18) 单一强势焦点原则:当一个简单句包含多个焦点时,专用的焦点语法形式只能突出强调其中的一个。

这里的"专用的焦点语法形式"是焦点标记词"是"。若"是"出现在简单句中充当焦点标记词时,只能出现一次,否则句子不合法,如例(19)。

(19) a. ＊是老王请来的客人是昨天到的。

　　 b. ＊是老张早上是在学校办公室等你的。

单一强势焦点原则指出"专用焦点语法形式只突出强调其中一个",换言之,"专用焦点语法形式"只能出现一次。Teng(1979)、徐杰(1993:146—170;2001:117—166;2015:216—244)认为"是"为汉语中的专用焦点标记形式。本文认为汉语中除了"是"为专用焦点标记形式外,"倒装"也是一种专用焦点标记形式。只不过这种标记形式是通过调整成分间的相对位置来实现的。我们知道,句法成分的移位是一种代价较高的句法操作,是迫不得已的手段(last resort)。通过句法移位来标记焦点要等相关成分合并完成后才可以进行,所以它在结构上可能要处于较高的位置。具体来说,处于语力层的外层。因为通过焦点标记词标记的焦点一般是在语力层的内层,我们称之为内层焦点,记作Foc。由句法倒装而形成的焦点处于语力层的外围,我们把这种焦点称为外层焦点,记作FOC。内层焦点和外层焦点都是强势焦点,它们呈互补分布,即它们不能在同一个简单句中共现。据此,本文提出外层焦点假设。

**外层焦点假设**:语力层的外围存在一个与内层焦点Foc呈互补分布的强势外层焦点FOC。

蔡维天(2016)主张汉语的轻动词可以分为内轻动词和外轻动词两类,前者跟动作层次的与事性(comitativity)有关,后者跟事件层次的使事性有关。如果可以类比的话,我们关于外层焦点的假设在理论上也是可行的。具体来说,从强度上来看,内层焦点对应的是弱势焦点,而外层焦点对应的是强势焦点。另外,熊仲儒(2017)也认为汉语的焦点范畴可以位于TP的两侧,外侧是排除焦点,内侧是包含焦点。换句话说,熊仲儒也承认焦点可以分为内外两个层级。

### 5.3.4　小结

为解决双及物动词的论元投射问题,Larson在Kayne双分枝投射假说的基础上,提出了"VP壳"理论,这实际上就是把VP进行分裂投射,Chomsky进一步将其优化为轻动词理论。紧接着,Pollock把IP分解成多个功能范畴的投射,包括AspP、AgrOP、AgrSP、TP等。为了把句子信息更加精细地刻画在树形图上,Rizzi认为标句层CP同样可以进行分裂投射,他通过对意大利语的研究,发现单一的CP结构不足以刻画标句层复杂的信息结构,他认为CP层包含ForceP、TopP、FocP和FinP等。本文认为在语力层的外围,还存在一个外层焦点层FOCP,该外层焦点在结构上高于内层焦点,且与内层焦点呈互补分布,即外层焦点假设。

## 5.4　倒装成分 Y 的强势焦点特征的外层焦点解释

在正常语序中不能得到强调的句法成分在倒装句中可以得到强调,原因是句首的成分因显赫的位置自然受到读者或听者的注意。换言之,说话人把想要强调的句法成分移位至句首,该成分自然是强调的重点信息,即"重点先说"是倒装句形成的一个主要动因。所谓"重点先说"实际上是指易位句的前置部分 Y 是表达的主要信息,是句子语义和语用的重心,后置部分 X 只是已知、次要或补足性的信息。

### 5.4.1　倒装句的句法推导

陆俭明(1980)发现"句末语气词决不在后移部分之后出现,一定紧跟在前置部分之后","语句重音一定在前置部分,后置部分一定轻读","意义重心一定在前置部分,后移部分一定轻读"。陆先生的观点可以概括为倒装句的前置部分 Y 是说话人强调的重点信息,语气词要附着在前移部分 Y 上。朱德熙先生接受了陆先生的点,见《语法讲义》(1982:222)。朱先生是这样论述的:"前置的那一部分是说话人急于要说出来的,所以脱口而出,后一部分则带有补充的味道","特别值得注意的是后置的部分必须轻读"。从朱先生的相关论述中我们也可以推知前置部分是说话人要强调的重要信息,否则就不会是"要急于说出的"了。根据 Rizzi 的制图理论,语气词要高于焦点成分,但语言事实却是语气词一定要在焦点成分之后。这样的话,汉语倒装句在 Rizzi 的理论体系中无论如何也是难以推导出来的。

从生成语法的移位理论来看,移位成分要在原位留下语迹(trace)t,在结构上移位成分要成分统制语迹 t,且与语迹 t 同标(co-index),即语迹要受到严格管辖。因此,句法成分的移位只能是从右到左,或者说是自下而上,而不能相反。如果接受语迹严格管辖假设的话，即空语类原则（Empty Category Principle/ECP），倒装句 YX 的生成只能是前移部分 Y 从右边移位提升而来，而不应该是 X 右向或者说是下降移位。我们可以把这种移位方式用公式表示为（20）。具体来说，（20a）是合法的句法操作方式，而（20b）不是。

（20）a.　$Y_i\ X\ t_i$

　　　b.　* $t_i\ Y\ X_i$

如果接受本研究的建议，即承认在语力层的外围还存在一个外层焦点，该外层焦点与语力层内的内层焦点呈互补分布，那么易位句的句法推导将不再是问题。我们以例（2a）为例进行说明，例（2）中的其他句子的推导等同于例（2a）。我们为例（2a）指派结构（21），为更加直观，我们同时用树形图表示。

（21）$[_{Spec}$ 看电影去吧 $[_{FOC'}\ [FOC]\ [_{ForceP}\ [_{TP}$ 我们看电影去$]\ [_{Force'}$
$[_{Force}$ 吧$]\ [_{TP}\cdots[_{Spec}$ 我们$[_{v'}\ [v]\ [_{VP}$ 看电影去$]]]]]]]]$

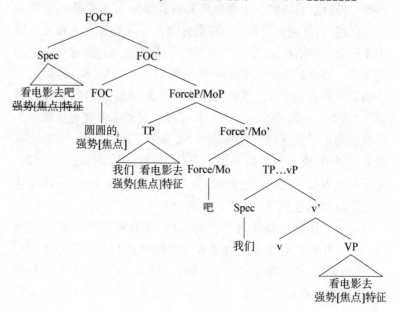

在结构(21)中,动词短语"看电影去"是说话者强调的重点信息,在形式上具有强势的不可解释的[焦点]特征。根据扩充的特征核查理论(EFC),该强势特征需要通过特征核查将其删除,否则会引起句法推导的崩溃。特征的核查要满足结构上的局域性要求,且参与特征核查的双方要是活跃的才行,即参与特征核查的双方要建立指示语-中心语关系,双方都要具有不可解释的形式特征。动词短语"看电影去"具有不可解释的强势[焦点]特征,这一点没有问题。另外,根据 Radford(2009：193—197)的建议,他主张 C 层的功能性成分可能具有边缘特征(Edge Feature/EF)。所谓边缘特征是指相关功能范畴的指示语位置需要得到句法成分的填充。边缘特征类似于 EPP 特征,但与 EPP 特征又有不同。边缘特征对所实现的填充成分没有特别的要求,而 EPP 特征要求其填充成分要具有 D 特征,即指称性特征。边缘特征之所以如此,可能是由于[Spec，FOCP]的位置较高,移位到该处比较费力,所以 FOC 就没有资格再对填充到其指示语位置的相关成分作出特别的要求了。这就好比一个自身条件不太好的人选择配偶时,就不太可能再向对方要求太多一样。

关于 VP 或者句子的谓语充当焦点可能会有人觉得不可接受。实际上,谓语充当焦点并不是新鲜事物,Lambrecht(1994：213)就曾把焦点划分为谓语焦点(predicate focus)、论元焦点(argument focus)和小句焦点(clause focus)三种类型。这说明充当焦点的成分在范畴上可能具有多样性,即体词性短语和谓词性短语均可。这为我们将谓词性成分"看电影去"处理成焦点成分提供了理论支持。

如果分析对路的话,外层焦点范畴 FOC 由于具有边缘特征,是活跃的探针(probe)。动词短语"看电影去"具有强势的不可解释的[焦点]特征,是活跃的目标(target)。探针 FOC 就在自己成分统制的域内搜寻相关成分进行特征核查,由于 FOC 和"看电影去"特征匹配,双方建立一致(agree)关系。FOC 对"看电影去"进行特征核查并把其强势的不可解释的[焦点]特征删除,同时"看电影去"以短语移位的方式提升到[Spec,FOCP]处,满足 FOC 的边缘特征。这样一来,句法成分倒装后,前移成分 Y 的着陆点就是[Spec,FOCP]。

众所周知,语气词"吧"表示祈使语气(Mood),也可以记作语力(Force),其标明了句子的类型(Sentence Type),即语气是属于整个句子的。在生成语法看来,句子会投射成一个语气词短语,一般记作 ForceP/MoP。"吧"就是 ForceP/MoP 的中心语,语气范畴中心语 Force/Mo 就会吸引其成分统制的成分(小句)移位到其指示语位置。这样的话,语气词就只能居于句尾。另外,由于"吧"在音韵上不自足,具有黏附性,即不能单说单用。因此从这个角度讲,"吧"也必须依附在句尾。但是当句子倒装时,具有强势焦点特征的动词短语"看电影去",就会拖带(pied-piping)语气词"吧"移位至[Spec,FOCP]。实际上,在结构(21)或相对应的树形图中,语气词"吧"与 TP 会通过一个融合操作使"吧"紧密依附在 TP 之后。这就是为什么倒装句的语气词必须在前置成分 Y 之后的原因。

语气词与 TP 的融合操作类似于英语中所有格标记-'s 与领属短语的融合,Poole(2011:125—126)就曾为"John's mother"指派过如下结构。在深层结构中所有格标记-'s 与领属成分 John 并不是一个结构体(constituent),但是在句法拼读后所有格标记-'s 却黏附在领属成分 John 之后。实际上,所有格标记-'s 的黏附过程就是个融合过程。再如,Hornstein, Nunes & Grohmann(2005:305)曾主张 whose 就是 who 与-'s 的融合,即[$_{DP}$ who[$_{D'}$ [$_D$'s][$_{NP}$ book]]]。同样地,倒装句中语气词与前移成分 Y 的融合也是如此。

我们知道,汉语是具有高度严整性和灵活性的语言。由于汉

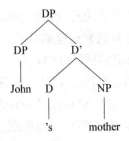

语没有严格意义上的形态变化和形态标记,语序和虚词成为表达语法意义的重要手段,因此汉语的句法规则相对来说是比较严密齐整的。但是,由于汉语的句法结构提供了较多的附加语位置,导致某些成分在一定条件下可以移入(石定栩 2000),这就在一定程度上造成了汉语句法结构的灵活多变性。具体来说,在谓语之上就有可以有话题、主语和焦点三个位置,其中话题在主语之上,焦点在主语之下。在石定栩看来,话题和焦点都是以附加语的形式参与句法推导的,但是这三个位置有时是空置的,这就为相关成分的句法移位提供了可能。句首位置因其显赫的位置自然更容易受到读者或听者的注意,因此我们把前移成分 Y 处理成焦点就有了经验上的支持。

### 5.4.2　VP 移位能跨越副词短语吗?

我们知道,中心语移位要遵守中心语移位限制(Head Movement Constraint/HMC),即只能是从中心语到中心语的渐进式(cyclical)移位。由于汉语动词的[动词]性特征比较弱,没有办法以中心语移位的方式附加到时制中心语 T 处,如例(22b)。一般认为副词性状语是以附加语的形式附加到动词短语上的,这也就是说,状语在 D-结构中是高于动词中心语的。如果到了 S-结构,汉语动词中心语仍在状语之后,就说明动词并没有提升到时制范畴 T 处。而在法语中,则恰恰相反,比如在例(23a—b)中,动词 mange 在副词 souvent 和否定副词 pas 之前,说明动词 mange 已提升到 T 处。换言之,在法语句子的 D-结构中,动词同样在状语之后,由于法语动词的[动词]性特征强,到了 S-结构动词发生了显性移位,提升到时制范畴 T 处,动词居前于状语。这说明动词移位会受动词特征强度的制约。

　　相反,动词短语(Verb Phrase/VP)提升移位则不受此限制。因为动词短语移位是一种短语移位(Phrasal Movement),与中心语移位(Head Movement)有着本质的区别。在结构(21)中,移位到[Spec, FOCP]处的成分是动词短语及其拖带的语气词,在移位类型上是短语移位,类似于 wh-移位,不同于中心语移位。因此,例(22a—b)并不能构成对结构(21)的推导的威胁。因为从移位性质上来看,结构(21)的移位是一种算子移位,或者说是短语移位。从移位限制上来看,算子移位只要算子能够约束其具有变量性质的语迹 t 就可以了。从结构上来看,算子能够约束该变量,这一点没有问题。在汉语中,当动词短语 VP 整体提升时,VP 不仅可以跨越处于附加语位置的状语(副词短语),而且还能提升到更高的位置,如例(22c—d)所示。

(22) a. 老李常常逛超市。

　　　b. ＊老李逛常常超市。

　　　c. 老李逛超市常常。

　　　d. 逛超市老李常常。

(23) a. Jean mange souvent du chocolat.

　　　*Jean eats　　often　of chocolate*

　　　John often eats chocolate.

　　　b. Jean ne mange pas de chocolat.

　　　*Jean ne eats　　not of chocolate*

　　　John does　　not eat chocolate.

　　换句话说,在句法移位中,我们要区分短语移位和中心语移位。不能把中心语移位的句法规则强加到短语移位的头上。同样地,也不能把短语移位的规则运用到中心语移位上。具体来说,汉语以动词为中心语的中心语移位不会跨越处在附加语位置上的副词短语,但是 VP 整个成分以短语移位的方式进行移位时则不受此限制。

### 5.4.3　相关旁证:汉语存现句和随意倒装句的句法推导

何元建(2011:448—452)认为倒装句并非指一种句式,而是多种句式的总称。他通过对"倒装句"和"随意倒装句"(flip-flop sentences)的研究发现"倒装的成分是焦点,倒装是为了强调有关成分,而非有关成分是已知信息"。简单来说,倒装句的前移成分 Y 是句子的焦点,后置成分 X 是已知信息。

所谓处所倒装句,实际上就是传统语法上所说的存现句。众所周知,存现句在语法意义上表示"存在、出现或消失"。另外,由常式句变换成处所倒装句,"在"要变换成"着"。这样一来,存现句就是一种有标记的倒装。当然,存现句动词后的处所短语表达的意思跟一般的处所宾语有所不同。比如例(24a)表达的是"动词所代表的行为动作在某一处所的状态",而不是"行为动作在某一处发生",即表示的是"坐着"的状态而非"坐下"的动作;而(24b)表达的则是尚未发生但将要发生的"坐下"的动作。这也就是说,例(24a)的"在"可能相当于一个表达状态功能的体貌词。换句话说,"V+在"表达的可能是一种状态,而不是动作。在何元建看来,"V+在"的生成实际上是一个结构重组过程。从语法化的角度来看,结构重组实际上是结构的重新分析的过程。这里的结构重组类似于熊仲儒(2013b:49—52)的动介融合的句法推导。

(24) a. 张三[坐在床上]。

　　 b. 张三[坐床上]。

在何元建看来,在正装句中,动词和介词"在"经过结构重组,使介词成为动词,在功能上具有表达状态的作用,恰好在处所倒装句中也有一个表状态的体貌词"着"。含有表状态"在"的正装句如果倒装的话,就会阻断重组过程,使处所短语不能再留在动词之后。由于倒装句是个焦点句，且焦点范畴在语音上没有值，因此在音韵的驱动下，动词就会以中心语移位的方式嫁接到焦点范畴Foc处。由于阻断效应，不可能生成"坐着在"。因此，介词"在"会跟受介成分同时提升到[Spec，FocP]处，但在表层结构中"在"可能会出现删略。

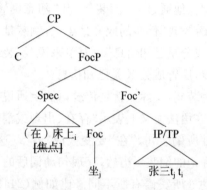

　　所谓随意倒装句(flip-flop sentence)，是指没有相关标记的倒装，比如例(25)。随意倒装，陆俭明(2013：278—279)将其语法意义分析为"容纳量-容纳方式-被容纳量"，这实际上是借用认知语言学的容器隐喻进行的解读。我们认为，这里所谓的倒装是从语义的角度进行划分的，即从题元层级上来看，施事要高于处所或受事。具体来说，例(25)中的"三个人"和"十个人"是施事，"一张床"和"一锅饭"是处所和受事。正常情况下"三个人"和"十个人"在线性上应当分别居前于"一张床"和"一锅饭"，但是在例(25)中的情形却完全相反。我们猜想这也许是何元建把其划归到倒装句中的理由之一吧！何元建认为被倒装的成分"一张床"和"一锅饭"是焦点成分，是从动词宾语的位置移位到句首的焦点短语之中的。同样地，由于焦点范畴是零形式(没有语音值)，故动词提升嫁接到Foc处，满足其音韵上的要求。这样的话，在焦点范畴Foc的EPP特征或EF驱动下，处在宾语位置的"一张床"和"一锅饭"就会提升移位到［Spec，FocP］处，具体推导过程如下面的树形图所示。

(25) a.　一张床睡三个人。

　　　 b.　一锅饭吃十个人。

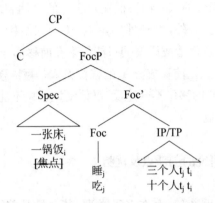

将倒装句的前移部分 Y 处理成句子的焦点成分可以得到处所倒装句和随意倒装句的相关支持。由于上述两类倒装句没有涉及语气范畴的推导，因此设立一个单层焦点范畴就可以解决问题。基于一致性的方法论，我们认为将倒装成分 Y 的着陆点设置在外层焦点的指示语位置比较合理，即［Spec，FOCP］处。

### 5.4.4　小结

语法形式的任何变化都会引起语义内容的变化，这种变化可能是语用的也可能是修辞的。前移成分 Y 既然被前移，一定有其特定的语法意义或语用价值，否则这样的句法操作就是冗余的。正如前文所述，在"语法易位句"中，Y 前移是为了满足语法上的要求，即强制性的语法易位。如果不前移，句子就不合法。当然，语法性易位并不在本研究的讨论范围之内。在"修辞易位句"中，Y 前移显然不是语法上的要求，而是出于某种语用目的，即强调其中某一部分。根据生成语法的移位理论，强调的部分一定是前移部分 Y，而绝无可能是后置成分 X，否则进行前移的句法操作将毫无意义。

在结构上,左向移位成分 Y 的着陆点是[Spec,FOCP],即外层焦点的指示语位置。驱动 Y 移位的动因是 Y 具有强势的[焦点]特征。在 EFC 理论看来,若不及时将其删除会引起 PF 部门的崩溃,删除强势的[焦点]特征在句法上的显性表现就是造成句法成分的倒装。另外,由于外层焦点 FOC 在结构上高于语气范畴 Mo/Force,从而造成语气词只能依附在前移部分 Y 后,而不能是后置成分 X 上。前移成分 Y 的移位方式是短语移位,不是中心语移位,因此 Y 的移位不会违反"汉语动词移位不能跨越状语"这一普遍语法限制。

## 5.5  本研究的创新点及优势

汉语中的倒装句,存在多种类型,其共性是前移部分在语音上重读且是说话人强调的焦点信息,语气词出现在前移部分的后面,并且倒装句和常式句可以自由地变换。然而,语气词出现在前移成分 Y(焦点成分)的后面这一点给生成语法理论带来了不少难题。据此,本文提出了外层焦点结构假设,并以扩充的特征核查理论(EFC)为理论基础,为倒装句的各个句法语义范畴指派了相应的句法结构位置。

在理论上,发展完善了制图理论,即提出了在话题层的外围还存在一个外层焦点,主张焦点层与话题层一样都是一个循环递归结构,体现了理论的对称性,这是对 Rizzi(1997)理论的完善和发展。我们知道,在 Rizzi 的制图理论中,标句层中仅有一个焦点范畴 Foc,且位于话题范畴 Top 之下。显然,这与句子可以具有多重焦点的语言事实不相符合。外层焦点假说的提出,在结构上可以为句子的多重焦点提供落脚点,在语义上可以允准其语义解读。

从 Chomsky 关于原则与参数理论的基本观点来看,本文提出的"外层焦点"结构符合"原则与参数理论"的基本假设。C 层中的焦点范畴和话题范畴具有循环递归性,体现了语言的共性;但落实到具体语言上可能存在参数的差异,比如汉语中的焦点层是个循环递归结构,而意大利语的话题层是个循环递归结构。这样就优化了制图理论,使其具有更广泛的包容力,即能够把更多的语言事实囊括进来。

在实践上,运用该猜想一是解决了汉语倒装句语气词可以出现在句中的难题。一般地,汉语语气词出现在句末,但在倒装句中却中现在句中,这对制图理论提出了挑战。如果接受本文的外层焦点假设,即承认在语气范畴的左缘还有一个外层焦点 FOC 的话,一切将迎刃而解。二是把倒装句统一到一个句法模型中解释,简化了倒装句的句法推导。从本章的文献综述中可以知道,现代汉语中的倒装有主谓倒装、述宾倒装、状中倒装等多种类型。如果接受本文的主张,那么这些所谓的各种类型的倒装句将统统放到一个模型下统一处理,"一揽子"地将倒装问题解决。三是在移位技术上做到了统一,即移位只能上移不能下移。我们知道,生成语法主张句法移位遵循一定的句法限制,从结构上来讲,移位成分要成分统制其移位留下的语迹。如果在语气范畴的外围设置一个外层焦点的话,这样就能满足成分移位的一致性方法论要求。

需要强调的是,本研究所提出的外层焦点结构,只是一个参数。该参数不具语言的共性,会因语言而异。从理论上来讲,当某种语言需要该结构时,该参数就会取值,否则就会处于"关闭"状态。

## 5.6 结论

众所周知,语言的形式和意义是不可分割的两个方面。同样地,任何语法形式都与一定的语法意义相对应,但是在对句子作出语义解释时要从基本句式出发,移位的要移归原位①。只有这样,句法结构和语义解释之间才能确立某种有规则可循的映射关系。将在正常情况下较晚出现的成分前移至句首,这是一种主题性前移(thematic fronting),其中前移的成分成为语法上的标记主题(marked theme),这是一种表示强调的语法手段(戴炜栋1989)。倒装是在特定的语境中,为了有效地传递信息,将某一成分前移至句首。在系统功能语言学看来,典型的陈述句是主语和主位重合的模式,否则以主语以外的成分体现的主位是有标记的主位。主谓倒装的主位是谓语来充当,即其背离了常规位置而移位到句首。这样,被置于句首的有标记主位就自然地得到了强调。句首位置具有认知上的凸显性(salience),容易引起听话人的注意。我们认为倒装本身就是一种信息编码,接受者在解码过程中可以获取隐藏在其背后的诸多内容。在解码倒装句时,听话人会用已有的知识去体验和追寻句子表达的"意外之象",即追寻形式变化了的背后所隐藏的东西,而不仅仅是简单的线性的恢复(蔡永贵2005)。换句话说,说话人为了加强的突出谓语的意义而把谓语提前,即谓语是说话人强调的重点信息或焦点信息。

倒装句,是现代汉语中一种常见的语法现象。在语义上,前移成分 Y 是说话人强调凸显的重要的焦点信息。在形式上,前移部分 Y 具有强势的不可解释的[焦点]特征。该特征要通过核查予以删除,否则会引起句法推导的崩溃。正是该特征造成了相关句法成分的倒装,这就是前置成分 Y 移位的动因。在倒装句中,语气词一定要紧跟前置部分 Y 后,而不能出现在后置成分 X 后。这一特点给现有的句法推导造成了困难。Rizzi 在 Pollock 分裂IP 假说的基础上,提出了 CP 分裂假说。CP 分裂假说认为标句

---

① 实际上,这一点与题元角色的指派在 D-结构中进行是一脉相承的。

层不可能只存在一个投射。Rizzi 通过对意大利语的研究证明 C 层可能还有定式层（FinP）、焦点层（FocP）、话题层（TopP）和语力层（ForceP）。Rizzi 指出话题层具有递归性，本文认为汉语中的焦点层也许同样具有递归性。因此，本文提出在语力层的外围还存在一个外层焦点结构，我们将其记作 FOCP。外层焦点和语力层内部的内层焦点在分布上互补，不会同时出现。外层焦点处在较高的句法位置，具有边缘特征（EF）。换言之，外层焦点要求其指示语位置得到填充，但对填充成分的语法范畴和属性没有特别要求。

　　如果接受本研究关于外层焦点结构假设的话，语气词在前移成分 Y 后的问题将得到解决。语气词具有黏附性，不能单说单用，在语法上一般用来标明句了的类型。当其依附的成分发生显性提升移位时，移位成分会拖带语气词一起爬升。因此，语气词在倒装句中一定要附着在前移成分 Y 上，而绝不能是在后置成分 X 上。前移成分 Y 在句法结构上的最终着陆点是［Spec, FOCP］。

# 第六章　强势语法特征与"把"字句

> 普通话的"把"字构式，习俗化和习惯化的不是具体的句子而是一个典型的结构："主要主题—把—次要主题—谓语"。
>
> ——罗仁地（Randy J. LaPolla 2018）

## 6.1　引言

"把"字句是汉语所特有的一种句式。据郭德润（1981）、吴亮（2013）报道，"把"字句最早出现于唐代初年，可见其形成的历史并不算久远，但是"把"字句却一直是汉语语法界的研究热点之一。学者们从各个角度对"把"字句进行了充分的描写，对其语法意义或表义功能进行了深入的研究，从而加深了我们对"把"字句的了解和认识。

从语法意义的角度来看，学者们从不同的理论视角对其进行了分析，提出了许多颇有建树的观点，其中"处置"说（王力 1984；王力 2011；宋玉柱 1979；宋玉柱 1981a；黄伯荣、廖序东 2011；邢福义 2016）、"影响"说（Tai 1984；Sun 1996；张伯江 2001；周长银、尹晓静 2016）、"致使"说（叶向阳 2004；熊仲儒 2004；胡文泽 2005；

Huang，Li & Li：2009；施春宏 2015）、"掌控"说（牛保义 2008）等四种观点影响最大。

从说话人强调的重点来看，有两种截然不同的观点，一种是句末焦点说（宋玉柱 1981b；郭德润 1981；崔希亮 1995；陈昌来 2000；孟艳丽 2000；张旺熹 2001；刘培玉 2002；赵金色 2010；陆俭明 2016；张慧丽、段海凤和潘海华 2017），即"把"字句的 VP 或其补语是焦点；一种"把"后宾语焦点说（傅雨贤 1981；李英哲等 1990；徐杰、李英哲 1993；徐杰 1993；金立鑫 1993；金立鑫 1997；沈阳、何元建、顾阳 2000；刘月华等 2004；邵敬敏、赵春利 2005；岳中奇 2007），也就是"把"后的宾语是焦点。

从"把"的语法范畴来看，学界也先后提出了"助动词"说（王力 1984）、"次动词"说（丁声树等 1961）、"介词"说（邢福义 1978；吕叔湘 1979；朱德熙 1982；黄伯荣、廖序东 2011；邢福义 2016）、"轻动词"说（熊仲儒 2004；邓思颖 2010）、"焦点标记"说（邵敬敏、赵春利 2005）等观点。

黄伯荣、廖序东（2011：90）认为"把"字句是在谓语中心词前头用介词"把"或"将"组成介词短语作状语的一种主谓句，意义上多表示对事物加以处置。显然，黄、廖是从语法意义的角度对"把"字句进行界定，认为"把"字句表"处置"。这是一种典型的"处置观"。我们知道，最早提出"处置观"的王力（2011：82）认为有些普通句子和"把"字句之间存在变换关系，变换后的两种句式并不同义，前者是普通的叙述，后者带有"处置"或"支配"的意思。宋玉柱（1979；1981a）主张"处置"是指动词所表示的动作对"把"后成分造成了某种影响，使其产生了某种变化或达成了某种状态。实际上，宋玉柱支持并发展了王力的"处置观"。胡附、文炼（1956：127）认为句式结构的变化没有改变句子的意义，认为"把"字句和普通的"主-谓-宾"句式并没有本质的区别，也不表示"处置"义。胡附、文炼的观点得到了梁东汉（1958）的响应与支持。

随着研究的深入,"影响"说、"致使"说、"掌控"说等观点相继提出。"影响"说也就是将"把"定位为"影响性的表达手段",在句法上具有引出受影响对象的功能。"致使"是指"把"字句本质上是由一个有"致使"义的轻动词扩展,"把"只是轻动词的语音实现。当然,若"把"在语音上没有值,为了满足轻动词音韵上的要求,实义动词就会从核心移位至轻动词处。"掌控"是指"把"后成分在主语的掌控下,接受或执行了动词短语所表示的动作或处于动词短语所描述的状态。从本质上讲,不论"影响"说、"致使"说,还是"掌控"说,并没有太大的区别,它们都是对"把"字句所表示的语法意义的一种拟测。这样一来,"把"字句所表示的语法意义,至少已有"处置说"、"致使说"、"掌控说"和"影响说"四种解释。这些解释对我们深入认识"把"字句提供了理论支持和经验基础。关于"把"字短语是说话人强调的焦点信息还是句末 VP 或其补语是焦点这一问题,学术界争议很大;另外,对于"把"的语法范畴和句法功能大家看法也不尽一致,这些问题我们将在下文一一分析。但是,本研究更感兴趣的是"把"后成分在句法语义上到底有什么特征?它的基础位置在哪里?在句法上又是如何推导的?

本章共包含五个部分,第一部分是引言;第二部分是文献综述,重点讨论从语法意义、焦点位置和"把"的语法范畴进行述评;第三部分是在文献综述的基础上,提出本文的解决方案;第四部分讨论"把"字句的句法生成及其推导过程,第五部分是结论,对本章主要观点进行总结。

## 6.2　相关研究述评

本节将从"把"字句的语法意义、焦点位置和"把"的语法范畴三个角度进行综述。

### 6.2.1　语法意义

从语法意义上来看,学者们对"把"字句语法意义的研究大致可分为"处置说""致使说""掌控说"和"影响说"四类。

#### 6.2.1.1　处置说

《现代汉语词典》(第 7 版)将"处置"解释为"处理""发落"的意思。这也就是说,被处置的对象一定要先于"处置"而存在,且"处置"是一种有目的有意识的行为。最早提出"把"字句具有"处置"义(execution)的是王力(1984：117),他认为"把"字所介绍的乃是一种"做"的行为,是一种施行和处置。王先生的定义与《现代汉语词典》中关于"处置"的解释是相通的,但是在实际语料中,也的确有很多"把"字句并不表示施事是有意识、有意愿、积极主动采取的某种行为,甚至有的"把"字句的主语都不是"施事"。比如,例(1)中的"三杯酒"和"课桌上的那个钉子"连起码的"生命力"特征都不具备,"积极主动"的处置更是无从谈起。退一步讲,即便主语是有"生命力"特征的人,也未必是"积极主动"地行使某种"处置"。比如在例(2)中,主语"那个粗心的女人""那家伙"和"她"对"把"后宾语的处置显然不是"积极主动"的有意识的行为,因为动词前有"不小心"和"一不留神"等心理形容词短语。另外,"处置"这个动作有时也不一定非要先于被处置对象而存在。比如在例(3)中,被处置的对象"教学楼"和"导弹"并不是先于"处置"这个动作而存在的。另据任碧生(2006)报道,在青海方言中存在一种非处置式"把"字句,充当其述语的是不具有强烈动作性的动词或形容词,比如"我把这个事情知道者",意思是"我这个事情知道了"。

(1) a. 三杯酒就把他喝醉了。

　　b. 课桌上的那个钉子把那个小朋友的外套刮坏了。

(2) a. 那个粗心的女人不小心把不到一岁的孩子锁在车里了。

　　b. 那家伙一不留神把酒杯打碎了。

  c. 她也有非常暖心的一面,之前在某次发言中,不小心把"香香"听成了"杉山"的一次误会中,她的笑容也是直接圈粉无数。

(3) a. 那个施工队帮助村里把教学楼建好了。

  b. 朝鲜把导弹造出来了。

  对于"把"后宾语的变化不是由主体有意识地造成的之类的"把"字句,王力(1984:120)称之为"继事式"(consecutive form)。显然,"继事式"是对"处置说"的一种修补或活用。在此基础上,宋玉柱(1981a;1986:106)认为"处置"有狭义的处置和广义的处置,"狭义的处置"是指人对事物的有意处理,而"广义的处置"是指句中动词所代表的动作对"把"字所介引的受动成分("把"的宾语)施加某种影响,导致受动成分发生某种变化,产生某种结果或达成某种状态。换句话说,无论是"继事式"还是"广义的处置",都要求"处置"不一定要具备一种有目的有意识特征的行为。这样做固然能够扩大"处置"的解释面,但是其弊端也是显而易见的,即明显不符合母语为汉语的说话者对"处置"的语感,另外也与被处置物有时晚于"处置"出现的语言事实不相符合。更为重要的是,据周晨磊(2016;2017)报道,在青海省周屯方言中竟然存在祈使义处置式,即"把"字句可用来表达祈使义,比如"你把你坐",意思是"你坐"。这样的话,"处置"的概念又要修正。

### 6.2.1.2 影响说

  Li & Thompson(1981)、Tai(1984)和 Sun(1996)认为"把"字句有表示"完全受影响"(total affectedness)的语法意义,也就是"把"字句具有"高及物性"(high transitivity)特征。比如在例(4)中,"老王喝了酒了","酒"不一定被全喝完了,而"老王把酒喝了"则一定是把"酒"喝完了。从这个角度来看,"把"字句具有对"把"的宾语施加某种影响的语法意义。

(4) a. 老王喝了酒了,可是没喝完。

    b.＊老王把酒喝了,可是没喝完。

张伯江(2001)认为"把"字句蕴含了强影响性,而主动宾句式蕴含了强施动性,这种"强影响性"或"强施动性"是由句式带来的,并不是动词本身所固有的。具体来说,在张伯江看来,"把"字句具有"强影响性"的句式义,其中"把"的宾语是受影响者,句子的主语是责任使因性的动作者。"影响"说似乎较之"处置"说在限制上有所松动,解释范围有所扩大,但还是存在解释面有限的问题。并不是所有的"把"字句都能对"把"后成分产生实质性的"影响"。比如在例(5)中,虽然"那本小说"是动作"看"的对象宾语,但是我们也很难说"那本小说"具体受到了什么影响。

    (5) a. 我看完了那本小说。

       b. 我那本小说看完了。

       c. 我把那本小说看完了。

### 6.2.1.3 致使说

致使说来源于 Talmy(1976：43—116)的"致使情境"理论,在该理论看来,致使情境要至少包含两个以上的事件,且构成事件之间要存在着"作用-效应"关系。叶向阳(2004)、胡文泽(2005)认为"把"字句的基本语义是"致使",其 VP 在语义上表达了一个由致使事件和被使事件构成的致使情景(causative situation)。Huang, Li & Li(2009：195)认为"把"字句存在着这样一个致使层级：｛致使者｛被致使者｝｝,并认为致使层级必须跟句法层级相匹配。

熊仲儒(2004：92—93)认为"致使"实际上是由一个在语音上不自足的轻动词表示的一个语义概念,且这个轻动词在语音上需要黏附在相关的词汇成分上[①]。"致使"的黏附可以有两种途径,

---

    [①] 依据熊仲儒(2004：8—14)的"功能范畴假设"(Functional Category Hypothesis),扩展词汇范畴(lexical category)的功能范畴不仅能够激发词汇核心的移位,而且还能决定论元的选择和题元角色的指派。实际上,功能范畴假设符合 Chomsky 关于"语言具有共性,变异只在功能范畴"的理论假设。

一种是插入"把",另一种是吸引谓语动词提升移位。当插入"把"时,就产生了"把"字句;当吸引谓语动词移位时,就是含有"致使"义的普通句式。这样的话,表"致使"可能就不再是"把"字句的专利,因为非"把"字句也能表"致使",比如例(6b)。从熊仲儒的理论中,不难看出"致使"义不是来自于句子的谓语动词或"把",而是来自于具有"致使"义的功能范畴。但是,我们又很难否认词库中的动结式合成词具有"致使"语义特征的语言事实,比如"打碎""弄破""喝醉"等。

(6) a. 那段山路把我走累了。

　　 b. 那段山路走累了我。

致使说采用动结式短语移位的方式完美地解释不含"把"的普通主-谓-宾句式为何具有"致使"义,将"把"字句和含有"致使"义的非"把"字句统一起来进行解释,但是其句法移位的技术可能值得进一步讨论。具体来说,在例(6)中,致使说认为"累"是动词"走"的结果论元。换句话说,动结式"走累"就是个动词短语。这样一来,"走累"的提升就不再是中心语移位,而是短语移位。这样的话,作为动词短语的"走累"是以具有"致使"义的轻动词或者说是功能核心所在的位置作为最终着陆点可能就值得商榷。另外,张黎(2007)就曾对"致使"说提出过质疑,他认为"致使"并非"把"字句的本质性句式义。比如,"她把书丢了""祥林嫂去年把老公死了"之类的句子就很难说含有"致使"义。

### 6.2.1.4　掌控说

牛保义(2008)从"把"字自身对句子语义贡献的角度提出了"掌控说"。他认为"把"是个具有"掌控"义的动词,"把"字句在认知上具有"将欲处之,必先控之"的认知特征,换言之,只有将"把"后 XP 所表示人或事物处于主语 S 的掌控之下,才能对 XP 进行某种具体的处置。从语义结构上来看,牛保义认为"把"字句表述的是"$NP_1+$把$+NP_2+VP=[NP_1+$把$+NP_2]+[NP_2+VP]$",

意思是"$NP_2$ 在 $NP_1$ 的掌控下，接受或执行了 VP 所表示的动作或处于 VP 所表述的状态"。这样一来，"$NP_1$＋把＋$NP_2$"和"$NP_2$＋VP"就各自是一个小句，"把"字句的语义就是由事件义［$NP_1$＋把＋$NP_2$］和事件义［$NP_2$＋VP］加合孳生而成的。

"掌控"说认为"把"字句实际上是由两个动作几乎是同时发生的连动事件联结而成的一个复杂句式。从本质上来看，"掌控说"是将"把"处理成一个具有"掌控"义的动词。在本文看来可能不尽如此，比如在例（7a）中，我们很难说"阿毛"在"祥林嫂"的掌控下，经历了"被狼叼"这个动作，处于"叼走"这个状态。恰恰相反，正是由于"阿毛"不在"祥林嫂"的"掌控"之下才造成了"阿毛被狼叼走"的悲惨后果。同样地，在例（7b）中，也很难把句子理解成"孩子"在"阿福"的掌控下，经历了"病"这个事件，处于"病了"这个状态。显然，将"把"理解成具有"掌控"义的动词，具有一定的片面性。

（7）a. 祥林嫂把个阿毛给狼叼走了。

　　　b. 阿福啊，太粗心了，把个孩子给病了。

### 6.2.2　焦点位置

关于"把"字句的焦点，学界存在着两种完全不同的看法，一种以陆俭明等学者为代表，他们认为"把"字句的焦点是动作或动作所造成的结果，即"句末焦点说"；另一种以李英哲等学者为代表，他们认为"把"后 XP 即"把"的宾语才是"把"字句的焦点。

### 6.2.2.1　句末焦点说

Quirk 等（1985）曾提出过著名的"句末焦点原则"（the principle of end-focus）。陆俭明（2016）据此认定"把"字句的焦点是 VP 或表结果状态的补语，原因是"把"字句整个句子具有"强影响性"和"处置的主观性"，从而导致处置的结果得到凸显。从文献上来看，认为"把"字句的焦点在句末的学者并不在少数，比如：宋玉柱（1981b）、郭德润（1981）、崔希亮（1995）、范晓（1998：152）、陈昌来（2000：159）、孟艳丽（2000）、张旺熹（2001）、赵金色（2010）、张慧丽、段海凤和潘海华（2017）等。

根据信息编码原则，交际双方所熟知的旧信息一般居前于听话人所不知道的新信息。句末焦点说似乎符合这一原则，但是实际情况可能并不完全是这样。比如，疑问代词是特指问句中的焦点成分，当特指疑问词对主语进行提问时，显然焦点位于句首，比如例（8a）中的"谁"，其答语也是位于句首，比如例（8b）中的"徐教授"。另外，焦点还可以位于句中，比如用对比方式指明的焦点。在例（9）中，划线的对比焦点就位于句中。另外，据王文晖（2001）、黑维强（2002）报道，在近代汉语中还存在一种无"动""把"字句，其结构为"S＋把 O"，也就是说这是一种没有 VP 的"把"字句。这样的话，就对句末焦点说提出了挑战（因为充当焦点的成分是不能省略的）。张春燕（2009）也有类似的发现，她通过对《红楼梦》相关句式的考察，发现这种不完全"把"字句共包含三类基本类型：一种是根本没有谓语的"把"字句，表示"詈骂义"，一种谓语省略的"把"字句，省略的原因是由于宾语太长太复杂，最后一种是句末的程度补语省略的"把"字句。

（8）a. ——谁教我们英语啊？

b. ——徐教授教我们英语。/——徐教授。

（9）a. 这个人硬的不吃，<u>软的</u>也不吃。

b. 我<u>上海</u>到过，<u>天津</u>也到过。（转引自张斌（1998：85））

#### 6.2.2.2　"把"后宾语焦点说

李英哲等（1990：424—425）明确指出，汉语中的"把"字句可通过某一活动或事情把听话人的注意力集中到一个具体的对象或者问题上，这样做是为了对动词的语法宾语进行强调，否则对听话人来说就可能显得不那么突出。"把"字结构可以使说话人将宾语放在动词前，这样可以使它聚焦。

邵敬敏、赵春利（2005）认为"把"在致使类"把"字句中是个前置性焦点标记,凸显的是受到影响的事物或对象。在他们看来,一个事件发生后可能会对事件的参与者甚至周围的事物都产生影响。当然,这种影响可能是直接的也可能是间接的,可能是有意的也可能是无意的,可能是积极的也可能是消极的。具体来说,受影响者可能是受事,也可能是其他参与者或旁观者。这样的话,受事件影响的对象可能就有多个,"把"的作用就是凸显强调受影响的某个对象,使其成为说话者想要向听话者传达的焦点信息。说话人用"把"来标记或提醒听话人注意说话人主观认定的事物就是主要受到影响的对象,即"把"的宾语就是句子的焦点成分。这样的话,"把"就只是个焦点标记,即"把"具有语法标记的功能。持"把"字句的焦点是"把"后宾语的学者也不在少数,比如,傅雨贤(1981)、徐杰(1993:146—170)、金立鑫(1993)、沈阳、何元建、顾阳(2000:408)、刘月华等(2004:747)、岳中奇(2007)等。

　　另据胡德明(2006)报道,在安徽芜湖清水方言中一种"无'宾'把字句",如例(10)所示。如果"把"后成分是焦点的话,就很难解释"把"后成分为何省略。类似的现象在贵阳方言中也存在,比如"我把说错了",就是"把"后省略了"话"(汪平 1983)。

　　(10) a. 格碗汤你把喝得。(=这碗汤你把它喝掉。)

　　　　 b. 桌子高头有一瓣西瓜,三仔,你把吃得。(=桌子有一瓣西瓜,三仔,你把它吃掉)(转引自胡德明(2006))

　　据黄伯荣、廖序东(2017:99)研究,他们认为"感情淹没了他的理智"和"感情把他的理智淹没了"两个句子的区别是焦点不同,前一句的焦点是"他的理智",后一句的焦点是"淹没了"。显然,黄、廖的分析是一种句末焦点说,但是无论如何他们也没有将"把"后成分处理成句子的焦点。

　　由此可见,无论是将句末 VP 还是"把"后 NP 处理成"把"字句的焦点,都有值得商榷的地方。

### 6.2.3 "把"的语法范畴和语法功能

学界关于"把"语法范畴的争议最大,其中比较有影响的有"助动词"说(王力 1984)、"次动词"说(丁声树等 1961)、"轻动词"说(熊仲儒 2004;邓思颖 2010)、"介词"说(朱德熙 1982;张豫峰 2005;邢福义 2016)、"焦点标记"说(邵敬敏、赵春利 2005)、"宾语标记说/及物性标记说"(何元建 2011)等。在古汉语中,《说文解字》将"把"解释为"握",是个动词。由此可见,无论是助动词说、轻动词说、介词说,还是焦点标记说,从语法化和历史语法的角度来看,这几种处理方式都有一定理据,不可否认也同时具有一定的局限性。

我们知道,助动词或次动词由于语义比较虚灵,其后要紧跟实义动词,即要与实义动词联合作谓语,但是在"把"字句中,"把"后的成分在范畴上明显不是动词,而是名词。因此,助动词、次动词说可能只是反映了"把"的语义虚灵的属性,并没有反映"把"的全部特征。轻动词说认为"把"是"致使"义的轻动词的语音实现,也就是说"把"和动词本身没有"致使"义,"致使"义来源于轻动词。这样一来,就否认了部分动结式动词(比如:打碎、喝醉等)的确具有表达"致使"作用的语言事实。众所周知,现代汉语禁止介词悬空(吕叔湘 1979:33;Huang 1982),如果"把"是介词的话,就无法解释上面例(10)中的介词空位现象(又叫介词悬空)。这也就是说,"把"的语法属性具有多重性,有时可能表现出助词、次动词、轻动词的特征,有时兼有介词的介引功能。除此之外,"把"还有可能兼具其他功能,具体在 6.3.3 节见详细论述。

"把"字句非常复杂,单就其语法意义来讲就提出了多种解释,但是正如我们前文所分析的那样,每种解释不免都有其值得商榷的地方,另外也都不可能覆盖全部的语言事实。换句话说,想要整齐划一地用一个高度概括的语法意义来统一解释复杂的

"把"字句可能存在顾此失彼的风险。因此，上述各种学说都难以做出令各方都能接受的解释。既然这样，我们不如采取"鸵鸟政策"，将其语法意义的探讨暂时搁置，待时机或理论发展到一定阶段时再对其进行研究。或许换一个角度会峰回路转，更有利于我们加深对这一语言现象的认识。我们建议，不妨从语用话题的角度对其进行研究，即我们能否假设"把"后成分是个具有强势语法特征的次话题呢？如果可行的话，这样做的好处一是可以将其语法意义的争论暂时绕开，二是也可以避免焦点位置的争论，三是能够加深我们对"把"的语法范畴和语法功能的认识。需要强调的是，我们这样做绝不是要否定前人的贡献和功绩，而恰恰是站在前人或者说是巨人的肩膀上，尝试能否将研究向前推进一步，哪怕是一小步。

### 6.3　"把"字句的重新分析

在本节，我们首先界定一下话题与次话题的概念，然后探讨"把"的有无问题，最后探讨"把"字句的句法生成。

首先看例子：

(11) a. 把桌子抹抹。　　　　→桌子，把它抹抹。

　　　b. 把眼睛一瞪。　　　　→眼睛，把它一瞪。

　　　c. 把袖子往上卷。　　　→袖子，把它往上卷。

　　　d. 把绳子铰断。　　　　→绳子，把它铰断。

　　　e. 把大门上了锁。　　　→大门，把它上了锁。

　　　f. 把衣服脱了。　　　　→衣服，把它脱了。

　　　g. 把那口猪宰了。　　　→那口猪，把它宰了。

　　　h. 把铅笔都写秃了。　　→铅笔，把它都写秃了。

　　　i. 把凤丫头都给病了。→凤丫头，把她都给病了。（例
　　　　　(11)左边的例子引自朱德熙(1982：185—189)）

例(11a—f)中左边的例句是朱德熙先生以动词的结构类型进行的分类,而例(11g—i)是根据"把"后成分的语义角色划分出来的三个类别。由于这九个例句分别是从两个不同的视角进行的分类,在类型上难免存在交叉的现象,但这并不影响我们下一步的讨论。

从例(11)我们不难看出,"把"后成分都可以提升到句首位置充当全句的话题,并分别在原位留下一个复指代词(resumptive pronoun)。由于复指代词在结构上受全句话题的约束,因此复指代词与全句话题同指就不难理解了。换句话说,复指代词就是移位成分留下的显性语迹。从语链的角度来讲,处于"把"后位置的复指代词可能具有话题方面的特征。这为我们尝试以话题为切入点对"把"字句进行研究提供了可能。下面我们首先将对话题和次话题的概念进行界定。

### 6.3.1 话题及次话题

一般认为话题是后面述题所关涉的对象,具有"关于"(aboutness)的语法意义。话题的来源比较复杂,从话题成分与动词的关系上来看,有的在 D-结构中可能是动词的论元,有的也可能不是。生成语法认为在 D-结构中是动词论元的话题是通过句法移位的方式生成,不是动词论元的话题可能是基础生成。

徐烈炯、刘丹青(2007:43)把话题看作一个纯粹的句法结构概念,话题可以指线性上的某个特定位置,也可以指出现在该位置上的词语。从结构上来看,话题是 TopP 之内除去 IP 之外的成分。他们将话题与主语、宾语处理成同一个平面上的概念,即话题是和主语宾语一样的一个句法成分。徐烈炯、刘丹青(2007:51)主张一个句子可以有多个话题①,但这些话题的地位却不一定

---

① 这一点可以得到制图理论的支持,Rizzi(1997)发现意大利语就可以具有多个话题;Tang(2015:131—152)通过对汉语"怎么"、"到底"等之类 Wh-附加语(转下页)

完全一样。他们把话题区分为三种不同的类型：主话题（main topic）、次话题（subtopic）和次次话题（sub-subtopic），并把它们都看作是一个结构概念。主话题是指位于所有非话题成分之前的话题，在线性上处于句首，是全句的话题。次话题是动词短语的话题或者说是谓语的话题。何元建（2011：412）也有类似的观点，他认为句首话题之后如果还有话题出现，就是次话题。石毓智（2000：186—187）认为常见的有标记的语法结构有三种：主语之前的话题结构、主语之后的话题结构和受事主语句。显然，主语之前的话题结构就是主话题，如例（12）中的"这些书"、"这论文"；主语之后的话题结构就是次话题，如例（13）中的"飞机"、"指甲刀"。宋文辉（2018：4；223）更为犀利，他不仅主张汉语可以有多个话题，甚至认为汉语现在还没有形成语法主语，主语也不是共性的语法角色。

(12) a. 这些书我不要了。

　　b. 这论文我们上学时传阅过。

(13) a. 你飞机都造了，还不如我。

　　b. 你指甲刀借我使使。（例（12—13）转引自石毓智（2000：186））

在我们看来，话题不仅是个句法概念，同时还是一个语用概念。作为语用概念的话题可以内化为一个高度抽象的形式特征，并以该特征的形式进入句法推导，在表层的句法结构中获得一个

---

（接上页）的研究发现，在汉语的左缘结构中至少有三种不同的 wh-附加语，具体来说包括否定性的"怎么"（denial zenme）、致使性的"怎么"（causal zenme）、推理性的"为什么"（the reasoned wh-word weishenme），他并为这些成分指派了如下层级结构：Force＞Topic＞Attitide＞Int＞Topic＞Attitide＞I…，从这个结构中我们不难看出汉语允许多个话题。另外，一个句子可以具有多个话题，梅广（2015：124）也有相关论述，他认为主题（笔者注：即话题，下同）这个位置是可以循环生成的，一个主题句可以有一个以上主题语，能够表达一个以上的主题，这是主题句的一个特色，别种句子是做不到的。

位置。另外,需要强调的是话题本质上是一个语用概念,其在句法结构上的位置只不过是句法与语用接口的产物,或者说是句法表征语用的一个手段。因此,把话题处理成一个句法概念并没有错,但不能据此来否定语题的语用特征。要看到话题的二重性:既具有语用方法的特征,又具有句法方面的特征。

Ernst & Wang(1995)通过对比副词在句子中的相对位置时发现,汉语中的副词有的既可以出现在主语之前,又可以出现在主语之后,比如例(14a)中的"忽然";还有一些只能出现在主语之后,不能出现在主语之前,比如例(14b)中的"已经"。从句法结构上来看,可以出现在主语之前的副词,比如"忽然",则是嫁接在 IP 之上的;不能位于主语之前的副词,比如"已经",是嫁接在 VP 之上的。我们知道,话题在结构上是高于主语的,如果例(15)中的"电影"和"大衣"是话题的话,那么它们不可能位于副词"已经"之后。换句话说,例(15)中的两个句子应该不合法,实际上句子是合法的。也就是说,从线性上看,主话题出现在主语之前,次话题出现在主语之后。因此,刘、徐文将话题区分为主话题和次话题在理论上就具有了必要性。

(14) a. 忽然那棵树倒了。

　　　a'. 那棵树忽然倒了。

　　　b. 孩子已经睡了。

　　　b'. ＊已经孩子睡了。

(15) a. 小兰一直电影都不看。

　　　b. 他已经大衣也穿好了。(例(15)转引自徐烈炯、刘丹青(2007:65))

徐、刘文在 Ernst & Wang(1995)研究的基础上归纳出了次话题的若干句法特点。第一,句子有次话题时,经常要求动词前出现"都"、"也"之类的副词用以加强句子语气,如例(16);主话题则没有相关限制,比如例(17)。

（16）a. 他电视都砸了。

　　　 b. 他电视也砸了。

（17）a. 语言学呢，李明明喜欢。

　　　 b. 水果呀，她喜欢香蕉。

　　第二，含有次话题的句子结构可以用作定语，而含有主话题的结构不可以，比如例（18）。

（18）a. 请在［他那本书读完］的时候来找他。

　　　 b. ＊请在［那本书他读完］的时候来找他。（转引自徐烈炯、刘丹青（2007：66））

　　第三，主话题一般位于情态词之前，而次话题位于情态词之后，比如例（19）。

（19）a. 你不能饭也不吃，水也不喝。

　　　 b. 小兰不会连这本书也不买。（转引自徐烈炯、刘丹青（2007：66））

### 6.3.2　"把"后成分具备次话题的相关特点

　　从题元角色上来看，"把"后成分可以是受事论元、施事论元和工具论元等，如例（20）所示。上面关于次话题的分析我们不难看出，在例（20）中，"把"后成分具备次话题的相关特点。

（20）a. 老王把那口家猪宰了。（受事）

　　　 b. 那个警察把个犯人跑了。（施事）

　　　 c. 孩子把铅笔都写秃了。（工具）

　　例（20）中的句子都可以在动词前加"都"或"也"用来加强语气，如例（21）所示。

（21）a. 老王把那口家猪都/也宰了。

　　　 b. 那个警察把个犯人都/也跑了。

　　　 c. 孩子把铅笔都/也写秃了。

　　例（20）中的句子可以用作定语，如例（22）所示。

（22）a. 请在［老王把那口家猪宰了］的时候来吃肉。

　　　　b. [那个警察把个犯人跑了]的时候正是雷雨交加的
　　　　　　日子。

　　　　c. [孩子把铅笔都写秃了]的日子是家里最困难的
　　　　　　时候。

　　例(20)中的"把"及其后附成分可以出现在情态词之后,如例
(23)所示。

　　(23) a. 老王可能把那口家猪宰了。

　　　　b. 那警察可能把个犯人跑了。

　　　　c. 孩子可能把铅笔都写秃了。

　　另外,"把"及其后附成分的前面可以出现"已经"、"不小心"
之类的副词,比如例(24)所示。

　　(24) a. 老王已经把那口家猪宰了。

　　　　b. 那警察不小心把个犯人跑了。

　　　　c. 孩子已经把铅笔写秃了。

　　综合例(21—24)语言事实,根据 Ernst & Wang(1995)关于
次话题的相关特征,我们认为"把"字短语或者说是"把"后成分可
能是个次话题。张谊生(2000:129)也曾认为主体格和客体格带
上介词"被"或"把"后,可以使其所介引的成分成为次话题。另
外,从语用上来看,"把"后成分是谓语处置的对象,一般应是有定
的,所谓有定就是指说话人认为或者假定认为是听说双方都已知
的事物(李济中、姚锡远 1997:184;陈昌来 2000:154)。朱庆祥
(2018:424—437)从信息互动的视角研究发现"把"的宾语为旧、
高可及、有定性强的信息是"把"字句的主流形式。从这点来看,
"把"后成分的有定特征就使其具备了成为次话题的先决条件。

　6.3.3 "把"的次话题标记功能

　　句法上关于"把"语法范畴的划分,大致有以下四种看法:以
王力(2011/1943:87)为代表的"助动词说",以邢福义(1978)、吕
叔湘(1979:33)、朱德熙(1982:185—189)为代表的"介词说",以

熊仲儒(2004：129—151)、邓思颖(2010：98—99)为代表的"轻动词说"、以邵敬敏、赵春利(2005)为代表的焦点标记说。

　　学界将"把"归属到不同的语法范畴是对"把"不同语法功能的反映。本文认为"把"除了具有上述范畴功能处，可能还具有话题标记的功能。张伯江、方梅(1988：77)认为语法标记要具备三个条件：a. 标记词自身不负载实在意义，不可以带对比重音；b. 标记词的作用在于标示其后成分的身份；c. 标记词不是句子线性结构中的基本要素，因此省略以后句子仍然成立。朱德熙(1982：188)认为与"把"字句关系最紧密的不是"主-动-宾"句式，而是受事主语句，绝大多数"把"字句去掉"把"字后剩下的部分仍旧站得住。换句话说，"把"字在绝大多数情况下是可以省略的，如例(25)所示。另外，从语音上来看，"把"不带重音，要轻读(熊仲儒2008a)。从意义上来看，无论认为"把"是介词、还是助动词、轻动词，其语法意义都比较虚，不像实词性的词汇范畴意义那样实在。另外，根据上文的分析，"把"后成分具有次话题的属性，这样的话，认为"把"具有标记次话题的功能就是再自然不过的事了。

　　(25) a. 把衣服都洗干净了。　　→衣服都洗干净了。

　　　　 b. 把烟戒了，把酒也戒了。　→烟戒了，酒也戒了。

　　　　 c. 把屋子拾掇拾掇。　　　→屋子拾掇拾掇。

　　　　 d. 把他气得连话都说不出来。→他气得连话都说不出来。

　　　　 e. 把大夫请来了。　　　　→大夫请来了。

　　　　 f. 我把杯子打破了。　　　→我杯子打破了。（转

　　　　　　引自朱德熙(1982：185—189)）

　　"在"的研究为我们将"把"处理成次话题标记提供了一个旁证。董秀芳(2012)通过对历史语料的追踪检索发现惯用语"在我看来"中的"在"已虚化为一个对比性话题标记。虽然这种用法在现代汉语普通话中能产性并不高，但是在民国及明清时期的文学作品中也能够发现不少相关用例。我们认为，既然"在"都可以语

法化为一个话题标记,同样地,"把"演化为一个次话题标记在理论上也并非绝无可能。

无论主话题还是次话题,其语用属性在所有语言里都是共同的,属于共性,而话题作为一个句法特征而非句法成分在不同的语言中有不同的实现手段,有的语言可能有更丰富、更固定的实现话题的手段,从而形成语言类型的差异(徐杰 2005:299—333)。本研究认为"把"身兼多职,其中一个"职务"可能是语法标记,或者说是一个次话题标记。主张"把"具有次话题标记功能,可能有人会在语感上不能接受,对此我们解释如下。我们知道,汉语的话题标记属于"话题-述题"结构标记类型,不像日语、朝鲜语那样具有专职的话题标记范畴。换言之,汉语中的话题标记大多是"兼职"的,也就是说承认"把"的次话题标记功能,并不意味着一定要否定"把"的其他功能,即次话题标记功能可能是"把"的众多语法功能之一。

## 6.4　"把"字句的句法生成及其推导过程

话题虽然是个语用概念,但在句法上却完全可以内化为一种高度抽象的形式特征,为句法推导所使用。本研究主张话题本身不是一种独立的句法成分,而是某些句法成分的功能特征,这一点徐杰(2001;2003)也曾多次强调。由于这个形式特征在语音上不自足,需要黏附在某一句法实体上,这个句法实体可以是短语,也可以是小句。话题所具有的这个功能特征在某些语言中可能会激发诸如"添加句法标记"或"移动相关句法成分"等句法操作。充当话题的语法单位都另有自己所担负的句法结构职能,这种结构职能是句法位置显性或隐性赋予的,且都独立地属于某种句法成分。总而言之,话题作为一种跟述题相对应的概念,它在最初始的语言层面的确是一个语用概念,但在句法结构层面,它完全可以作为一个形式特征进入形式句法结构,并诱发因语言而异的句法操作。

### 6.4.1 "把"后成分的来源

在"把"后成分的来源问题上,影响最广的是"提宾"说,认为"把"后成分来源于动词的宾语。但是,"提宾"说似乎并不能解释全部语言事实,因为部分"把"字句根本不能还原到动词后的宾语位置。

#### 6.4.1.1 "把"后成分来自小句谓语动词的宾语

张斌(2008:407—413)认为"把"字句是运用介词"把"将谓语动词所涉及的事物置于动词前做状语的一种句式,"把"字句和一般主谓句存在变换关系。从句式变换的角度来看,张先生的观点是一种典型的"提宾观",即认为"把"字句是由普通主谓句"提宾"转换而来的,如例(26)所示。

(26) a. 那孩子把花瓶打碎了。 ⇆那孩子打碎了花瓶。

    b. 敌人把老王的腿打断了。⇆敌人打断了老王的腿。

    c. 这个钩子把我的外套刮破了。⇆这个钩子刮破了我的外套。

    d. 那个大学生把手机丢了。⇆那个大学生丢了手机。

所谓"提宾"是指汉语中的受动成分一般处于动词之后的宾语位置,但在某些特殊情况下,也可能会位于动词之前。根据"提宾观",例(26)中的四个句子可以表示为例(27),其中 $t_i$ 是提升移位成分留下的语迹(trace)。根据空语类原则(Empty Category Principle/ECP),语迹在结构上要受先行词的成分统制(c-command)且与先行词同标(co-index),即语迹要受到严格管辖(proper government)。显然,例(27)中的各个先行词能够满足空语类原则的要求。可见,"提宾观"确实能够解释这类"把"字句的生成。可见,认为有的"把"后 NP 来源于动词的宾语有一定的道理。

(27) a. 那孩子把花瓶$_i$打碎了 $t_i$。

  b. 敌人把老王的腿$_i$打断了 $t_i$。

  c. 这个钩子把我的外套$_i$刮破了 $t_i$。

  d. 那个大学生把手机$_i$丢了 $t_i$。

  但是,语言事实远远没有想象的那么简单。如果"提宾说"能够成立的话,动词后就不会再有宾语(王志 1984),但是王志发现"把"字句中的谓语动词不但可以有宾语,而且还可以出现大约七种类型不同的宾语,我们认为他所列举的七种情况中,只有"把＋O(施事/工具)＋VP)"不是来源于动词的宾语。比如例(28a)中的"贾母"、例(28b)中的"棍子"在句子的中题元角色分别是施事和工具。更为尴尬的是,有的"把"后成分很难还原到动词之后的宾语位置。比如,例(28c)中的"台湾",我们就难以将其还原到动词"作为"之后。

  (28) a. 宝玉把贾母急出了一身汗。

    b. 老王把棍子打断了。

    c. 中国在任何情况下都不会把台湾作为筹码,与美国进行利益交换。(百度 App,2018 年 4 月 13 日)

  另外张豫峰(2005:300—313)对"N$_1$＋把＋N$_2$[主事]＋VP"这一结构的研究,更是对"提宾说"提出了挑战,她发现在"他把我感动了"、"这顿饭把大家撑死了"、"他的话把老师听糊涂了"中,N$_2$ 即"把"的宾语就很难还原到动词后的宾语位置上去。据沈阳、郭锐(2014:275—276)研究,当"把"后的 VP 本身是一个述宾形式时,这时"把"后 NP 就更没有合格的与之对应的主谓宾格式了,比如"昨晚她又把门上了一把锁","把"后 NP"门"就根本无法还原。因此,无论是从语法意义还是句法功能上来看,认为所有的"把"后成分都来源于动词的宾语是靠不住的。

  当然,刘培玉(2001)也曾对"把"后成分的来源给出过不同解释,他认为"把"后 XP 即"把"的宾语的基础生成位置就是在"把"后,是介词的宾语,但是在语义上"把"后 XP 是受动词支配和影响的成分。刘培玉的解释不承认"提宾"说,即认为"把"后 XP 在深层结构中就处于"把"后,不是移位生成的。无论如何,部分"把"字句的"把"后成分的确能够还原到动词后的宾语位置,这一点是不可否认的语言事实。

6.4.1.2 "把"后成分来自于小句主语

实际上,"把"后成分在句法上并不匀质,有的能够复位到 VP 内部,满足"提宾观"的要求;但确实也存在"把"后 XP 很难还原到动词的宾语位置的情况,如例(29)中的"黑板""爷爷""家""小李"就不能变换到各自谓语动词的宾语位置。换句话说,只有部分"把"字句的"把"后成分能够充当谓语动词 V 的内部论元,其他的可能不可以。这样一来,"提宾观"将"把"后成分全部分析为动词的逻辑宾语可能会存在问题。

(29) a. 李老师把黑板写满了字。

　　 b. 那段楼梯把爷爷走得气喘吁吁。

　　 c. 老李把家从北京搬到上海。

　　 d. 他把小李当成了小王。

例(30)中"把"后成分的基础位置在哪里呢? 仔细考察一下例(30)中的句子,就会发现"把"后"黑板写满了字"等其实是个可以单说的小句(small clause)。所谓小句是指仅含有一个谓词短语(即一个动词短语或形容词短语)的句子。从句法语义关系上来看,例(30a—b)分别是存现句、施事主语句,例(30c—d)是受事主语句。这样的话,处于小句"黑板写满了字"等句首的成分就是主语。

(30) a. 黑板写满了字。　　 →a'把黑板写满了字。

　　 b. 爷爷走得气喘吁吁。→b'把爷爷走得气喘吁吁。

　　 c. 家从北京搬到上海。→c'把家从北京搬到上海。

　　 d. 小李当成了小王。　→d'把小李当成了小王。

朱德熙(1982:185—189)认为"把"字句一般可以省略主语单

说,如例(30a'—d')就是典型的"无主"句。在汉语语法学界,一般认为"把"是介词,由于汉语禁止介词悬空(吕叔湘 1979:33;Huang 1982),所以"把"后成分就是"把"的宾语。如果是这样的话,这就会造成小句没有主语的困境。当然,汉语中没有主语的句子并不在少数,但是例(30a—d)显然都是有主语的句子,总不能因为"把"参与了句法合并,就剥夺了小句句首成分充当主语的权力。另外,如果说例(30a'—d')没有主语,也不符合我们的语感。

为解决小句的主语问题,能否借用"兼语"的概念呢? 一般认为例(31)中的"诸葛亮""大军""老张""李雷"就是所谓的兼语。

(31) a. 刘备请诸葛亮做军师。

　　 b. 郭靖率领大军来到了襄阳城下。

　　 c. 总部安排老张去武汉。

　　 d. 同学们选李雷当班长。

拿"兼语句"来类比例(31a'—d')中的语言现象,固然是个办法,但"兼语"这个概念在语法学上本身就有争议。朱德熙(1985:57)就不承认兼语的提法。苏丹洁(2012)从认知语言学构式语法和语块理论的角度讨论了取消"兼语"概念的理论意义。吴胜伟(2015)从生成语法题元理论和控制理论的视角论证了"兼语"的提法在理论上和经验上都存在问题。可见,无论是结构主义语言学,还是认知语言学或是生成语言学都不承认"兼语"这个概念。由于"兼语"概念本身就存在很大争议,因此就不好再拿"兼语"来类比例(30a'—d')中的语言现象了。

事实上,英语允许动词直接管辖不定式分句,并给不定式分句的主语赋宾格,句法学上把这种情况称为例外授格(Exceptional Case-Marking/ECM)。比如在例(32a—b)中,由于方括号中的句子为不定式时制,按照生成语法的理论,不定式时制不能为指示语位置上 NP 赋格。小句的主语 Tom 和 that man

在格的驱动下,就会分别提升到主句动词 believe 和 know 的宾语位置,获得宾格,如例(32a—b)所示。由于英语名词短语的主格和宾格在形态上没有区别,上面的分析可能不太令人信服。请看例(32c—d),当小句主语为代词时,代词只能以宾格形式出现,不能是主格,如(34c—d)所示。这样的话,小句主语出于"格"的原因,发生提升移位就可以接受了,见例(33)。

(32) a. John believed [Tom to be over forty].

b. I know [that man to be bad-tempered].

c. Her parents want [her to study syntax].

d. They expect [him to marry Mary].

(33) a. John believed Tom$_i$[t$_i$ to be over forty].

b. I know that man$_i$[t$_i$ to be bad-tempered].

c. Her parents want her$_i$[t$_i$ to study syntax].

d. They expect him$_i$[t$_i$ to marry Mary].

(34) ＊a. Her parents want [she to study syntax].

＊b. They expect [he to marry Mary].

再回到例(30a'—d'),能否用例外授格理论来解释"把"后 NP 的移位问题呢?假如可以的话,小句的主语就分别移位到介词"把"的宾语位置,获得宾格/旁格,同时在小句主语位置上留下语迹 t,如例(35)所示。这样既解决了小句的主语问题,又满足了汉语"禁止介词悬空"的限制,一举两得。

(35) a. 把黑板$_i$[t$_i$ 写满了字]。

b. 把爷爷$_i$[t$_i$ 走得气喘吁吁]。

c. 把家$_i$[t$_i$ 从北京搬到上海]。

d. 把小李$_i$[t$_i$ 当成了小王]。

事实上,在最简方案的特征核查理论中,例(30a'—d')中的所谓的"兼语"问题也能得到解决。众所周知,由于小句的时制 T 是非定式时制,不能核查格特征,但其却有 EPP 特征,即非定式时制 T 需要相应的 NP 来核查其 EPP 特征。根据最短距离原则和主语内部生成假说,处于[Spec,VP]位置上的 NP 就会提升到[Spec,TP]处,把非定式时制 T 的 EPP 特征删除,此时非定式时制就不再活跃了(unactive)。提升到[Spec,TP]的 NP 虽然满足了非定式时制 T 的 EPP 特征,但其格特征并没有被核查,因此它仍是活跃的目标(goal),可以被更高一级的探针(probe)搜寻。另外,根据 Xu(2003:7—17)扩充的格位理论,"把"为了释放自己的格或者说是为了核查目标 NP 的格特征就会吸引其成分统制的 NP 提升。这样小句主语 NP 就会提升到介词"把"的补足语位置,将其格特征删除。

### 6.4.1.3　小结

综上所述,在"把"字句中,传统上一般认为"把"的宾语或者说是"把"后成分的来源有两种:一种是动词的宾语,另一种是"把"后小句的主语。不论"把"后 XP 的原位是小句动词的宾语还是主语,一句话,它们都是经过提升移位而来,这在句法上叫作内部合并(internal merge)。原位处于小句动词宾语的"把"后成分,移位路径明显,容易被察觉和识别。相反,原位处于小句主语位置的"把"后成分,由于移位的起始位置和着陆点(landing site)在线性上邻接,不易被觉察,好像没有移位。其实,无论是"把"后成分的原位处于何处,在理论上和实践上都是发生了内部合并的句法操作的结果。如果我们的分析对路的话,即"把"后成分是移位而来,那么就要回答"把"后成分移位的动因或理据是什么?

### 6.4.2　"把"字句的句法推导

从上文的分析可以得知,"把"后 NP 的来源有两处,一处是动词的宾语,另一处是小句的主语。例(36)分别代表了以上两种不同的类型,下面我们将以例(36)为例进行讨论。

(36) a. 那孩子打碎了花瓶。→那孩子把花瓶打碎了。

　　b. 那段楼梯把爷爷走得气喘吁吁。

　　先看例(36a),普通陈述句"那孩子打碎了花瓶"是基础形式,"把"字句为其派生形式。在交际的过程中,说话人可能认为"花瓶"是双方共知的信息,可以作为交际的起点之一,在显著度上,"花瓶"可能没有"那孩子"更容易成为双方交际的起点,因此只能充当次话题(TopS)。这就可能导致"花瓶"带有了强势的不可解释的[次话题]特征。根据扩充的特征核查理论,该强势特征对于PF接口层来讲是不可"忍受"的,需要在拼读之前将其删除。根据制图理论,我们可以为例(36a)指派结构(37)。当然,为直观起见,我们也可以同时用树形图表示。需要说明的是我们把动结式合成词"打碎"处理成词库中的词来使用,即把动结式"打碎"组成成分间的各种关系放在词法中进行处理,在句法上不再讨论,目的就是要减轻句法的负担。

　　具体推导过程如下:在结构(37)或其下面的树形图中,受事"花瓶"在题元层级上处于最低位置,故只能在动词"打碎"的补足语处参与句法合并。由于"花瓶"是交际的起点之一,因此它具有强势的不可解释的[次话题]特征,会成为活跃的目标。当句法合并到TP后,具有EPP特征或边缘特征(EF/edge feature)的功能范畴——次话题 TopS 参与句法合并,TopS 是活跃的探针。TopS 在自身成分统制(c-command)的域内搜寻特征匹配(match)的目标进行特征核查。TopS 和"花瓶"特征匹配,TopS将"花瓶"强势的不可解释的[焦点]特征删除,同时"花瓶"提升到[Spec, TopSP]处,删除 TopS 的 EPP 特征。

　　(37) $[_{\text{TopMP}}[_{\text{Spec}}$ 那孩子$_j][_{\text{TopM'}}[\text{TopM}][_{\text{TopSP}}[▲][_{\text{TopSP}}[_{\text{Spec}}$ 花瓶$_i][_{\text{TopS'}}[\text{TopS}][_{\text{FocP}}\cdots_{\text{TP}}\cdots[_{\text{vP}}[_{\text{DP}}$ 那孩子$_j][_{v'}[v][_{\text{VP}}[_{\text{V}}$ 打碎$][_{\text{DP}}$ 花瓶$_i]]]]]]]]]]]]]$①

---

　　① 标记▲为"把"的派生位置,具体分析参见 6.4.3 节的分析。

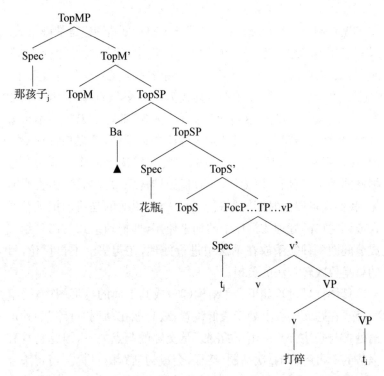

　　另外,作为双方交际起点的主话题还没有参与句法推导,因此主话题范畴(TopM)也会参与句法合并。主语"那孩子"具有强势的不可解释的[主话题]特征,根据扩充的特征核查理论,"那孩子"就会提升到[Spec, TopMP]处。最终生成"那孩子花瓶打碎了"。很明显,这是一个双重话题句,"那孩子"是主话题,"花瓶"是次话题。至于"把"字的合并,我们将在下文讨论。

　　根据制图理论,结构(37)生成的"那孩子花瓶打碎了"是个有标记的双重话题语法结构。目前,这里标记话题所采用的手段只是语序手段,当然也可以同时采用语序和词汇手段。

　　下面再讨论例(36b)的句法推导情况。由于"得"是个补语标记,具有黏附性,在句法推导时,我们直接让其黏附在相应的动词后。由于"得"的黏附是个词法问题①,本文不再考虑其具体的黏附过程。同样地,根据制图理论,可以为例(36b)指派结构(38)。在结构(38)中,小句主语"爷爷"被指派了强势的不可解释的[次话题]特征,是活跃的目标。当句法推导到 TopSP 时,探针 TopS 出现。根据扩充的特征核查理论,"爷爷"就移位到[Spec,TopSP]处进行特征核查,其过程与例(36a)相同,不再赘述。

(38) $[_{TopMP}[_{Spec}$ 那段楼梯$][_{TopM'}[TopM][_{TopSP}[$把$][_{TopSP}[_{Spec}$ 爷爷$_i][_{TopS'}[TopS][_{TP}\cdots[_{vP}[_{Spec}$ 爷爷$_i][_{v'}[v][_{VP}[v$ 走得$][_{RP}$ 气喘吁吁$]]]]]]]]]$

例(36a)和(36b)不同的是主话题的生成。例(36b)的主话题是基础生成的,不同于例(36a)的移位生成。简单来说,例(36a)的主话题"那孩子"是从主语移位而来的,是一种内部合并;而例(36b)的主话题"那段楼梯"是从算式库(numeration)中直接选取,是一种外部合并。在语段理论看来,例(36)中两个句子话题生成方式的不同根源于它们算式库的不同,其算式库可以分别表示为(39a—b)。

(39) a. N={{那孩子},{打碎},{花瓶},{T},{TopS},{TopM}}

b. N={{{爷爷},{走得},{气喘吁吁},{T},{TopS}},{{那段山路},{TopM}}}

宾语放在动词前具有强调意味,一般需要对举,如例(40)。如果只有前半句,即"老王啤酒喝"、"我武汉去过",总有一种意犹未尽的感觉。同样,结构(37)推导出的句子"那孩子花瓶打碎了"在语感上可能有人不能接受,但是"那孩子花瓶打碎了,酒瓶没打碎"则是完全可以接受的。换言之,可能是对举允准了该种句式的存在。

---

① 孙银新(1998)就曾认为"V 得"是一个语法单位,也是一个结构体。

(40) a. 老王啤酒喝，白酒不喝。

　　　b. 我武汉去过，长沙也去过。

在制图理论看来，话题（Topic）范畴在层级上高于焦点（Focus）范畴。同样地，次话题也高于焦点。换句话说，表层结构中的次话题成分从原位向次话题移位途经[Spec，FocP]时，可能会携带上了部分[焦点]特征。如果接受"那孩子花瓶打碎了"，那是因为"花瓶打碎了"本身就是个受事主语句。关于"把"字句与受事主语句的关系，朱德熙（1982：188）有过经典表述，他认为与"把"字句关系最为密切的是受事主语句，不是主谓宾句。当然，若在"花瓶"前插入"把"，句子就变成了"那孩子把花瓶打碎了"，即"把"字句，句子就完全没有问题了。由此可见，"把"和"对举"一样具有允准句子的合法性。这也许从结构上解释了为什么有学者主张"把"后成分是句子的焦点。如果上述分析成立的话，实际上就对"把"后成分是句子焦点的语感提供了解释。

如果坚持句末焦点说，即"把"字句的 VP 部分是句子的焦点。我们可以这样解释，"把"后成分移位途经[Spec，FocP]时，只是携带了部分[焦点]特征，但该特征并不是十分强烈，与强势的句末焦点相比，就不再那么突出了。也就是说，将"把"后成分处理成句子的次话题在某种程度上能够调和"把"字句焦点位置之争。假若我们的分析可行的话，那么作为次话题标记的"把"是如何进入句法结构的呢？

### 6.4.3 "把"进入句法的方式："把-支持"

邵敬敏、赵春利（2005）曾经指出"把"是个具有标记焦点功能的焦点标记词。无独有偶，将"把"看作语法标记的还有沈阳（1997）、何元建（2011：349）。但是，沈阳并没有明确指出"把"是何种语法标记，何元建却将"把"处理成谓语动词及物性标记。及物性标记实际上是承认了"提宾"是"把"的功能之一。

"把"的确具有语法标记的功能，这一点没有问题，但"把"到底是哪种语法标记可能存在不同看法。另外,在有的情况下"把"也确实具有"提宾"的功能。除此之处,本文认为"把"可能还兼有标记次话题的功能。如果"把"是焦点标记词的话,那么"把"后成分就一定是焦点,但是在安徽芜湖清水方言中却存在无宾"把"字句的情况(胡德明 2006)。众所周知,焦点是说话人向听话人传达强调的重要信息,是不能够省略的。退一步讲,即使说"把"后成分是焦点的话,我们认为那也是带有话题性质的焦点,即"话题焦点"(topic-focus)。"话题焦点"的概念并不新鲜,具体可参见刘丹青、徐烈炯(1998)、司罗红(2015)的相关研究。在本文看来,"把"除了具备上述诸多功能外,可能还具有标记次话题的作用。也就是说,当句法在选择次话题标记时,恰好选择了"把",而"把"在用法上同时兼有助动词、介词或轻动词的部分属性。因此,作为次话题标记词的"把",除了既要满足次话题标记词使用条件外,可能还要遵守介词、轻动词等句法限制条件。换句话说,如果承认"把"的次话题标记功能,那么本研究在综述中所提到的"提宾"功能、焦点标记功能等都是次话题标记功能所衍生出来的一种附带功能。

至此,"把"的语法功能清楚了,下面我们将讨论"把"的句法推导方式。"把"进入句法就是通过"把-支持"(Ba-Support)的方式直接插在次话题前,即通过外部合并的方式直接参与到句法推导中。由于"把"是个次话题标记,在句法上它就以附加语的形式直接附加/嫁接在次话题投射 TopSP 的上方,具体可参看上文关于例(36a)推导的树形图,即结构(37)中的▲处。需要指出的是,"把"的这种合并方式并不是本文的发明创造。实际上,"把"的插入方式是借鉴了英语中的"Do-支持"(Do-Support)。所谓 Do-支持,是指英语在构造一般疑问句和附加疑问句时,助动词直接使用,而普通动词需要借助于助动词 do,比如例(41)。这里的助动词 do 就是通过直接插入的方式进入句子的。实际上,英语中的"Do -支持"就是一种外部合并。

(41) a. He went to school. →Did he go to school?

b. She believes me, does she?

从本质上讲,无论是"把-支持"还是"Do -支持"都是一种句法合并操作,是一种经济的句法运作方式。因为"把"和 do 都是词库中的词项,被选择进入算式库中后就可以直接使用,并不涉及句法成分的移位或语序的调整。另外,我们关于"把-支持"的解释可以在方言中找到相关证据,据杨静(2015b)报道,在青海西宁方言中,SOV 句式是基本句式,但是其"把"字句也是"S+把+O+VP"。换句话说,此时"把"的次话题标记功能就十分明显了。显然,这就从一个侧面也证明了"把-支持"的可能性与合理性。

### 6.4.4 我们的优势

第一,简化了句法系统,提高了理论的解释力。按照"归口管理"的原则,句法不再负责词法的问题,词法的问题统统交给词法处理。具体来说,就是主张"动结式"是词库中经过词法合成的现成词汇,句法可以直接拿来使用,不必再考虑其内部机制①。需要说明的是,将动结式处理成复合词(compound)本文并不是首创,朱德熙(1982:126—127)就曾明确指出"带结果补语的述补结构在语法功能上相当于一个动词,后头可以带动词后缀'了'、'过',

---

① 何元建(2011:280—282)认为动结式已演化为复合词,其理由有四:其一,动结式的补语已经并入谓词,明显已经脱离了句法上的动补结构;其二,绝大多数动结式以双音节形式出现,而双音节正是现代汉语中极为普遍的词形式;其三,在"爷爷看花了眼"/"我送累了腿"之类的句子中,"看"/"送"的内部论元并没有出现,唯一的解释就是"看花"/"送累"是复合词,其内部论元的删减是词结构的内在产物;其四,从理论上看,词库输出一个复合词要比输出两个动词进入句法更经济,有关句法结构也更简单。刘街生(2011)认为兼语式是一种结合非常紧密的词汇连动式,因为它们中间没有并立或从属语法标记,后一谓词也没有独立主语,"动"和"结"之间互不为对方论元,它们在线性上符合时间象似性关系,并且它们之间也不能插入别的成分。另外,朱德熙(1982:69)曾举过述补式后可以加后缀"了",比如:"天不亮就套好了大车""把草拔干净了再上肥",这说明把述补式处理成词就具有了形式上的可能。

例如'学会了开车'、'从来没喝醉过'",朱先生甚至认为"述补结构是一种临时创造新动词的语法手段";何元建、王玲玲(2009)从句法演变、双音化、论元省略和经济性四个方面论述了把动结式处理成复合词更接近于语言事实;刘丹青(2017:75)也提出过"动结式不是完全自由的句法组合,可以看作一种复合词"的观点。关于"得",传统上一般认为它是个补语标记,不能单独使用,必须黏附在实词上,本文接受了这一观点。具体来说,当"得"参与句法推导时,句法会让其直接黏附在相应的动词后面,直接参与句法推导就可以了。另外,我们也不再为其单独设立相应的功能范畴①。

　　第二,不再纠缠于"把"字句的具体语法意义,而是将其当成一个双重话题句来处理。关于"把"字的语法意义,影响比较大的至少有前文所述的"处置说"、"致使说"、"掌控说"和"影响说"四种。总体上来讲,这几种学说基本上是基于研究者的语感对其进行的拟测,具有较大的主观性和片面性,因此至今仍众说纷纭,争论不休。本文跳出语法意义的羁绊,认为所谓的"把"字句实际上就是一个双重话题句,其中"把"后成分是个次话题,而标记次话题是"把"的众多语法功能之一。将"把"字句处理成双重话题句在一定程度上也解释了 Sybesma(1999:156)关于"把"后 NP 为何与句子的主动词不存在直接的语义选择关系的问题。因此,"把"字句也许不具备特殊的语法地位,它只是人们用来表达次话题的一种方式而已。至于其"处置义"、"致使义"、"掌控义"和"影响义"等可能是因为动词本身就具有,也可能是动词和名词搭配后交互孳生的产物。

　　第三,为句法和语用的接口探索出了一条可能的途径。语用

---

　　① 熊仲儒(2004:180—182)就认为"得"是"达成"(Become)范畴的语音实现,在句法中有单独的句法位置。

问题在语言交际中具有重要意义，如果说话人没有解决好语用，语言的交际可能是完全失败的，因此也就无法取得相应的交际效果。生成语法一直主张句法独立，如果句法不能有效地解决语用问题，句法的独立性就值得怀疑。众所周知，话题一直被认为是一个语用概念。本文接受了徐杰（2003）的观点，将其处理成一个高度抽象化的形式特征，这个特征可以被句法系统所识别和使用，另外该特征也可能会触发相应的句法效应，比如移位、语序调整等。这样一来，语用范畴的概念也可以在形式句法中得到表征，这实际上就解决了语用和句法的接口问题。

## 6.5　结论

传统语法上所说的"把"字句，其实是人们用来表达次话题的一种手段。因此，"把"字句和普通的陈述句、疑问句等并没有本质上的不同。换言之，"把"字句实际上就是人们用来表达交际起点的一种方式，在理论上可能并不具备独立的句式地位。因此，本文建议取消"把"字句的句式地位。这样做更有利于简化语法系统，使我们的句法模型更加简约，使我们的理论更加符合儿童习得语言的基本事实。

"把"后成分在句法的深层结构中可能处于动词的宾语位置，也可能处于"小句"的主语位置。换言之，表层结构中"把"后成分是经过移位推导的"组装"产品，不是"原装"产品。"把"后成分在深层结构中可能是交际双方共知的信息，在表层结构中可能会成为交际的起点，在层级上可能低于主语题，成为了句子的次话题。语用上的话题信息在句法上会形式化为一个高度抽象的形式特征，这样句法和语用就能顺利接口。具体来说，"把"后成分进入句法推导时会携带一个强势的不可解释的［次话题］特征，正是该特征触发了"把"后成分在表层结构中的移位。

　　"把"在众多的语法功能之外，可能还具有一个标记次话题的功能，即用来标记次话题在句子中的位置。既然"把"可以充当次话题标记，根据张伯江、方梅（1998）关于语法标记判定的"三原则"之一：语法标记可以省略，"把"就应该可以省略。事实上，"把"在大多数情况下的确可以省略，当然也有个别"把"字句不能省略"把"。我们认为，不能省略"把"的原因是多方面的，其一可能是词汇音韵上的原因，其二可能是因为作为语法标记的"把"除了能够标记次话题外，还具有其他诸多功能，也许正是这些非次话题标记功能限制了"把"的省略。本研究主张"把"具有次话题标记功能，具有一定的理论意义和实践价值，即可以"一揽子"地解决"动词说"、"介词说"和"轻动词说"等方案所带来的一系列难题。另外，本研究认为"把"字句的语法意义可能只是个派生物，因此不再纠缠于其具体的语法意义或结构意义，而是主张"把"字句不具有特殊的句式地位，只是说话人用来表达次话题的一种方式而已。从某种程度上来讲，本研究也调和了句末焦点说和"把"后成分焦点说的争论。

　　次话题标记"把"进入句子是通过"把-支持"的句法操作，这类似于英语的"Do-支持"。在理论上，"把-支持"其实是一种句法合并操作，也就是一种外部合并。具体来说，"把"由句法推导系统从词库中直接选取，以附加语的身份附接到次话题短语 TopSP 上，实现其次话题标记功能。生成语法理论认为外部合并是一种经济的句法操作方式。因此，现代汉语中的"把"字句是一种使用比较普遍的句式。

# 第七章    强势语法特征与"V＋ 数＋动量＋名"结构

> 有的动量词跟名量词一样,可以修饰名词。例如:
>
> 进了一趟城
>
> 看了一次电影
>
> 念一遍生字
>
> 从意义上说,"一趟、一次、一遍"表示动作的次数,可是从结构上说,却是修饰后边的名词的。
>
> ——朱德熙(1982:51)

## 7.1  引言

黄伯荣、廖序东(2011:16—18)认为动量词是用来表示动作次数和动作发生的时间总量的,如(1a—b)中的"次"和"天";而名量词是用来表示人或事物的计量单位的,如(1c)中的"本"。

(1) a. 看三次电影

　　b. 看三天书

　　c. 看三本书

在"V＋数＋名量＋名"结构中,毫无疑问,V后成分"数＋名量＋名"结构是 V 的宾语，"数＋名量"结构是"名"的定语。但是，关于"V＋数＋动量＋(名)"的结构分析，学术界却存在着较大的争议。丁声树等（1961：174—179）、朱德熙（1982：48—51）把"数＋动量＋(名)"结构看作动词的准宾语，原因是它们处于宾语的位置，性质接近于宾语，(1a—b)和(1c)一样，都是动宾结构。换句话说，丁、朱等先生把"数＋动量"结构处理成其后名词的定语。而黄伯荣、廖序东(2011)则把 V 后的"数＋动量"结构处理成补语，即(1a—b)是动补结构带宾语。学术界关于(1a—b)的两种分析思路，可以分别用图一和图二表示。

图一　丁声树等、朱德熙观点　　图二　黄伯荣、廖序东观点

　　图一和图二反映了"V＋数＋动量＋名"结构的不同层次关系。上述两种分析，都有一定的道理，但也有难以解决的问题。图一，从语感上看，"三次电影""三天书"不太符合我们的语感；从句法-语义关系上看，"数＋动量"成分处于其后名词的定语位置，但在语义上却指向了前面的动词。图二，"看"是典型的二元谓词，若"数＋动量"占据了其后的空位，那么"名"将何处立足呢？

　　本研究感兴趣的是"数＋动量"结构的句法功能到底是什么？"数＋动量"结构居前于名词，为什么黄伯荣、廖序东却把它们处理成动词的补语而不是名词的定语？（"动"指动词或动词短语，"数"指数词，"动量"指动量词，"名量"指名量词，"名"指名词，下同）

## 7.2　"数＋动量"结构的语法功能

### 7.2.1　"数＋动量"结构能否是其后名词的定语？

从句法结构上看,(2)中各句的谓语部分都是"动＋数＋动量＋名"结构。正如前文所言,"数＋动量"结构处在定语的位置,但在语义上却指向了动词。其实,汉语中这种句法-语义错配现象并不罕见,比如在动结式"砍疼了""砍慢了""砍断了""砍钝了"中,处在补语位置上的结果论元在语义上却分别指向了施事、动词、受事、工具。本文中的句法-语义错配现象与动结式可能还不太一样,具体见下文的分析。

(2) a. 小张去了一趟武汉。

　　b. 老王看了一次电影。

　　c. 张三踢了一脚李四。

　　d. 小郑看了一看旧房子。

只要接受丁声树等、朱德熙先生的解释,即"V＋数＋动量＋名"是准动宾结构,那么就要承认"数＋动量＋名"结构是一个完整的句法结构体。因为只有完整的句法结构体才具备充当句法单位的资格。根据这种思路,可以为(2)指派图三的结构(暂时不考虑"了"的生成,以 a 句为例)。

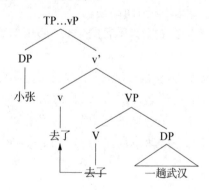

图三　"数＋动量＋名"是一个结构体

图三的树形图虽然能大致反映句子的生成过程,但我们总是感觉"一趟武汉""一次电影""一脚李四""一看旧房子"在搭配上存在问题,尤其是最后一个。从我们朴素的语感来看,(2)中的"数＋动量＋名"虽然在线性上邻接,但在结构上它们可能不是一个结构体,即它们可能不是在一个最大投射内。如果成立的话,那么"数＋动量"结构就不是其后名词的定语。为什么不是定语呢?最简单的解释就是不符合我们的语感。因为语言学要解释语感,而不是规定语感。

7.2.2　"数＋动量"结构能否是动词的补语?

根据变换分析,(2)中的句子可以很容易地变换成(3)。假如"数＋动量"结构是动词补语的话,我们可以为(3)指派图四的结构(以(3a)为例)。

(3) a. 小张去了武汉一趟。

　　 b. 老王看了电影一次。

　　 c. 张三踢了李四一脚。

　　 d. 小郑看了旧房子一看。

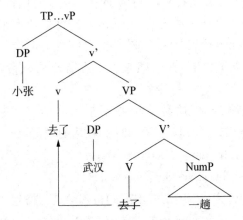

图四　"数＋动量"结构为动词的补语

从图四的树形图上可以清晰看出,虽然"数+动量"结构"一趟"在线性上和名词"武汉"邻接,但在结构层次上它们却不在一个层级,更谈不上存在修饰关系。换言之,"一趟"不是"武汉"的定语。这样一来,把"数+动量"结构分析成动词的补语似乎更合逻辑。如果正确的话,(2)中的"数+动量"结构"一趟""一次""一脚""一看"的原位(in-situ)可能不居于名词,(2)中"数+动量"结构居前于名词只是一种巧合,或是一种表象。

"数+动量"结构的原位不居前于名词,那么(2)中的"一趟""一次""一脚""一看"与其后名词"武汉""电影""李四""旧房子"将不是一个结构体。换句话说,"数+动量"结构不是名词的定语,可能是动词的补语。这就是人们为什么对"一趟武汉""一次电影""一脚李四""一看旧房子"感到别扭的原因了。把宾语中心语前的"数+动量"结构不看作定语,Huang, Li&Li(2013/2009:92—100)也有类似的看法。他们认为"数+动量"结构在语法意义上具有表"频率"或"持续"的特征,在句法上以附加语的身份附接到动词中阶 V' 之上的。显然,Huang, Li&Li 的分析否定了宾语说。在 VP 壳假设看来,一个动词在结构上可以投射出一个指示语位置和一个补足语位置。因此,从经济的角度来看,本研究认为没有必要再让表"频率"或"持续"的"数+动量"结构以附加语的身份参与句法推导了,直接让其在补足语处参与合并就可以了。

需要说明的是,这种分析并不是本文的发明创造,Larson(1988)在分析与格句和双宾语句时就采用过同样的分析,请看(4)。

(4) a. John gave a book to Mary.

　　 b. John gave Mary a book.

Larson 曾为(4)指派过结构(5)。(4a)是与格句式,介词短语 to Mary 只能做动词 gave 的补语,由于补语优先与动词合并(熊仲儒 2013:67—70),得到结构(5a)。(4b)是双宾结构,a book 是

直接宾语。在双宾句式中,直接宾语优先和动词合并,得到结构
(5b)。Larson 关于与格句和双宾句的分析为我们把数量短语分
析为补语提供了一个很好的思路。

(5) a. ［…$_{vP}$［John］［$_{v'}$［gave-v］［$_{VP}$［a book］［$_{v'}$［gave］［to
Mary］］］］］

b. ［…$_{vP}$［John］［$_{v'}$［gave-v］［$_{VP}$［Mary］［$_{v'}$［gave］［a
book］］］］］

把"数＋动量"结构处理成动宾结构的补语可以得到古汉语
的支持,比如(6)。

(6) a. 孔子游于匡,宋人围之数币("币"通"匝")。(王先谦
《庄子集解》)

b. 何不巡营一遭?(王重民《敦煌变文史》)

c. 施头千遍,求其智慧。(王重民《敦煌变文史》)

d. 即写地皇文数十通。(葛洪《抱朴子》)

在"V＋数＋动量＋名"结构中,"数＋动量"结构虽然居前于
名词,但它并不是名词的定语,而是动词的补语,它们不存在句
法-语义的错配问题。这回答了(2)中的"数＋动量"结构与其后
的"名"不在同一个最大投射内,但是并没有回答"数＋动量"结构
为何居前于"名"? 答案可能有两种,一种是(2)和(3)不存在变换
关系,是两种截然不同的句式;另外一种是(3)中的"数＋动量"结
构移位到"名"前,得到(2)。前一种答案固然简单,但却割裂了句
式之间的句法-语义联系,不可取;若是后一种答案,就要寻找
"数＋动量"结构移位的动因。

## 7.3 "数＋动量"结构前移的可能性

### 7.3.1 "数＋动量"结构是句子的焦点成分

能否假设(2)是由(3)经过数量成分的提升得来的呢(如(7)

所示)? 换言之,(7a—d)为基础形式,(7a'—d')是派生形式。如果承认它们之间存在变换关系,就要回答数量短语移位的动因是什么。

(7) a. 小张去了武汉一趟。　→　a'. 小张去了一趟武汉。

b. 老王看了电影一次。　→　b'. 老王看了一次电影。

c. 张三踢了李四一脚。　→　c'. 张三踢了一脚李四。

d. 小郑看了旧房子一看。　→　d'. 小郑看了一看旧房子。

徐杰(2001:117—166)曾指出"数量短语充当的句法成分比较容易成为句子的焦点成分"。布拉格学派(the Prague School)认为每个句子都有一个主位结构(thematic structure),在该结构中,主位之后是交际的核心——述位(rheme),述位带有新信息是交际的重点。Firbsa(2001)的交际动力理论认为"话语是信息逐渐释放的过程,话语各部分所传达的信息量是不同的,对交际效果的贡献也是不同的,通常来讲,主位是动力最小的部分,述位是动力最大的部分"。Quirk 等(1985)提出了著名的句末焦点原则(the principle of end-focus)。综合以上几点,从理论上可以大致推定(7a—d)句末的"数+动量"结构"一趟""一次""一脚""一看"可能是带有焦点特征的新信息。另外从音韵上来看,(7a—d)句末的数量成分具有句末重音的特征。吴怀成(2011)发现处于宾语后的动量词继承了上古汉语的动词格式,述谓性是动量词的显著特点,所以它能够成为语义重心或焦点;而处于宾语前的动量词则是类推于动补结构的结果,这时宾语是语义重心或焦点。我们赞同吴先生前半部分的分析,然而后半部分我们认为值得商榷。因为,既然承认处于句末位置的"数+动量"结构具有焦点特征,那么为何移位到名词之前就不具有焦点特征了呢? 这显然与汉语通常改变句子的语序来强化焦点特征的共识相悖。

语感因人而异,在我们看来,提升的"数+动量"结构是强势焦点,但是也许有人会感到移位后的该结构可能并不是焦点。对此,我们不妨对比一下这两个句子:"他一脚踢开了门"、"老王一巴掌打哭了那个孩子"。这里的"一脚""一巴掌"具有焦点特征应该没有异议了。因此,之所以有人对(7a)中的"数＋动量"结构的焦点性质持不同态度,可能是该结构的移位的高度还不够。另外,将"小张去了一趟武汉"中的数量成分"一趟"处理成焦点可能不太符合部分人的语感,若换成"三趟"或"四趟",则明显比"一趟"焦点属性强。我们认为这可能与数量成分"一趟"自身的歧义有关,因为在语义上"一趟"可能是虚指,也可能是实指。在"小张去过/了三趟武汉"中,数量成分"三趟"是句子的焦点就比较符合语感了。

储泽祥(2001)通过对"数＋名量＋名"的变序结构"名＋数＋名量"的研究,发现说话者为了使该结构所负载的信息成为注意的焦点,采用变序手段把"数＋名量＋名"变序为"名＋数＋名量"。储文为我们的分析提供了旁证。通过语序调整来表达或强化焦点的这种语法手段并不是现代汉语才有的,石毓智、徐杰(2011)通过对上古汉语、法语等语言疑问代词前移的考察,证明焦点成分的提升是人类语言中的一种普遍现象。

### 7.3.2　"数＋动量"结构前移的证据

从语言类型学上来看,汉语是典型的 SVO 型语言,其他形式诸如 SOV、OSV 等都是由于某种原因而产生的变异形式。请看(8),一般认为(8a)是个普通的陈述句,根据句末焦点原则,"欧洲"是焦点;在语音上,如果说话人的把重音放在主语"王老师"上,那么"王老师"就是句子的焦点,如(8b)所示。这是用语音手段表达焦点。在语法上,徐杰(1993:151—153)认为语言表达焦点的手段有移位和添加标记两种。在(9a—b)中,通过添加焦点标记词"是"标明主语"王老师"、宾语"欧洲"是焦点。陆俭明(2013)注意到了动宾之间、介名之间不能插入句法成分,所以(9c)中的宾语"欧洲"前不能添加标记词。韩景泉(2016)也有类似的主张,他认为直接宾语是动词基础生成的姐妹节点成分,其间不能插入包括状语在内的任何成分。

（8）a. 王老师去过欧洲$^F$。

　　b. 王老师$^F$去过欧洲。

（9）a. 是王老师$^F$去过欧洲。

　　b. 王老师是去过欧洲$^F$。

　　c. ＊王老师去过是欧洲$^F$。

陆俭明、韩景泉的观察是敏锐的。生成语法的格理论认为所有的名词性成分都需要有格,而格的授予在结构上要满足管辖(govern)和毗邻(adjacent)两个条件。在例(9c)中,动词“去过”管辖宾语“欧洲”没有问题,但是由于插入了焦点标记成分“是”,阻断了格的授予,导致句子非法。由于直接添加标记不合法,只能采用移位或把标记添加在动词之前的办法。根据Chomsky(1995:276—281)移位是不得已的手段(last resort)。因此,在语法上,宾语用移位的方式来表达焦点是不得已的办法。

移位是不得已的办法,并不是说不能移位。汉语中通过移位来表达语法意义的例子很多,比如话题的生成。(10a)是 OSV 结构,朱德熙(1982)把这种句型称作主谓短语作谓语,当代语法学理论认为它是由(10b)移位产生的话题句,即“红楼梦”是话题,“我读过”是陈述。理由有二:在语音上,“红楼梦”后有短暂停顿,并且后面可以插入语气助词“啊”等;在语义指向上,“红楼梦”是动词“读过”的对象宾语,与(10b)存在变换关系。

（10）a. 红楼梦我读过。

　　　b. 我读过红楼梦。

徐杰(2001)发现动词后不倾向带太多成分,一般不说“你带介绍信在身边”,通常说“你把介绍信带在身边”。徐杰的发现和本文的讨论有异曲同工之妙。(8—10)证明了句子由于某种语用

上的原因(焦点、话题等)可能会发生某些变异,比如语序的调整
或添加某些标记等。把带有焦点特征的相关成分提升至一个相
对重要的位置是语言中的普遍现象。这一点可以从匈牙利语和
上古汉语中得到验证。匈牙利语具有丰富的形态变化,但其基本
格式与现代汉语非常相近,也是一种 SVO 型语言,请看(11a),但
是当宾语是疑问代词或者是受到强调的成分时,就必须前移至动
词之前、主语之后的位置,请看(11a')。同样地,古代汉语在对宾
语进行提问时疑问代词也要居前于动词,请看(11b—c)。徐杰
(2001)认为这是一种典型的焦点前置现象,即在匈牙利语和汉语
的形式语法系统中并不管是什么性质的焦点成分,只要是焦点成
分就一律移位至动词之前。在特征核查理论看来,焦点成分的移
位是为了删除其不可解释的形式特征。同样的道理,如果(7a)中
的"一趟"是句子的焦点,其提升移位就不难理解了。

(11) a. Attila felt a →a'. Attila a foldrengestol$_i$
foldrengestol. felt t$_i$.

阿提拉　怕(冠词)　地震　→阿提拉（冠词）　地震　　怕

"阿提拉怕地震。"　　　→"阿提拉是怕地震。"

b. 吾谁欺? 欺天乎? (《论语》)

c. 臣实不才,又谁敢怨? (《左传》)

## 7.4 "数＋动量"结构移位的动因

语言是人们日常交际的主要手段,语言在交际中可能会为了
适应交际的要求而产生某种形式的变异,比如语序的改变等。以
"小张去了武汉一趟"一句为例来说,就有可能是说话者为了突出
数量短语"一趟"而将其提升到名词"武汉"之前,得到"小张去了
一趟武汉"。这种假设在理论上和经验上完全可能,下面来探讨
该成分移位的机制。

### 7.4.1  生成语法的解释

#### 7.4.1.1  特征及特征核查

最简方案把"特征"的概念放在一个非常重要的位置。特征是句法推导中最小最基本的单位（梅德明 2008：331—336；邓思颖 2010：14—16）。特征有可解释的（interpretable）和不可解释的（uninterpretable）之分。可解释的特征通过句法拼读（spell out）后进入 LF 接口层，进行语义表征；不可解释的特征不能被 LF 接口层识别，因此必须通过特征核查把其删除，否则会引起 LF 接口层崩溃（clash）。不可解释的特征删除后，只是在 LF 接口层不可见（invisile），在 PF 接口层还是可见的（visible）。这样 PF 接口层就会对该特征进行语音表征。

特征在强度上还可分为强势特征（strong feature）和弱势特征（weak feature）。强势特征不能被 PF 接口层所"容忍"，必须在拼读前通过特征核查把其删除，否则 PF 接口层无法对其进行语音表征，最终导致推导崩溃；弱势特征在 PF 接口层是不可见的或能够被 PF 接口层所"容忍"，不需要删除。换句话说，强势特征会引发某种显性的句法操作，而弱势特征不会。不可解释的特征如果是强势特征，须在拼读前通过特征核查把其删除，如果是弱势特征，可以推迟到 LF 接口层再进行特征核查，并删除相关特征。

特征总是成对出现的，分别由功能范畴和词汇范畴携带。特征核查要满足结构上的局域性（local）要求，即词汇范畴和功能范畴要形成指示语-核心关系或词汇核心-功能核心的附接关系（adjunction）。当局域性关系得到满足时，特征匹配（match）的双方建立一致（agree）关系，进行特征核查，把彼此不可解释的特征删除。

#### 7.4.1.2  焦点特征及焦点特征的核查

徐杰（2001）主张焦点只有因受强调的程度的不同从而有强弱的不同，没有根本性质的类型对立。"焦点"有强弱主次之分，但不存在诸如"自然焦点"、"对比焦点"和"话题焦点"等等所谓的类型差别；语言处理系统根据焦点的强弱把焦点一分为二，之后把表达弱势焦点的任务让给语音系统，把表达强势焦点的任务留给语法系统（徐杰 2015：216—244）。简言之，焦点的差别只有强弱之别，没有类型的不同，强弱之别与说话人强调程度的不同有关，强势焦点由语法系统表达，弱势焦点由语音系统表达。从纵向来看，有的句子比较突出强调焦点成分，而有的句子虽然也有焦点成分，但未必突出强调它。换言之，说话人强调意愿强的是强势焦点，强调意愿低的是弱势焦点。

从线性位置上来看，充当焦点的成分在句子中并没有固定的位置。焦点之所以是新信息是因为它突显了有关成分的语义。何元建（2011：389—411）认为没有经过突显的成分不是新信息，只有经过突显了的信息才是新信息。具体来说，突显信息的语法手段有提升或添加标记两种。

下面根据特征核查理论来讨论（7a'—d'）的生成过程（以（7a'）为例）。推导系统在词库中选择了"数＋动量"结构"一趟"，并同时给它指派了强势［焦点］/［F］特征，如图五所示。换句话说，说话人在说话时想突显强调的是"一趟"，而不是"两趟"。强势的［焦点］特征对于"一趟"来说不是固有的，且是不可解释的，必须在拼读之前将其删除，否则会给 PF 接口层带来麻烦。

凡是拥有不可解释特征的成分在推导系统中都是活跃的（active）目标（goal）。对于功能成分 Foc 来说，［焦点］特征是可以解释的，但是它同时还拥有不可解释的［EPP］特征，这使它能够成为活跃的探针（probe）。探针在自己成分统制（c-command）的范围内搜寻特征匹配的目标进行特征核查，并把该目标吸引到自己的指示语位置来删除 EPP 特征。由于"数＋动量"结构——"一趟"的强势［焦点］特征与功能范畴 Foc 的特征匹配，双方建立一致关系，进行特征核查，功能范畴 Foc 为词汇范畴"一趟"的［焦点]特征定值并把其删除。同时,词汇范畴"一趟"提升(raise)至[Spec,FocP]处,删除功能范畴 Foc 的[EPP]特征,推导至此收敛(convergence)。所以,具有强势[焦点]特征的"数+动量"结构"一趟"的句法操作是显性的,如图六所示。

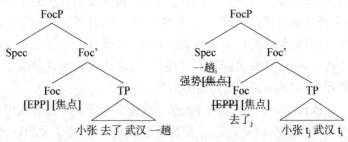

图五　Foc 范畴进入句法推导,　图六　Foc 范畴的特征核查已结束
　　尚未进行特征核查

相反,对于(7a—d)中的"数+动量"结构来讲,说话人强调的意愿不是那么强烈,所以其焦点是弱势焦点。由于该弱势焦点能够被 PF 接口层所"容忍",出于经济原则的考虑,特征核查就可以延迟到 LF 接口层再进行。这样一来,在显性的句法表现上,(7a—d)中的"数+动量"结构就会出现在句末位置上。由于已经拼读,在 LF 接口层进行的隐性句法操作已不被我们所察觉。

通过特征核查,功能范畴 Foc 的不可解释的[EPP]特征、词汇范畴"一趟"的不可解释的[焦点]特征都得以删除,但是生成的句子"一趟去了小张武汉"并不理想。这是为什么呢?原因是算式库(numeration)中还有其他成分尚未参与句法合并,推导还在继续。

汉语是典型的话题优先型语言(Li & Thompson 1976)。在线性上,如果充当主语的成分前面没有其他成分,那么该成分既是主语又是话题。换言之,例(2a)的主语"小张"还具有不可解释的[话题]特征,如图七所示。这里的操作同焦点成分"一趟"一样,也要移位到功能范畴 Top 的指示语位置进行特征核查,并同时删除 Top 的 EPP 特征,具体推导过程见图八。

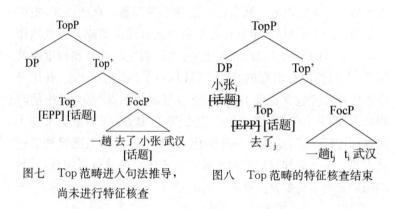

图七　Top 范畴进入句法推导,
　　　尚未进行特征核查

图八　Top 范畴的特征核查结束

　　名词短语"小张"通过与话题范畴 Top 建立一致关系,把自身不可解释的[话题]特征删除,同时也满足了 Top 的[EPP]特征。至此,算式库中的词项全部耗尽,句法推导成功收敛,生成了理想的句子"小张去了一趟武汉"。根据 Li & Thompson(1976)关于汉语是典型的话题优先型语言的理论主张,即汉语的句子必须要有一个话题。因此,用功能范畴 Top 去扩展相关句法投射符合汉语是话题优先型语言的特点。这样一来,话题成分以 wh-移位的方式移位到[Spec, TopP],而句子的谓语动词以中心语移位的方式移位到功能范畴 Top 处就具有了理论上的动因。

### 7.4.2　"数＋动量"结构的提升操作是焦点强化的需要

　　也许有人会产生这样的疑问,处在句末位置的数量补语本来就是焦点,通过移位改变语序显示焦点岂不是多此一举? 非也。

　　句末重音是句末焦点在语音上的标记,然而人们言语交际的环境是充满变量的,比如周围的噪音、说话人口音的清晰度、听话人的听觉理解能力等。因此,句子的重音可能不被听话人感知。

说话人为了使交际有效进行，就可能采取别的手段来强化自己的表达，比如添加焦点标记、改变语序等来引起听话人的注意。

徐杰（1993）注意到了句子中的定语、状语和补语等修饰成分更容易成为焦点成分。其实这一点并不难理解。众所周知，主谓宾是句子的主干成分，定状补是非主干成分或次要成分。既然作为次要成分的定状补出现在句子中，就说明它们含有比较重要的信息，否则就没有出现的必要。所以，句子的定语、状语、补语等修饰成分可能包含重要的信息，更容易成为焦点。（12a）中的时间状语"前天上午"应该是句子的焦点，但是在（12b）中又添加了焦点标记词"是"，这就是一种强化，目的是让听话人准确理解说话人的意图。添加标记的焦点成分甚至还可以移位至句首，其目的当然是为了更加突显该成分，如（12c）。

（12）a. 小王前天上午到的武汉。

　　　b. 小王是前天上午到的武汉。

　　　c. 是前天上午小王到的武汉。

同样的道理，（6a'—d'）中的"数＋动量"成分之所以居前于名词，可能是说话人为了强化该成分，引起听话人的注意，以顺利达到交际目的。总之，在言语交际时，说话人为了让听话人准确理解自己的意图，可以同时使用各种手段，包括语音的、语法的和词汇的手段。请看（13），根据徐杰（2001）的观点，A句的焦点当然是句末名词"玉米"，这只是自然焦点，并没有使用语法手段进行强化，那么它就是弱势焦点；而B的回答显然是通过焦点标记词"是"对焦点"玉米"进行强化，那么B中的焦点就是强势焦点。B中的成分之所以没有移位，那是因为使用了语法标记的原因，徐杰（2015：216—244）认为汉语中一般不同时使用语法标记和移位两种手段来表达焦点。

（13）——你吃的什么？

　　　A：——我吃的玉米。

B：——我吃的是玉米。

由于说话者想突显(7a'—d')中的"一趟"等数量结构，所以会发生显性的提升移位现象。这样一来，(7a—d)中的句末数量结构是弱势焦点；而例(7a'—d')则是强势焦点，需要通过移位进行特征核查来删除自身不可解释的强势特征。简言之，(7a'—d')中的"数+动量"结构被指派了不可解释的强势的[焦点]特征，该特征对于 PF 接口层来讲，是无法"容忍"的冗余成分，需要在拼读前删除，否则会引起 PF 接口层的崩溃。删除该强势特征就会引发特征核查等一系列的句法操作，其句法表现就是将相应的数量成分前移。

## 7.5 致使句式的句法推导：本研究的一个旁证

汉语中存在着大量的致使句式，它们在句法-语义上有着独特的特点。致使句式的句法推导可以为本研究提供一个旁证。请看(14)，根据题元层级理论(Grimshaw 1990；Jakendoff 1990)，施事在句法结构上要高于受事，但(14a—b)中的两个受事"那个瓶子"和"这段小路"在结构上却分别高于各自的施事"老李"和"那位姑娘"。

(14) a. 那个瓶子抓了老李一手油。

b. 这段小路走得那位姑娘直冒汗。

在(14)中，"一手油""直冒汗"应分别分析为动词"抓"和"走"的补语，充当结果论元，并被分配了"结果"的题元角色；"老李""那位姑娘"是"成事"，即"老李一手油""那位姑娘直冒汗"；"那个瓶子""这段小路"是使事，用形式语义学的逻辑表达式可以分别表示为(15)。我们可以根据(15)为(14)中的句子指派结构(16)。

(15) a. [[CAUSER：那个瓶子]CAUSE[[THEME：老李]
BECOME[RESULT：一手油]]]/BY[V：抓]

　　　　　b.［［CAUSER：这段山路］CAUSE［［THEME：那位姑娘］BECOME［RESULT：直冒汗］］］/BY［V：走］

（16）a.［那个瓶子［抓了-CAUSE［老李ᵢ［抓了-BECOME［ᵥₚ［ᵥ抓了］[ₙᵤₘₚ Proᵢ一手油］］］］］］

　　　　　b.［那段山路［走得-CAUSE［那位姑娘ᵢ［走得-BECOME［ᵥₚ[ᵥ走得][ᵣₚ Proᵢ直冒汗］］］］］］

　　从线性上来看,(3)的结构和(14)惊人地相似,均为 N＋V＋N＋NumP/RP。我们尝试为例(3)也指派同样的语义表达式,其语义关系可以用逻辑表达式(17)表示(以(3a—b)为例)。同样,也可以根据(17)为(3a—b)指派结构(18)。

（17）a.［［CAUSER：小张］CAUSE［［THEME：武汉］BECOME［RESULT：一趟］］］/BY［V：去］

　　　　　b.［［CAUSER：老王］CAUSE［［THEME：电影］BECOME［RESULT：一次］］］/BY［V：看］

（18）a.［小张［去了-CAUSE［武汉［去了-BECOME［ᵥₚ[ᵥ去了][ₙᵤₘₚ一趟］］］］］］

　　　　　b.［老王［看了-CAUSE［电影［看了-BECOME［ᵥₚ[ᵥ看了][ₙᵤₘₚ一次］］］］］］

　　结构(16)和(18)具有很大的平行性,这从另外一个角度证明了把(3)中的"数＋动量"结构处理成补语的合理性。换句话说,(2)中的"数＋动量"结构与其后的名词在线性上邻接,纯属偶然,它们不在同一个层级上,也不存在修饰关系。


## 7.6　结论

　　"V＋数＋动量＋名"是派生结构,其基础结构为"V＋名＋数＋动量"。"数＋动量"结构本身容易成为焦点(徐杰2001)。从语用上来看,"数＋动量"结构的提升操作,可能是说话人为了引起听话人的注意,通过语序的调整来强化"数＋动量"结构的[焦点]特征。如果说话人刻意强调该成分,那么它可能是强势的焦点,就会引发某些显性的句法操作,比如移位等。如果说话人并不刻意强调该成分,那么它就是弱势的焦点。出于经济上的考虑,弱势特征的特征核查就会拖延到 LF 接口层再进行,这是一种隐性的句法操作,不会被我们所察觉。在显性的句法结构中,具有弱势[焦点]特征的"数＋动量"结构就会处于句末位置。

　　"数＋动量"结构是动词的补语,并不是其后名词的定语。"数＋动量"结构之所以居前于名词,那是显性移位的结果。"数＋动量"结构显性移位的动机是为了删除自身不可解释的强势[焦点]特征,并同时满足了焦点范畴 Foc 的[EPP]要求,一举两得。"数＋动量"结构显性提升移位后,居前于名词,就会给我们造成一种该结构是名词定语的错觉。造成这种错觉的原因可能是我们一般把数量结构处理成名词定语的惯性思维。

# 第八章　强势语法特征
# 与"N＋们"结构

　　"们",后缀,用在代词或指人名词的后边表示多数;指物名词后加"们",是拟人的用法,多见于文学作品。

——《现代汉语八百词》(增订本)

　　带"们"的名词只能出现在主语的位置上(社员们都在那里修渠),不能出现在谓语的位置上(在那里修渠的都是社员[<sup>×</sup>们])。

——吕叔湘(1979:79)

## 8.1　引言

　　一般认为,"们"主要用在指人名词和人称代词后,是个复数标记,其大约产生于唐代(祖生利 2005;张晓静、陈泽平 2015)。然而,汉语所谓表复数的"们"与英语的复数标记-s 又有很大不同。在英语中,名词后添加了-s 的一定是复数,如例(1)中 girls 一定是复数。而在汉语中,名词或代词后加"们"未必表示复数,如例(2)。显然,例(2a)是数学老师的课堂用语,其中"我们"是自称,表单数;同样地,例(2b)中的"我们"是语言学论文中作者的自

称,一般情况下也是单数。反过来讲,汉语名词后不添加"们"也
未必表单数,比如例(1b—c)中光杆形式的"女孩"在语法上却是
复数。

(1) a.　This girl is very tall.　　　　→这位女孩很高。

　　 b.　These girls are very tall.　　 →这些女孩很高。

　　 c.　These two girls are very tall.　→这两位女孩很高。

(2) a.　……上节课我们讲了一元二次方程的解法,这节课我
　　　　们讲……

　　 b.　我们认为语言研究要注重语言事实的挖掘……

另外,一般认为英语中的-s可以与数词共现,而汉语中的数
量词一般不与"们"共现,如例(1)所示。但情况也不完全如此,邢
福义(1960;1965)、程观林(1985)就曾敏锐地发现即使汉语的名
词前有表数量性质的成分,"们"仍可作为词尾出现在其后,如例
(3)所示。

(3) a.　陆、海、空全体官兵同志们……(《中华人民共和国国
　　　　防部命令》,见《长江日报》1959年10月2日)

　　 b.　朱老忠……看看这群满腔心事的孩子们。(梁斌《红
　　　　旗谱》)(例(3a)转引自邢福义(1960);例(3b)转引自
　　　　邢福义(1965))

从权威词典对"们"的注释来看,"们"大体有三种功能:表数
功能、表类功能和修辞功能,另外"们"一般不受数量词修饰,但有
时可以受数量形容词"许多、好些"等修饰,如例(4)所示(吕叔湘
《现代汉语八百词》;北大中文系55、57级语言班《现代汉语虚词
例释》;张斌《现代汉语虚词词典》;中国社科院语言所《现代汉语
词典》(第7版))。孙云英(1993)对"们"的这三种功能表示认同。

(4) a.　同志们,请关闭手机或调成静音,现在开始开会!
　　　　(表数)

　　 b.　在我们学校,雷锋们可真不少。(表类)

  c. 月亮刚出来,满天的星星们眨着眼睛。(拟人)

  d. 好些孩子们在空地上你追我赶地跑着玩。(与表数形容词"好些"连用)

  然而,关于"们"的语法功能,学界观点并不完全一致,比如李宇明(1984)就认为单音节人称代词后加"们"表复数是"们"类化作用的结果。换句话说,在李宇明先生看来,"们"的表数功能是派生的,不是第一位的。张谊生(2001)认为"们"的功能是划分群体,并不具有表示复数的功能。宋玉柱(2005)、杨炎华(2015)则一分为二,主张"们"既有表复数的功能,又有表类群/集合的功能。学界关于"们"语法功能的争论此起彼伏,经久不衰,又都有各自的道理。既然"们"这么复杂,本文感兴趣的是除了上述三种功能外,"们"是否还有别的功能? 从语法地位上来看,"们"到底应归属何种语法范畴? 另外,"N+们"结构在句法分布上又有什么特点?

  本章共包括五个部分,第一部分是引言;第二部分是文献综述,主要对传统语法和生成语法关于"N+们"结构相关的研究进行述评;第三部分从"们"的语法范畴及"N+们"的结构特点、"N+们"结构的句法功能、"N+们"结构的[有定]形式特征等方面重新认识"N+们"结构;第四部分是本章的重点,运用扩充的特征核查理论(EFC)对"N+们"结构进行重新分析;第五部分是本章的结论。

## 8.2　相关研究述评

  本节我们主要从传统描写语法和生成语法两个视角对"N+们"结构的相关研究进行述评。

### 8.2.1　传统描写语法对"N+们"结构的研究

  传统语法对"N+们"结构的研究比较早,成果也十分丰硕。综合来看,相关研究主要集中在"们"的语法范畴与语法功能、表数成分能否与"们"并用和 N 的指称等方面。

　　第一,"们"的语法范畴及语法功能问题。我们知道,语法范畴和语法功能是一个问题的两个方面,两者相辅相成不可分离。从某种程度上来讲,讨论"们"的语法范畴不能不讨论其语法功能;反之,讨论"们"的语法功能,也不能不讨论其语法范畴。因此,我们把"们"语法范畴的归属问题和其语法功能放在一起进行述评。我们知道,"们"在语流中以轻声短音的弱化形式出现,缺乏独立性,是个具有黏着性的后附成分。这一点,学界基本没有异议,但是若涉及"们"的语法范畴及其语法功能,争议就比较大了。陈光磊(1987)、陶振民(1991)都认为"们"在语法范畴上是个语素。但是,他们关于"们"语法功能的观点却不尽相同。具体来说,陶振民(1991)认为"们"具有表复数的语法功能,因此用在人称代词、物称代词、指人名词和指物名词后都表示复数,但是他不承认用在表物名词后的"们"具有拟人的修辞作用。在陶振民看来,所谓拟人就是指把物当人来处理,不是某个词语添加某个辅助语素就是拟人;他认为拟人的产生要满足"在物类名词前有人格化的修饰语或者其后有人格化的说明语,或者当物类名词处于领属位置时,它所领属的词语具有人格化的情态"中的条件之一。一句话,他认为人格化是拟人产生的必要条件。由于表物名词添加"们"后,并没有使"N＋们"结构产生人格化,因此"们"就不具有修辞功能,只是一个表示复数语法功能的语素。陈光磊(1987)也主张将"们"看作语素,只不过在功能上是一个具有划分人物群体作用的附加语素,不具有表示复数的语法功能;"们"与印欧语中表"数"的-s 在语法性质、语法作用和数量意义上也不完全一样,具体来说,他认为"数＋量＋名"结构表示的是累计的确切量,"们"表示的是集合性的模糊量。后来,陶振民(2002)考察了"概数＋N＋们"结构,改变了其先前把"们"看作语素的观点,认为"们"是个表示复数的后缀。另外,徐连祥(2011)通过对词缀、助词语法特征的对比，认为"们"在语法范畴上应归属助词。

宋玉柱(2005)、杨炎华(2015)、李艳花(2015)认为"们"既具有表示不确定复数意义的语法功能，又可用在专有名词后充当集合标记的功能。宋玉柱(2005)主张要区分人称代词后的"们"和普通名词后面的"们"，前者是个语素，后者是个助词。这实际上是说，"我们"、"你们"、"他们"是词，而"老师们"、"同学们"、"孩子们"……是短语，同时他认作为助词的"们"具有表示群体意义的作用。换言之，宋玉柱认为有两个不同的"们"，一个是语素，另一个是助词。杨炎华(2015)认为由于"们"可以附着在短语上，在韵律上不自足，因此"们"在语法范畴上是个语缀(clitic)。实际上，杨炎华所谓的语缀类似于传统语法中的助词。

学界除了认为"们"可以表示复数外，还具有"群体标记"和"定指"的说法。张谊生(2001)从音节、语义和语用的角度探讨了"N+们"的选择性限制及其各种表义功能，认为"们"不是表示复数语法范畴的构形方式，而是表示多种类别"群体"特征的表义手段。汪化云、张万有(2001)认为"同位短语+们"具有表示人或事物复数的作用，并且具有"某一类人/等人、之流"的语义内容。朱俊玄(2012)认为"X+们"一般表多数、群体的意义，但有时也可以表单数、个体的概念；现代汉语中依附在名词、代词之后的表示复数概念的"们"是真性复数概念，是一种原型用法，而在非原型用法的基础上催生了"们"的假性复数用法；造成这一变化的原因是由说话人的集体意识、语言的模糊性和会话原则等共同作用的结果；其演化路径可以大致表示如下：真性复数→假性复数(语用演化)→单数(语法演化)→(语形消失)。童盛强(2002)认为"们"除了表示不计量的多数外，还具有"定指"的指称意义。换言之，"们"添加在指人的名词或名词成分前表示定指的一群人，在不表示特定的某些人的情况下，名词后就不能添加"们"。

综上，学术界关于"们"语法范畴的认识可谓是众说纷纭，有

"语素说""助词说",还有"词缀说"等。正如前文所讨论的那样,这些观点都是一定语言事实的反映,都具有一定的解释力,但同时也都具有一定的局限性,在反映语言事实的全貌方面尚存在一定的欠缺。另外,关于"们"的语法功能,有"复数标记说""集合标记/群体标记说""有定标记说"等。从生成语言学的角度来看,"有定标记说"似乎更有价值。关于这一点,我们将在下文详细讨论。

第二,表数成分与"们"并用的问题。一般认为"们"不与"诸位""全体""各位"等表数词语并用,并用至少是不规范的说法。张斌、胡裕树(1985)认为"们"是表示不计量的复数,也就是他们所主张的"群"的范畴。这样的话,当"们"与数词和量词连用时就会导致"计量"与"不计量"的矛盾、表"数"与表"群"的矛盾。邢福义(1960;1965)以语言事实为基础,对此也提出了自己的看法。他认为"一种语法格式是否规范,既要看它有没有在典范的权威性著作中出现,又要看它有没有普遍性"。邢先生通过列举经典著作和时文报纸中的大量用例,认为"N＋们"结构可以与表数词语共现,请看邢先生的例子(例(5))。

(5) a. 又一批青年同志们,摆出二龙出水的阵势……(《电影文学》1960 年 9 月号)

b. 见一群丫头小子们在那里玩呢。(《红楼梦》)

c. 只见凤姐儿在门前站着……看着十来个小厮们搬花盆呢。(《红楼梦》)

d. 全院已树起反帝爱国的旗帜,多数的教授们开始深深地思索着,思索着。(曹禺《明朗的天》)

程观林(1985)认为笼统地说名词前有数量词语修饰时后面不能再添加"们"是不妥当的,实际上名词附加"们"后,只是不能再受表确定数量的词语修饰。陶振民(2002)曾经对表数词与"们"并用现象作出过解释,他从历时和共时的视角考察了"概数＋N＋们"结构的发展变化,认为该结构是在承古融洋中发展起来的,具有很强的书面语和个人爱好的色彩;基于此,他提出了"概数＋N＋们"结构和"概数＋N"结构的语法意义完全一致,它们是变体与母体的关系。换句话说,"概数＋N＋们"结构只是"概数＋N"结构的另一种存在形式或变体,不应视作不合法结构。张谊生(2001)同样发现"N＋们"结构虽然不能同表确数义的数量词共现,但与表概数义的词语共现没有问题,从形式上来看,主要包括三种形式:一＋集体量词＋"N＋们"、这/那＋集体量词＋"N＋们"、概约性数量词＋"N＋们"。对于表数量的成分与"们"共现的问题,张谊生(2001)认为从表面上看这是一种羡余或重复,实际上从表达效果上来看,"们"又是必要的"呈现",这样可以强调和突出 N 的群体性。张晓静、陈泽平(2015)通过对河北武邑方言的考证,同样发现受数量词修饰的名词后同样可以添加"们"。

　　然而,王灿龙(1995)对"们"与表数词的连用提出了商榷性意见。他通过对成书于 20 世纪八九十年代的《张承志集》、《你别无选择》和《陆文夫集》三部作品进行统计,发现词尾"们"正从"数＋量＋名"结构中脱落,表数词语与"们"的呈现关系趋向于互补。换名话说,在王灿龙看来,用表数词语就不必用"们",用"们"也就同样不必用表数词语;另外,他还从经济性的角度分析了其中的原因,即名词前若添加了表数短语,其后再加一个表复数的"们",在表义上会造成重复。不难看出,王先生立论的基础是认为"们"具有表示复数的语法功能。关于"们"是否一定表示复数,学界看法也不完全一致,单拿汉语方言来讲,就可能对"复数说"提出挑战。雷汉卿(2008)通过对青海方言的考证,发现"们"添加在指人名词或人称代词后除表复数外,还可以表单数。比如,例(6)中的"阿妈"、"婆娘"虽然其后附着了"们",在语法意义上只表单数,并不表复数。这样的话,"们"在青海方言中的表数功能就不太显著了。谢晓安(1996)发现临夏旧城方言同样存在名词是单数时加

"们"的用法,如例(7)。

(6) a. 我阿妈们身体太瓢。("阿妈们"为单数)

b. 婆娘们的话你甭信。("婆娘们"为单数)

(7) a. 马们喂上!(＝喂马[一匹])

b. 狗们管好。(＝把狗[一条]管好)

综上,现代汉语普通话中的确存在表概数性词语与"们"并用的现象,在方言中也有数量词与"们"并用的现象。如果"们"表复数概念,这样可能会造成某种语义上的重复。另外,在青海和临夏方言中,甚至有"N+们"结构可以表示单数的情况,这就更说明了"们"可能不是表示复数的语法标记。

第三,"N"的指称问题。关于"N+们"结构中 N 的指称问题,在现代汉语普通话和方言中也大不相同。一般来讲,在现代汉语普通话中"们"一般附着在指人名词后,在文学作品中也有附着在指物名词后的修辞性用法,如例(8)所示。例(8)中的"鸡们"、"鸭们"、"肉们"、"僵尸鸟们"是典型的"们"用在指物名词后的修辞性用法。

(8) a. 五十年过去了,街道还是那条街道,只不过走得更高了些,人基本上还是那些人,只不过更老了些,曾经落遍蝗虫的街道上如今又落遍蝗虫,那时<u>鸡们</u>还是吃过蝗虫的,九老妈说那时鸡跟随着人一起疯吃了三天蝗虫,吃伤了胃口,中了蝗毒,所有的鸡都腹泻不止,屁股下的羽毛上沾着污秽腥臭的暗红,可是<u>鸡们</u>、人们对蝗虫抱一种疏远冷淡的态度了。(莫言《蝗虫》)

b. "每人都在身上绑一块大石头,下到水里,保准一下子就潜下去了!"这算什么知识啊?<u>鸭们</u>一哄而散。鲲鹏与蓬雀传说古代在很远很远的北方,大地以草木为毛发,而那个地方气候异常的寒冷,草木不生,于是人们把那个地方叫"穷发"。(向阳《中国寓言故事》)

c. 我的妹妹也是能听到的。她用她的小手,轻轻地戳戳我的背,低声说:"哥哥,哥哥,你也吃吧。""好吧,我也吃。"我轻松地对妹妹说。然后,我对亲爱的<u>肉们</u>说:我这就吃你们。先吃我啊,先吃我啊——我听到<u>肉们</u>争先恐后地嚷叫着。(莫言《四十一炮》)

d. 天空中的僵尸鸟只剩下了原来的十分之一不到,而且大多四散逃窜,倒是不能组织起有效的攻击了,不过光明教廷的法师也终于支撑不住,不少人法杖上的水晶猛然爆裂,不少人则直接倒在了地上,法力透支过度似乎让僵尸鸟的控制者也感觉到了攻击没有效果了,<u>僵尸鸟们</u>慢慢的向回飞,渐渐的退回到了不易河对岸。(北溟鲲鱼《无限修改》)

在方言中"N+们"结构中的 N 在指称上更加广泛,据张晓静、陈泽平(2015)考察,在河北武邑方言中,"们"几乎可以黏附在所有类型的名词之后:指人名词、指物名词、时间名词、处所名词和抽象事物名词,如例(9)所示。同样,雷汉卿(2008)在青海方言中也发现存在 N 是抽象名词的情况。

(9) a. 乜里乜老爷们儿们打牌哩。(=那里那些男人在打牌呢。)

b. 把乜碗们都刷它。(=把这些碗都刷了它。)

c. 这么些天们你不该做不完。(=这么多天你不该做不完。)

d. 人他去的那地方儿们可多!(=人家去的地方可多啦!)

e. 你看他那礼儿们细的。(=你看他礼节周到的。"礼儿"为抽象名词)(引自张晓静、陈泽平(2015))

一名话,综合现代汉语普通话及方言,"们"在名词的选择性上可能比较广泛,不限于指人名词,但是从选择的倾向性上来看,以与指人名词搭配居多。

### 8.2.2 生成语法对"N+们"的研究

Li(李艳惠 1999)认为现代汉语名词性成分在结构上可以实现为[D[Num[Cl[N]]]],其中 Cl 是量词范畴(Classifier Category),Num 是数词范畴(Number Category),D 是限定范畴(Determiner Category);她认为"们"最好分析为实现在限定语(determiner)位置的复数语素,而英语的-s 作为常规复数标记,其实现位置是在 N。Li 关于英汉复数范畴实现位置的差异,可用下图表示。

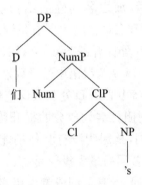

Li 认为由于"们"能够与专有名词、人称代词和有定普通名词共现,但不能与[Demonstrative+Classifier+N]共现,数量成分[Number+Classifier]后能够跟带"们"的人称代词或专有名词,但是带"们"的普通名词不可以。数量成分不能出现在带"们"的名词性成分之前。同样地,李艳花(2015)也有类似的观点,即"N+们"结构不与数词共现。关于"N+们"结构能否与数量成分共现,我们前文已讨论,在此不再赘述。另外,据祖生利(2005)考证,"们"不仅可以与复数名词共现,甚至在近代汉语中,单数名词后加"们"也是可以的。比如在例(10)中,"我门/们"、"你门/们"均表单数。

(10) a. 我门（通"们"）去后,伊自行料不动春心。(《张协状元》20 出)

　　 b. 你门（通"们"）年四十,头戴笠,身着袍……。(《文山集》卷 18)(转引自祖生利(2005))

Li(1999)认为不管在英语还是汉语中,复数范畴都实现在数词投射(number projection)的中心语位置。由于英语中没有量词范畴,加之数词和名词之间存在着强制性的一致(agree)关系,因此英语中的名词就会强制性地提升到数量短语中心语 Num 处。这样一来,复数就会实现在提升的名词上。由于汉语没有强制性的 Num-N 一致关系,加之名词性的结构层次是[D[Num[Cl[N]]]],当数量范畴和名词范畴中间有量词范畴的投射时,汉语的名词就不可能由 N 处提升到 Num 处,原因是量词范畴中心语阻挡了名词的提升。Li 认为汉语中的复数语素一般附缀在 D 处,这样一来,在限定范畴中心语 D 处和数词范畴中心语 Num 处也就不会再有任何投射阻挡名词成分的提升移位。被解读成具有无定特征的光杆名词,是因为没有其他功能性成分的进一步投射。换句话说,光杆名词的最大投射是 NP。当名词性成分包含了指示代词、人称代词、专有名词或者由语境提供的[有定]特征时,D 就会参与到结构投射中去。

李艳花(2015)认为"们"是个具有粘附性(clitic)的后缀,在句法上具有人称[person]、复数[plurality]、表人[human]的特征,这些特征需要由相应的名词通过特征删除实现特征共享,下面以"学生们"为例说明其具体的推导过程,下图为李艳花的树形图。通过李艳花的树形图不难看出,"们"的基础位置是[Comp, NP],其表人[human]特征通过与"学生"建立特征核查关系,实现特征共享;具有[+plurality]/[-plurality]特征的量词范畴 Cl 对"学生们"进行单复数特征的核查,如果能够实现特征共享,"学生们"就移位到 Cl 处,最后提升到限定词 D 处,其推导过程可以用下面的树形图表示。

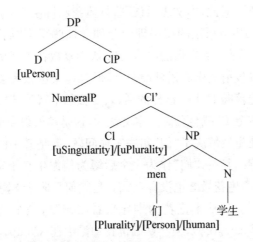

李艳花(2015)立论的基础是认为"们"在句法上具有以下特征：第一，"们"只能与表人的名词连用。一般来讲，"们"在组合上的确经常与指人名词连用，但在语言学文献及现代汉语文学作品中，尤其是在方言中，"们"与指物名词连用的现象也不在少数。这一点，我们已在上文中进行过相关述评，下面再举几个反例，见例(11—12)。

(11) a. 渔人不知怎样的发了一个命令，这些水鸟们便都扑扑的钻入水面以下去了。(郑振铎《鸬鹚与鱼》)

　　b. 这即刻使我愤怒而且悲哀，决心和猫们为敌。(鲁迅《狗·猫·鼠》)

(12) a. 天上的鸟儿们往东飞哩。

　　b. 河里的鱼儿们还小着哩。

　　c. 山里的花儿们笑了。

　　d. 天上的云彩们跑马呀哩。(例(12)转引自徐丹(2011))

第二，"们"不与数词连用，这一点我们在上文也已讨论；第三,"们"具有定指的语法意义,附着在名词后表示有所指或有所依存的群体。对此,本文表示认同,具体我们将在下文详细讨论。

　　Li 运用生成语法的相关理论开创性地解释了"们"的派生过程,指出"们"是个表复数的语素。Li 认为复数在英汉语言中都是实现于数词投射的中心语(head)上,但是她又主张表复数的"们"实现在限定范畴 D 上。这样的话,表复数的语音形式"们"和表复数的功能成分 Pl 就会分离。本文认为,这是其值得商榷的地方。

　　李艳花虽然解决了"们"句法实现问题,但是其中的技术细节仍值得商榷。其一,"们"作为一个后缀为何派生在了宿主(host)的左边,即李艳花最终也没有就"们"是如何后附于"学生"的给出具体解释;其二,从李艳花的推导来看,"们"应是个功能性成分(functional category),但其基础位置却派生在[Comp, NP]处,而不是中心语位置,这一点与当代生成语法的主流观点不尽一致;其三,认为"们"具有复数特征/[Plurality]和表人特征/[human],这本身就有争议,另外认为"们"具有人称特征/[Person]就更令人不解了,我们不禁要问"们"标记的是第一人称还是第二人称,抑或第三人称? 其四,"学生"作为一个名词短语或者说是某个功能性成分的论元,其最终着陆点却是限定词 D 处,这种处理方式也值得讨论。一般来讲,作为一个论元或短语其移位的最终着陆点应是指示语(specifier)处,不应该是中心语(head)处。

### 8.2.3　小结

　　学界对"N+们"结构进行了多角度的考察和验证,从语表形式上来看,"N+们"结构不与数量词搭配,但可以和部分具有数量义的形容词性的成分搭配使用。从语里意义上来看,基本上认为"N+们"结构具有表达复数和集合/群体的语法意义,但是在近代汉语和现代汉语方言中又有不少反例对"复数说"构成了威胁,可见"复数说"还不能覆盖全部语言事实,至少汉语用"们"来表示复数是可选的,比如"朋友"(一个朋友/一些朋友)、"朋友们"(一些朋友）(Comrie & Smith 1977；又见刘丹青、吴可颖译 2017：
VIII)；从语用价值上来看,指物名词与"们"搭配可能会产生特殊
的修辞效果,使语言表达更富有活力。

李艳惠和李艳花从生成语法的角度各自对"们"的推导进行
了研究。从本质上讲,她们认为"们"是个具有表达复数语法意义
的语素(morpheme)。李艳惠认为数词范畴 Num 具有表复数的
功能,但她却将复数的语音实现"们"指派在限定词 D 处。因此,
李艳花的立论基础和句法推导的细节都有值得进一步讨论的
地方。

## 8.3　"N＋们"结构的再认识

下面我们将从"们"的语法范畴及"N＋们"的结构特点、"N＋
们"结构的句法功能、"N＋们"结构的[有定]形式特征三个方面对
"N＋们"进行重新认识。

### 8.3.1　"们"的语法范畴及"N＋们"的结构特点

传统语法认为,人称代词后的"们"和名词短语后的"们"可能
不太一样。宋玉柱(2005)对此也曾有过专门论述,理由有二:一
是"同学们 ＝ 同学$_1$＋同学$_2$＋……＋同学$_n$,而我们 ≠ 我$_1$＋
我$_2$＋……＋我$_n$";二是"作为助词的'们'既能附着在单个儿名词
的后边,也能附着在联合结构的后边"。所以,当"们"是词缀时,
"N＋们"就是附加式的词;当"们"是助词时,"N＋们"就是助词短
语。无论"N＋们"是附加式的词还是助词短语,它们在结构上必
须毗邻,即 N 和"们"之间不能插入任何成分,例(13)正说明了这
一点。当然,也有学者不区分代词后的"们"和名词短语后的"们"
的语法范畴,比如黄伯荣、廖序东(2011：9—10)就把"们"看成词
缀(后缀),邢福义(2016：213—214)把"们"看成表数助词。

(13) a.　＊我的们这儿的人都很好客。

b. ＊学生的们都陆续返校了。

从语义上来看，"们"的语义内容较虚，没有具体的指称，只具有语法意义，没有词汇意义；从音韵上来看，"们"轻声短读；从功能上来看，名词后附"们"后具有表示复数、集合或有定的语法意义；从使用条件上来看，"们"不能单说单用，需要黏附在实词上，即"们"具有黏着性。综合以上特征，从生成语法的角度来看，本文认为"们"可能是个区别于词汇范畴（lexical category）的功能范畴（functional category），在句法投射中可以充当结构的中心语（head）。

"N+们"中的 N 可以指人，也可以指物。N 指物时，是拟人格（黄伯荣、廖序东 2011：10），已经进入语用或修辞的范畴，比如："蟋蟀们在草丛中自由地歌唱。"后附于 N 的"们"无论 N 指人还是指物，"们"在范畴上都不会有变化，同样属于功能范畴。这样的话，"N+们"结构可能就是个具有［有定］特征的短语。

### 8.3.2 "N+们"结构的句法功能

赵元任（1979：47）指出"有一种强烈的趋势主语所指的事物是有定的，宾语所指的事物是无定的"，朱德熙（1982：96）认为汉语有一种让主语表示确定事物、宾语表示不确定事物的倾向。即二位先生都主张宾语一般不能具有［有定］特征，主语具有［有定］特征。另外，朱先生（1982：129—130）在包含复合趋向补语的述补结构所带宾语的位置中也有类似的相关论述，他发现无定宾语的位置比有定宾语自由，有定宾语只能出现在述语之后或者复合趋向补语中间，而不能出现在整个述补结构之后①。

所谓"有定"是指名词的所指可以从语境或语言使用过程中

---

① 朱先生的例子是：(a) 叫老王出来～叫他出来　　　拿那本新的出来
　　　　　　　　　　(b) 叫出老王来～叫出他来　　　拿出那本新的来
　　　　　　　　　　(c) ＊叫出来老王～＊叫出来他　　＊拿出来那本新的

得到明确确认的事物或实体（石毓智 2002；阿依克孜·卡德尔 2015）。戴维·克里斯特尔（Crystal，D. 2002：100）认为"有定"通常用来指称一个具体的、可识别的实体或一类实体，一般与无定对立。从话语交际层面来讲，"有定"是指听话人能够识别或确认体词性成分所指称的人、物、事等（赵建军 2013）。夏秀文（2009）认为"有定"是"指明一个大范围中的一些特定个体"。从形式上来看，"有定"特征的实现一般通过使用单个儿的专有名词、人称代词、指示代词或对中心语使用多个修饰性成分来实现。但是，"有定"在强度上并不是整齐划一的，而是有强弱区别的，这就好比人的手指不一样长一样。比如，"男人"在"有定"强度或可识别度上要高于"人"，而专有名词的"有定"特征在强度或可识别度上最强。请看下面的例子。

（14）a. 国际交流学院招收留学生。

　　　b. ＊国际交流学院招收留学生们。

　　　c. 留学生们成绩都不错。

　　　d. 留学生成绩都不错。

（15）a. 在那儿站着的是学生。

　　　b. ＊在那儿站着的是学生们。

　　　c. 学生们在那儿站着。

　　　d. 学生在那站着。

（16）a. 那个公司缺少技术工。

　　　b. ＊那个公司缺少技术工们。

　　　c. 技术工们在那个公司特吃香。

　　　d. 技术工在那个公司特吃香。

　　从例（14a—16a）和（14b—16b）的对比可以发现，"N＋们"结构不能出现在宾语位置，但光杆形式的 N 可以。根据赵、朱二位先生的理论，可能是因为"N＋们"结构具有［有定］特征，光杆形式的 N 不具有［有定］特征或该特征比较弱。在例（14c—16c）中，依据赵、朱二位先生的观点,处在句首的"N+们"结构充当了主语,由此可以断定"N+们"结构具有[有定]特征。关于"有定"和"无定"的概念,汉语一般用语序表达,而英语用语音/词汇手段来表达,具体来说,英语用定冠词 the 和不定冠词 a/an,汉语谓语动词之前的光杆名词表有定,之后的表无定(石毓智 2002)。"有定"是指名词所表示的是可以从语境中明确加以确定的一个或多个特定的实体。

赵元任、朱德熙先生主张充当宾语的成分不能具有[有定]特征,这一点可以得到信息论的印证。众所周知,获取信息是人们进行交际的主要目的,而信息包括旧信息(given information)和新信息(new information)。旧信息是交际双方所熟悉的信息,新信息是未知的或不确定的信息。人们在组织信息时通常会把旧信息放在前,新信息放在后。从语言类型学的角度看,现代汉语是一种典型的 SVO 型语言。这样一来,让宾语表示无定的事物就不难理解了。实际上,从线性结构上来看,"N+们"结构一般出现在句首位置,不会出现在谓语动词的后面。换句话说,"N+们"结构不能充当句子的宾语。

本研究认为具有[有定]特征的"N+们"结构不能出现在宾语位置但可以出现在句首位置的现象可以得到跨语言的印证。在例(17)中,具有[有定]特征的 the girls、the red car 就不能出现在宾语位置(例(17a—b)),但是可以出现在句首位置(例(17a'—b'))。Belletti(1988)对此的解释是:所有的动词都具有给其内部论元分配部分格(Partitive Case)的能力,然而只有[-有定]名词(indefinite noun)才能接受这种部分格,换言之具有[有定]特征的名词就不能接受这种部分格。同样地,我们可以推知"N+们"结构由于具有[有定]特征,故不能接受部分格,因此不能出现在宾语位置。

(17) a.  ＊There arrived the girls.

a'. The girls arrived. /Three girls arrived.

b. ＊There approached the red car.

b'. The red car appraoched. /A red car appraoched.

### 8.3.3 "N+们"结构的[有定]形式特征

例(14c—16c)中"N+们"结构出现在主语位置,似乎验证了"N+们"结构具有[有定]特征的猜想。但是光杆形式的普通名词既可以出现在句首位置,如例(14d—16d),又可以出现在宾语位置,如例(14a—16a)。这就打乱了既定格局,赵、朱二位先生关于主语要有[有定]特征的限制就会受到挑战。下面讨论主语是否一定是要具有[有定]特征。

#### 8.3.3.1 句首的"N+们"结构充当话题成分

当然,对于"N+们"结构出现在句首位置,我们可以说是主语也要求有定成分充当,但是要求主语位置的成分也须具有[有定]特征,似乎不太充分,因为很容易找到反例。请看熊仲儒(2008b)的例子,例(18—21)。

(18) 1990年11月,一份诉状递到了北京市西城区人民法院。原告是末代皇帝博仪的遗孀李淑贤和吉林省社会科学院从事专业历史研究的王庆祥。

(19) 上午9时许,一辆黑色伏尔加小轿车匀速驶来,经执勤哨兵严格盘查后,悄然无声地开到了大会堂西北侧门外的台阶下。

(20) 正在审问的时候,一只大老虎跳进公堂,朝着官老爷大吼起来,官老爷吓昏了,这正是那位虎大哥。

(21) 很快地,宴会就要接近尾声了。这时,突然传来"轰隆"一声,一个怒气冲天、丑陋无比的巫婆出现了。

例(18—21)的主语分别是画线部分,都是标准的"数+量+名"结构,这类结构显然不具有[有定]特征,但是从语感上来讲,我们并不觉得它们有任何问题。另外,刘安春、张伯江(2004)从篇章的角度论证了无定名词充当主语时具有引进新信息的功能，认为无定名词主语句在叙述性篇章中起转移情节的作用。这也就是说，主语位置的成分不具有[有定]特征无论是在理论上还是实践上都是允许的。

　　如果主语并非一定具有[有定]特征的话，例（14—16）中的"N+们"结构是否具有[有定]特征就很难确定了，即例（14b—16b）不合法的原因可能就不是宾语位置出现了有定短语，可能是别的原因导致了句子的不合法。情况是否真的是这样呢？仔细考察例（18—21）就会发现每个句子的主语前都有一个时间状语，若把该时间状语删除，句子的合法性就大大降低，请看例（18'—21'）。

（18'）<sup>??</sup>一份诉状递到了北京市西城区人民法院。原告是末代皇帝傅仪的遗孀李淑贤和吉林省社会科学院从事专业历史研究的王庆祥。

（19'）<sup>??</sup>一辆黑色伏尔加小轿车匀速驶来，经执勤哨兵严格盘查后，悄然无声地开到了大会堂西北侧门外的台阶下。

（20'）<sup>??</sup>一只大老虎跳进公堂，朝着官老爷大吼起来，官老爷吓昏了，这正是那位虎大哥。

（21'）<sup>??</sup>一个怒气冲天、丑陋无比的巫婆出现了。

　　熊仲儒（2008）把例（18—21）句首的时间状语解释为时空论元，他认为正是这种时空论元充当了提供旧信息的话题，成为了交际的起点。有意思的是这些时空论元"1990年11月"、"上午9时许"、"正在审问的时候"、"这时"都是表示确定时间的，是具有明确指称的，即它们都是具有[有定]特征的。在线性上，这些有明确指称的时间状语都处在句首位置，根据系统功能语法理论，句首位置是主位（theme），其后为述位（rheme）。主位是已知的确定的旧信息，述位是未知的新信息，这类似于语用学中的话题-述题理论。无论是系统功能语法还是语用学都主张：一个成分不管是充当主位还是话题，这个成分必须具有[有定]特征。换句话说，对充当主位或话题的结构成分来讲一定要是[有定]的，而主语是不是一定要具有[有定]特征并没有明确的要求。

生成语法把主语定义成跟时制范畴 T 发生一致（agree）操作的成分，即只要一个成分能够为 T 的 phi-特征（性、数、人称）定值就行了。换句话说，一个成分要想成为主语，只要在性、数、人称方面能够满足 T 的特征核查要求就足够了，至于是否有定，从理论上来说并不是必要的。这就是说出现在例（14—16）句首的"N+们"结构可能是充当了话题的角色，其[有定]特征是为了满足话题范畴 Top 的一致要求，与主语无关。Li & Thompson（1976：457—489）就曾指出"话题成分总是有定的"，范开泰、张亚军（2000：188）也认为话题成分总是具有有定特征。

#### 8.3.3.2　[有定]特征与主语无关的跨语言证据

关于充当主语的成分不一定具有[有定]特征这一点，可以从英语中找到跨语言的证据，请看例（22）。很明显，例（22）中的主语"An apple of discord""A friend at court""A Jack of all trades""A fish out of water""A piece of cake""A couple of friends"都是不具有[有定]特征的，但句子却是合法的。这就是说，主语是否有定并不是句法合法与否的必要条件。只要一个成分能够为满足时制范畴 T 的 EPP 特征要求，且能够为其 phi-特征定值就完全可以充当主语。[有定]可能是其他范畴的要求，与主语无关。

(22) a. An apple of discord was thrown among them.

　　 b. A friend at court will help me.

　　 c. A Jack of all trades may be a good-for-nothing.

　　 d. A fish out of water will die soon.

　　 e. A piece of cake is on the table.

　　 f. A couple of friends have arrived. （例（22a—d）引自

张道真、温志达（1998）；例（22e—f）引自 Li &
Thompson(1976)）

### 7.3.3.3　句首的光杆形式 N 充当主语的原因

例(14c—16c)句首的"N＋们"结构可能既是话题，又是主语，即话题和主语合二为一了。我们之所以感到例(18'—21')怪异，原因可能是句首的无定成分没法满足话题的要求。而例(14d—16d)句首的光杆名词"留学生"、"学生"、"技术工"是主语，没有提升到话题位置。

例(14d—16d)与例(14c—16c)的区别不仅是有无"们"参与合并，其本质区别在于它们拥有不同的句法推导算式库（numeration）。算式库不同，句法推导出的句子也就必然不同。在例(14d—16d)中，句法推导系统根本就没有从词库中选择话题范畴 Top 参与句法推导，所以例(14d—16d)句首的光杆名词是主语，并不是话题。下面以例(14c—d)为例说明。

例(14c)：N＝{留学生$_1$，们$_1$，成绩$_1$，都$_1$，不错$_1$，$v_1$，$T_1$，Top$_1$}

例(14d)：N＝{留学生$_1$，们$_1$，成绩$_1$，都$_1$，不错$_1$，$v_1$，$T_1$}

"N＋们"结构具有[有定]的形式特征，不能处在宾语位置，但能处在句首位置。处在句首位置的该结构满足了话题的一致要求，与主语的要求无关。同样，处在句首的光杆形式的 N 是主语，与话题无关。

### 8.3.4　小结

"们"在语法范畴上可能是个功能性成分，具有[有定]特征的语法意义。"N＋们"结构不能出现在宾语位置与其[有定]特征有关。出现在句首位置的"N＋们"，其[有定]特征满足了话题范畴的一致要求，与主语无关。实际上，主语并没有[有定]特征的要求，因为主语只是与时制范畴 T 发生一致关系的成分，只要该成分能够核查 T 的 EPP 特征和 phi-特征就可以了。主语与话题不同，话题排斥无定成分。主语并不排斥无定成分，从理论上讲，主语可以是有定的,也可以是无定的。

## 8.4 名词弱势[有定]特征的激活与强势[有定]特征的强化

### 8.4.1 形式特征及形式弱特征的激活

在生成语法看来,特征(feature)是语言系统中最小最基本的单位(梅德明 2008:331;邓思颖 2010:20)。特征包括音韵特征、语义特征和形式特征。音韵特征跟发音和形态相关,语义特征跟语义概念相关。语法最关心的是形式特征,因为只有形式特征在句法推导中才有用。关于"特征",可以借用邓思颖(2010:20)的例子加以说明。比如汉语的"马"就包含了上述三套特征,音韵特征:[双唇鼻音]、[低元音]、[上声]等,语义特征:[哺乳动物]、[头小]等,形式特征:[名词性]等。

Chomsky(1995:225—241)认为人类大脑的语言器官是由词库和推导程序组成的。词库就像一部词典,记载着人类语言的各类知识。词库里的词项所携带的特征在强度上也不是匀质的,有的是强势特征,有的是弱势特征,正如人的十个手指不一样长一样。Chomsky(1995:232)主张强势特征能够引发某种显性的句法操作。Xu & Zhang(2016),张莹、徐杰(2011)认为弱势特征只有被激活才能在句法中显现,激活的方式有两种,一种是句法结构,另一种是广义句法环境;在结构上,要求激活成分与被激活成分要毗邻。如果一个带有弱势特征的句法结构没有相应的句法成分来激活,那么该结构相应的弱势特征就不会显现,显现出来的只是强势特征。请对比例(23—27)中的英语例子。

(23) a. this boy      b. a boy

(24) a. the teacher      b. one teacher

(25) a. his father      b. father

(26) a. their books      b. many books

　　(27) a.　those cars　　　b.　a lot of cars

　　很明显,例(23a—27a)的短语是有定短语,而例(23b—27b)是无定短语,即 a 中的短语既有[有定]特征,又有[名词性]特征,而 b 显现出来的可能只是[名词性]特征。例(23—27)各组中的名词性成分都是一样的,唯一不同的是它们的前置成分,那么(23a—27a)中的[有定]特征可能就来自前面的指示代词或人称代词。在生成语法的 DP 假说中,人称代词、指示代词本来就是功能性中心语,即是限定词短语 DP 的中心语。从某种意义上来讲,人称代词、指示代词是[有定]语法特征的标记。

　　运用语法标记手段来强化某一语法现象的例子不只是出现在限定词短语中,在其他范畴中也有很多例子,下面以焦点范畴为例加以说明。根据句末焦点原则(徐杰 2001),在正常情况下,处在句末的成分一般都是焦点,但是有时也会通过添加焦点标记词或移位的语法手段来凸显强调该焦点,请看例(28)。在例(28)中,可以在“语言学”、Mary 前添加焦点标记“是”或 is 来标记焦点,也可以以“语言学”移位的方式来标记焦点。

　　(28) a.　张强喜欢语言学$^{[F]}$。→张强是喜欢语言学$^{[F]}$。→张强语言学$^{[F]}$喜欢。

　　　　b.　John loves Mary$^{[F]}$. →It is Mary$^{[F]}$ that John loves.

　　我们认为“们”由于本身就具有强势的[有定]特征,且该特征对于“们”来说是不可解释的。这样一来,具有不可解释的强势[有定]特征的“们”与具有弱势[有定]特征的名词就会形成特征匹配关系。如果我们的分析对路的话,这就为句法的特征核查建立了可能。具体到“N+们”结构,正是在这些“激活剂”或语法标记的激活下 N 的[有定]特征才得以显现。这似乎很有道理,但是问题也来了,即为什么(23a—27a)中的前置成分能够成为“激活剂”,而(23b—27b)中的前置成分不能呢? 最简方案的特征核查理论认为,形式特征总是成对出现,只有当特征匹配时才能形成核查关系。Abney(1987)的 DP 假说提出后,生成语法界普遍认为指示代词、人称代词具有限定作用,它们是典型的功能成分。句法结构的中心语是由功能成分充当的。也就是说例(23a—27a)的中心语是"this""the""his""their""those",而非其后的名词成分。根据上文的假设,可以用树形图表示如下(以例(23a)为例)。

由于 D(即 this)的补足语 boy 是普通名词,具有弱势的[有定]特征,而 D(图中的 this)是具有[有定]特征的功能范畴,两者特征匹配,D 就把 boy 吸引到自己的指示语位置,形成核心-指示语关系,并进行特征核查。由于 boy 的[有定]特征是弱势特征,根据拖延(procrastinate)原则(Hornstein, et al 2005),boy 的移位就会延迟到 LF 接口层再进行,即隐性移位,以满足经济原则。而例(23b—27b)中的前置成分"a,one,零冠词,many,a lot of"具有[无定]特征(不具有[有定]特征),与 boy 的[有定]的弱势特征不匹配,无法激活 boy 的弱势特征。换句话说,只有具有[有定]特征的成分才能充当"激活剂"。

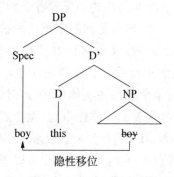

如果两个成分特征匹配,且在结构上毗邻,那么充当"激活剂"的成分就能把被激活成分的形式弱特征激活。激活后,该弱特征就会显现出来,为句法-语义接口所使用。

8.4.2 "们"的句法功能:激活剂与强化标记

8.4.2.1 名词的指称性意义及其[有定]语法特征的强弱

在各种版本的现代汉语语法著作中,关于名词的定义大同小异。我们粗略地归纳了一下,大体上可以分为以下三类:认为名词是表示人物时地的词(邢福义 2016;黄伯荣、廖序东 2011);名词表示人或具体的事物、抽象的事物和时间(张志公 1985;吴启主 1990;张志公、庄文中 1996;徐青 2006);名词表示事物的名称(杨庆蕙 1984;林祥楣 1991)。从以上各方家的定义中,我们可以隐约地感觉到名词具有一种指称性功能。沈阳、郭锐(2014)的意见和我们的感觉不谋而合,他们主张名词表示的是一种事物,具有指称性作用。指称性是名词的基本特性。换言之,名词一定要有所指,所指称的事物可能存在于客观世界中,比如"山、河、湖、海"等,也可能存在于人的主观世界里,比如"上帝、观音、孙悟空"等,没有指称的名词在理论上是不可思议的。

当然,学术界关于指称的理解并不完全一致,一般来讲指称可以指定指和不定指,也可以指有指和无指。从理论上讲,指称包括有指和无指两个子类别,而有指又包括有定和无定两个类别。具体来讲,一个语言表达式如果没有受到限定词的扩展,在指称上是无指的;反之,如果受到限定范畴的扩展,就是有指的。从篇章分析的角度来看,汉语名词在实际话语中可以有有指(referential)和无指(nonreferential)两种用法,当名词性成分的表现对象为话语中的某个或某些实体(entity)时为有指,否则为无指;其中有指成分侧重表示实体性事物,无指成分侧重表示抽象的属性(张伯江 1997:192—199)。一般来讲,只有有指的名词才有有定和无定的区别,但有时有定名词也可以用作无指。

我们可以假定名词性成分(抽象名词和物质名词除外)本身固有[有定]形式特征,但具体到每一个词项而言,该特征在有的词项上可能表现的强些,有的可能弱些。一般而言,专有名词的[有定]特征是强特征,除此之外的普通名词的[有定]特征是弱特征。强势[有定]特征直接在句法推导中显现,需要通过特征核查予以删除;弱势的[有定]特征处于休眠状态,在表层结构中只有在激活的条件才可以显现。所谓弱势特征的激活就是添加特定的语法标记,这个语法标记就是"激活剂"。这一点,我们也可以在英语中找到相关例证,Ouhalla(1999:32)发现英语中表人的名字的专有名词前是不能添加限定词(determiner)the 的,而像 boy 和 cancellation 之类的普通名词前反而需要一个限定词,如例(29)所示。当然,在一定条件下为了强化突出该特征,强势[有定]特征也可添加语法标记。

(29) a. Mary likes the film.

　　　a'. ＊The Mary likes the film.

　　　b. The boy likes bananas.

　　　b'. ＊Boy likes bananas.

　　　c. The cancellation of the party annoyed the boys.

　　　c'. ＊Cancellation of the party annoyed the boys.

7.4.2.2 弱势[有定]特征的激活及强势[有定]特征的强化

除专有名词外的普通名词的[有定]特征是弱势的,专有名词的[有定]特征是强势的。专有名词添加"们"后所具有的划分类群的作用正是"们"与专有名词加合孪生的产物。

童盛强(2002)注意到了"们"依附在指人的名词或名词短语后面,表示定指的一些人,即具有"定指"的指称意义。换句话说,在结构"N+们"中,"们"具有[有定]的特征。这与前面的分析不谋而合。由于普通名词 N 具有弱势[有定]特征,N 与"们"特征匹配,满足了特征核查的要求。根据生成语法的理论,"们"是扩展 N"留学生"的缀性成分,具有[有定]特征,而名词短语"留学生"具有[有定]弱势特征,在缀性成分后附性特性的驱动下"留学生"就提升(raise)到"们"的指示语位置。此时移位的目的有两点,一是形成指示语-中心语的局域性结构关系,为"们"的不可解释的[有定]特征赋值,或者说是为了删除"们"的[有定]特征;二是满足

"们"的后缀性要求,一举两得。换句话说,黏附在普通名词 N 后的"们"其语法功能之一就是激活弱势[有定]特征,即"们"是弱势特征的"激活剂"。移位的过程我们可以用树形图表示如下。

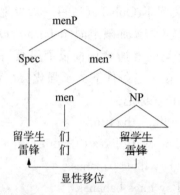

当专有名词 N"雷锋"与"们"结合时,由于"雷锋"具有强势的[有定]特征,根据扩充的特征核查理论,该强势特征需要在拼读前经过特征核查予以删除。同样地,特征核查要满足结构上的局域性要求,即"雷锋"要与"们"建立指示语-中心语关系。"雷锋"就显性移位到中心语"们"的指示语位置,生成"雷锋们"。"雷锋"的显性移位,在句法上除了与普通名词"留学生"移位具有相同的作用外,同时还把"雷锋"自身的强势[有定]特征核查并删除。事实上,黏附在专有名词 N 后的"们",其语法功能之一就是强化并核查专有名词的强势[有定]特征。据 Carnie(2013:56)报道,在西班牙语中指人的专有名词前同样可以添加定冠词来强化[有定]特征,同样在葡萄牙语中也有类似现象(Hornstein,Nunes & Grohmann 2005:229),如例(30)所示。

(30) a. La        Rosamaria(西班牙语)
      *the*        *Rosemary*
      (定冠词)      罗丝玛丽

   b. A  Maria Saiu.(葡萄牙语)

*the Maria left*

Maria left.

我们在前文分析"this boy"的推导过程时,采用的是隐性移位的技术,而这里分析"留学生们"和"雷锋们"的推导过程时,采用的却是显性移位技术。对此有人可能会产生疑问,为什么英语被激活成分的移位是隐性的,而汉语却是显性的?

如果稍加考察就会发现,英语的激活成分是定冠词、指示代词、人称代词等,它们不具有缀性特征,而汉语的激活成分是"们",具有缀性特征。虽然前者和后者具有类似的语法功能,但它们在范畴上并不是同类成分,因此在句法操作上表现出来的差异就可理解了。另外,英语的限定成分也并非不能出现在名词性成分的后边,请看沈家煊(2015b)的例子,"My friends all like riding",限定词 all 就在 my friends 的后边。张莹、徐杰(2011)的研究也旁证了我们的推理。他们注意到当"这儿/那儿"为具有指称作用的指示代词时,是不能充当激活成分的;当虚化为后缀性成分时,才能充当激活成分。实际上,汉语中类似的例子还有很多,以语气助词"呢"为例稍加说明,看例(31)的分析。

(31) 他会开飞机呢!

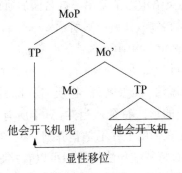

在例(31)中,由于"呢"是后附性语缀(徐杰 2012;杨炎华 2013),在缀性特征的驱动下,"呢"激发补足语 TP"他会开飞机"

移位到其指示语位置,生成理想的句子。事实上,汉语激发补足语发生显性移位并不是个别现象,语气词都会激发补足语发生显性移位。因此,由"们"引发的显性句法操作并不是特例。

"N+们"结构中的 N 本身具有弱势的[有定]形式特征,如果不被激活,该特征不会显现。"们"可以充当该弱势[有定]特征的激活剂,当"们"与 N 在结构上毗邻时,"们"就能够激活 N 的[有定]弱势特征,这时[有定]特征就会显现出来。如果正确的话,就解释了例(14—16)中"N+们"结构为什么不能现在宾语位置,而能够出现在句首位置(话题位置)。例(14c—16c)是主语和话题合二为一的情况,之所以要求处于句首位置的成分有定,那是为了满足话题的一致要求,与主语无关。如果句子中出现了类似熊仲儒(2008b)所主张的"时空论元"充当话题的情况,那么句子的主语可以是无定的,因为"时空论元"满足了话题的要求。这就解释了例(18—21)和例(18'—21')的对立。

需要强调指出的是,我们将"N+们"结构中的"们"处理成[有定]特征的"激活剂"或"强化剂"与"们"的表数功能并不冲突,因为用一个语法范畴表达多种语法功能在理论上也符合经济性原则。另外,我们的观点也可以在英语中找到相关证据,何元建(2011:151)认为英语中除了使用单数名词加冠词来表示特指外,还可以用光杆复数名词,如例(32)所示。

(32) a. Eggs are nutritious. (全称特指)

　　　 b. I had eggs for breakfast. (部分特指)

名词或名词短语(抽象名词、物质名称除外)具有指称性特征,即具有[有定]的形式特征。当然,对于所有的名词性成分来讲,该[有定]特征在强度上并不是整齐划一的,有的可能强些,有的可能弱些。强势特征在句法推导中可以直接显现出来,弱势特征需要"激活剂"的激活才能显现。在"N+们"结构中,由于 N 本身具有[有定]的弱势特征,"们"正好充当了激活该弱势特征的

"激活剂"。"N＋们"结构的［有定］特征就自然而然地显现出来了。

需要说明的是，将"们"处理成句法结构中心语并非我们的发明创造，Li(1999)认为"们"并非词缀，而是拥有自己投射的功能范畴，记作 menP。这样的话，"们"所依附的宿主就是从它的补足语位置提升到其指示语位置的。李艳惠、石毓智（2000）认为"们"在句法上是个实现在"定词"位置（Determiner/D）的功能性成分，并认为介于数词与名词之间的量词会限制名词直接与数词的结合，而复数标记"们"只能出现在 D 位置，因此名词后添加"们"在语法意义上一定表示"有定"。他们认为正是由于汉语量词系统的建立导致了数量结构不能与"们"共现。客观地讲，Li、李艳惠和石毓智的研究在一定程度上支持了我们的研究。

### 8.4.2.3 "们"能与"诸位""表数词语"并用的原因

邢福义先生（1960；1965）早在上个世纪六十年代就注意到了"们"与"诸位"等表数词语并用的现象。在我们看来，"们"之所以能与"诸位""表数短语"并用，并且没有违反语法规则，那是因为它们分别具有不同的语义和语法功能。"诸位""表数短语"描述了所修饰名词的数量特征，它们仅提供数量信息，在语义上起扩充作用，与有定与否无关。"们"的使用属于满足语法上的要求，即激活所依附名词性成分的［有定］特征。它们各司其职，缺一不可，共同确保语言系统的正常运转。所以，"们"与"诸位""表数词语"并用并不会违反语义和语法上的要求。何元建（2011：95—97）认为汉语名词后加"们"是为了语用的需要（如改变文体）而不是语法的需要，因为汉语名词作为一个语法范畴是不分单复数的。起［有定］特征激活或强化作用的"们"能与表数词语连用并不是汉语中的特有现象，英语中的定冠词 the 就能与名词的复数形式甚至是数词连用，比如例（33）。

(33) a. the muffins

　　b. the three boys

　　另外,从范畴上来看,虽然"诸位"等表数词语在语义内容上具有数量义,但是它们在范畴上却属于具有修饰性的形容词。也就是说在现代汉语普通话中与"们"并用的数量词并非真正意义上的数量词或数词,而是具有数量义的形容词。

　　专有名词、人名一般具有强势的[有定]特征,出于经济性上的考虑,一般不允许它们后面加"们"。但是在口语或文学作品中,我们会经常发现"雷锋们""周扒皮们"之类的说法,这是对[有定]特征的一种强化,我们已在上文进行过相关分析。当然,李宇明(1984)的观点与我们不尽相同,他把这类用法称为类化,即起划分群体的作用。

### 8.4.2.4　名词的[有定]形式特征在强度上是个连续的渐变统

　　认知语言学的原型范畴理论认为,任何范畴都不是非此即彼的,范畴与范畴的区别仅在于其原型部分,范畴的边界部分是模糊的,甚至是交叉的。就名词的[有定]特征强度而言,强势特征和弱势特征在界限上也很难划清。从弱势[有定]特征到强势[有定]特征是个渐变的连续统(continuum),不是突变的。[有定]特征强度的渐变性与系统功能语言学的"精密度阶"(delicacy scale)的概念相类似。系统功能语言学认为精密度是表示范畴的区别或详细程度的阶,具体来说,精密度阶也是一个连续体,其极限的一端是结构和类范畴中的基本等级,其极限的另一端是对该等级不能再作进一步区分的语法关系。

　　当然,这并不是说没有办法确定到底哪些词具有强势特征,哪些词具有弱势特征。一般来说,人名、地名等专有名词的[有定]特征是强势特征,物质名词、抽象名词不具有[有定]特征。这就是为什么一般"张大强们"、"李小帅们"有除了具有[有定]特征外,还具有"集合"的语义内容的原因。简单来说,因为它们的[有定]特征本身就很强,不再需要添加标记来激活。当然,有时可能出于其他目的,也有"雷锋们"、"黄继光们"的说法,但那是"们"的类化作用的用法或者是对强势[有定]特征的强化,而与[有定]弱势特征的激活或标记作用无关。

对于物质名词或抽象名词而言,由于它们在指称上是[无定]的,所以根本不能与"们"连用,也没有"水们""空气们"的说法。其余绝大多数可能都是一般名词,它们的[有定]特征在强度上可能低于人名、地名等专有名词,属于弱势特征,需要通过一定的语法或其他手段来激活才能显现,比如"留学生们"、"技术工们"等。具体说来,可用下图来表示。

物质名词、抽象名词　……　一般名词　……　人名、地名等专有名词

无[有定]特征/[无定]特征　……　[有定]弱势特征　……　[有定]强势特征

## 8.5　结论

名词或名词性成分(物质名词、抽象名词除外)本身具有指称性,具有[有定]特征。该特征在强度上不是整齐划一的,而是有差别的,有的可能是强势特征,有的可能是弱势特征。强势特征在推导系统中直接显现出来,所显现的强势特征需要通过特征核查的方式删除,否则会导致句法推导的失败;弱势特征需要相关"激活剂"的激活才能显现出来,否则只显示其他强势特征。弱势特征的激活,要满足结构上的局域性条件,即"激活剂"和被激活成分之间不能插入其他成分,"激活剂"可以居前,也可以从后。

"们"不仅有表示复数、划分类群和修辞的作用,还能用来充当名词[有定]弱势特征的"激活剂"。"们"之所以能够充当相应成分的激活剂,是因为其本身具有[有定]特征。这样的话,双方特征匹配,为特征核查建立了条件。"N+们"结构所显示出来的[有定]特征,可能是"们"强化的结果,也可能是"激活剂"——

"们"激活 N 所固有的[有定]弱势特征的结果。具体来说,专有名词后的"们"起强化作用,除此之外的普通名词后的"们"是激活剂。这就是为什么宾语位置不可出现"N+们",而句首的话题位置可以。用在句首的"N+们"结构,在"们"的激活下,其[有定]弱势特征得以显现,满足了话题的一致/协约要求。位于句首光杆形式的 N 是处在主语位置,不是话题,不需要具有[有定]特征。"N+们"结构位于句首时,具有充当话题的功能;由于"N+们"结构具有[有定]特征,因此它一般不出现在宾语位置。

　　本研究认为"们"除了具有表示复数、划分类群和修辞的作用外,还具有能够充当普通名词性成分[有定]弱势特征"激活剂"的功能,另外还具有专有名词[有定]特征的强化作用。需要说明的是,用在专有名词后的"们"除了具有强化作用外,可能还会派生出其他功能,比如划分类群或集合的功能。实际上,"们"所划分出的类群或集合也是特定的类群和集合,肯定也是有定的。当然,这种分析能否得到古代汉语或其他语言的佐证,还需要从历时的角度和跨语言的角度进行多角验证,采用动态的研究方法才能得出结论。这既是本研究的不足,也是今后要探索的方向。

# 第九章 结束语

我们研究语法,既要注意它的共性,又要注意它的特点,并且要把特点放在共性的一定位置上去考察,去理解。

——张斌、胡裕树(1989)

个性与共性不是矛盾的,共性比个性的层次高。

——王洪君(1994)

本书在"两个三角"方法论的指导下,以特征核查理论(FC)和扩充的特征核查理论(EFC)为理论基础,对焦点现象、次话题现象和有定现象进行了分门别类地专题研究,具体包括指宾状语句、多项式名词状语句、倒装句、"把"字句、"V+数+动量+名"结构和"N+们"结构六类句法现象。我们通过对上述句法现象的各种"规则"与"特点"进行一步步地剥离与净化,最终提炼出了一条超越具体句法结构的普遍原则——强势语法特征(Strong Grammatical Feature)会引发显性(overt)的句法操作。"强势语法特征"就是本书在《绪论》中所提到的那只"看不见的手",它正是引发相关句法异变的真正诱因。这正验证了"语言是精妙的自成一体的系统"的理论假设。

## 9.1　主要发现

任何以个性相区别的同类事物中总是贯穿着一般的共性,语言也不例外。根据普遍语法,看似纷繁复杂的人类语言现象背后一定遵循着简单、清晰、有限的普遍原则,这是生成语言学最基本的理论假设和研究理念。本书正是本着这一基本的工作假设(working hypothesis)对特征核查理论进行了细化与拓展,提出了扩充的特征核查理论(EFC),认为强势语法特征必须在句法拼读前进行特征核查,而弱势语法特征则可以延迟到 LF 接口层再进行相关特征的核查。该理论符合 Chomsky 长期以来关于句法推导经济性的理论追求。语言理论来源于语言事实,但又高于语言事实,因此可以用来指导语言研究的实践。正是在该理论的指导下,本文对下面一组汉语语法现象进行了细致描写和个案研究,从而深化了对这一组汉语相关语言现象的认识和对普遍语法理论的理解。

一、指宾状语句。在本书看来,无论是在含有致使义的"他热热的沏了一壶茶"之类的句子中,还是在不含有致使义的"他热热的喝了一壶茶"的句子中,指宾状语"热热的"都是基础生成于宾语中心语的定语位置。本书发现由于说话人想强调凸显状态形容词"热热的",导致"热热的"在形式上就具有了强势的[焦点]特征。正是在该特征的驱动下,状态形容词"热热的"就提升移位到焦点结构的指示语处进行特征核查。状态形容词"热热的"提升移位的结果在线性上的表现就是出现在了状语位置,在语义指向上却指向了宾语,从而出现了句法-语义的错配。

二、多项式名词状语句。充当状语的多项式名词在结构上具有论元性,但是其论元性在强度上并不是整齐划一的,即有的论元性强(比如,他大鱼大肉地吃),有的论元性弱(他北京上海地乱花公家的钱)。多项式名词状语在语义上具有累积性,并且构造了一种"小夸张"架式。换句话说,多项式名词状语在语用上是说话人强调的重点信息,具有焦点属性。到了句法层面,该焦点属性就会内化强势的[焦点]特征,为句法推导系统所识别和使用。因此,在深层结构中处于论元位置的多项式名词就提升到焦点短语的指示语处进行特征核查,在线性结构上的表现就是形成多项式名词充当状语(NN 地 V),即多项式名词充当状语。另外,本书将"地"处理成一个专门为状语投射位置的功能核心,状语的最大投射就是 deP。这样,状语的传情达意功能在结构上就得到了相应的体现。

三、倒装句。本文将倒装句的前移部分 Y 处理成句子的焦点,即"要事先说"。由于语气范畴可以后附于充当焦点的前移成分 Y 上,因此本文认为前移成分 Y 在句法结构上所处的位置可能是外层焦点(记作 FOC),该焦点在结构上处于语气层/语力层的外围,即左缘结构的最外层,这样就解释了语气范畴为何能够黏附在前移成分 Y 上。与外层焦点相对的是内层焦点(记作 Foc),它们在结构上呈互补分布。具体到倒装句而言,具有强势焦点特征的前移成分 Y 提升到外层焦点短语的指示语处进行特征核查,由于外层焦点范畴 FOC 与具有黏附特征语气范畴在线性上邻接,语气范畴就会黏附到前移成分 Y 处。

四、"把"字句。作为汉语特有句式"把"字句,一直都是语法学界研究的热点之一。相关研究大都集中在"把"字句的语法意义和"把"语法范畴的归属。从语法意义上来看,比较有影响的有"处置说""影响说""致使说"和"掌控说",上述四种解释在适用面和解释力上都存在一定的局限。对此本书采取"鸵鸟政策",将其语法意义暂时搁置,从次话题的角度入手,认为"把"后成分是全句的次话题,具有强势的[次话题]特征。该特征激发"把"后成分从深层结构中的论元位置提升到次话题短语的指示语处进行特征核查,在线性上的表现就是居前于 VP。本书认为"把"是个标记次话题的功能范畴,或者说是个标记次话题语法标记。另外,"把"以"把-支持"的方式在次话题前合并。

五、"V+数+动量+名"结构。在"进了一趟城"中,"一趟"到底是"城"的定语还是"进"的补语,学术界存在不同的看法。本研究在最简方案的框架内借用焦点理论对其进行了讨论,认为"进了一趟城"是个派生结构,其基础结构应为"进了城一趟"。由于"一趟"在语用上具有强势的不可解释的[焦点]特征,为删除该形式特征,"一趟"就会发生句法上的提升操作,最终生成"进了一趟城"。如果非要明确"一趟"的线性句法位置的话,本研究似乎更支持"补语说"。

六、"N+们"结构。"N+们"结构不能出现在动词后的补足语位置,但却可以出现在句首位置(本文认为是话题位置),其原因是"N+们"结构具有强势的[有定]特征。我们知道,指称性是名词的根本特征。具有指称性的名词性成分一般具有[有定]特征,但是不同名词性成分的[有定]特征在强度上并不是整齐划一的,有的是强势的,有的是弱势的。当具有强势[有定]特征的N出现在"N+们"结构中时,"们"除了具有强化该特征的作用外,还起对强势[有定]特征的核查作用;对于具有弱势[有定]特征的N出现在"N+们"结构中时,"们"起[有定]特征"激活剂"的作用,其弱势[有定]特征的核查可以延迟到LF接口层再进行。

本文通过对上述六种不同句法现象进行整合研究发现支配其句法操作的是一条简洁的形式语法原则,即它们都是出于某种强势形式特征核查的需要而引发的显性句法操作,反映在语表形式上就是语序的异变或形义错配,最终生成形形色色的句式或句型。反过来讲,一种语言中的句式或句型是成千上万的,但是它们背后所隐藏的共性的东西可能只是整齐有限的几条普遍原则。普遍原则的有限性和齐整性为儿童为何能在两三岁的年龄就能习得如此复杂的语言提供了一种可能的理论解释。我们认为,语言研究就是要探寻这些普遍性的原则,寻找人类语言所遵循的那些"既高度概括,又简单明了"的普遍语法。只有这样,我们才能逐步揭开人类语言神秘的面纱,弄清人类语言官能(Language Faculty)的潜在功能。司富珍(2009:2)指出,"当辛苦的语言研究者们从大量看似无序的材料中走出来,以数学家那样的智慧发现其中存在着普遍原则和有限的参数变化时,语言学竟史无前例地因其本质上具有的数学性、科学性而使人们从中感受到了一种逻辑的美。"

### 9.2 遗留问题及后续研究

从研究对象来看,本书的研究以现代汉语普通话为主,虽然在说明一些问题时,也提供了古代汉语、近代汉语、汉语方言、英语、法语、德语、意大利语、西班牙语、葡萄牙语、日语等语料,但是可能仍存在语料使用不够广泛的问题。我们认为"强势语法特征能够引发显性句法操作"的理论假设尚待挖掘更多语料(包括汉语的和外语的)进行多角验证。

另外,本书所涉及的语法范畴主要包括焦点范畴、次话题范畴和有定范畴等,即左缘结构(CP)和限定范畴短语(DP)中的功能性成分,但是屈折范畴(Inflectional Category/IP)中的时制范畴(Tense Category/T)和一致范畴(Agreement Category/Agr),词汇范畴(Lexical Category)中的轻动词、轻介词等是否也有类似的句法表现,尚待进一步的研究。上述问题正是笔者在今后的科研工作中努力奋斗与探索的方向。不可否认,本书的研究在一定程度上也为笔者的后续研究奠定了基础。

### 9.3　展望

　　1916 年,瑞士语言学家 D. Saussure《普通语言学教程》的出版标志着现代语言学的诞生,语言学从此取得了长足的发展与进步,逐渐发展成一门独立的学科。在探索人类语言奥秘的道路上,先后出现了结构主义语言学、生成语言学、系统功能语言学、认知语言学等流派,从此语言学研究进入了百家争鸣、百花齐放的时期。虽然现代语言学各大流派在哲学基础、理论主张、研究方法上不尽相同,但是它们却有着共同的研究目标,即站在美国传统结构主义语言学的研究目标"是什么"的基础上,努力解决好"为什么"的问题,进而进一步揭开人类语言的神秘面纱。

　　尺有所短,寸有所长。生成语言学、系统功能语言学和认知语言学是当前最有影响的三大语言学流派,笔者认为作为青年语言学者不应该有门派偏见,自我划界,自缚手脚,应该学习、借鉴并吸收各家理论,取长补短,为我所用。Chomsky(1999)曾经说过:"内在主义的生物学探究并不质询语言研究的其他路向的合法性……这些探究并不冲突,而是相互支持。"需要强调的是,生成语言学所说的"形式",并不是跟"意义"相对而言的,而是相对"功能""认知"来说的(陆俭明 2013:193)。换言之,生成语言学也研究意义。更何况"一定的语义范畴都会对句法有制约作用"(陆俭明 2014),因此语言学研究决不能忽视语义对句法的制约作用。句法与语义的接口研究任重而道远。

　　Halliday 曾经指出,着眼于生物体之间(基于社会学)的观点和着眼于生物体内部(基于心理学)的观点应当互为补充,这样才有利于语言学的健康发展(Parret 1974)。尤为重要的是,语言学研究也不应仅仅拘泥于国外先进语言理论的学习与引进,更要立足于汉语语言实际,重视汉语事实的发掘和研究,以此来推动汉语语言学研究事业的深入发展。梅广(2015:导言第 6 页)先生也曾说过:"经验科学必须基于事实"。

最后,笔者想借用邢福义先生的一句话来作为本书的结束语:研究根植于泥土,理论生发于事实。只有双脚深深地扎根于语言事实的泥土中,语言研究才算是有了根基,这样的研究才是有生命力的,才是可信的,才是可持续的。

# 参考文献

Abney, Steven Paul    1987    *The English Noun Phrase in Its Sentential Aspect*, Doctoral dissertation of Massachusetts Institute of Technology (MIT).

Belletti, Adriana.    1988    The Case of Unaccusatives, *Linguistic Inquiry* 1.

Birner, Betty J    1994    Information Status and Word Order: an Analysis of English Inversion, *Language* 2.

Bresnan, Joan & Grimshaw, Jane    1978    The Syntax of Free Relatives in English. *Linguistic Inquiry* 3.

Carnie, Andrew    2013    *Syntax: A Generative Introduction*. Chichester: Wiley-Blackwell.

Chomsky, Noam    1971    Deep Structure, Surface Structure, and Semantic Interpretation. In D. Steinberg & L. Jacobovits (ed.) *Semantics*. London: Cambridge University Press.

Chomsky, Noam    1988    *Lectures on Government and Binding: The Pisa Lectures*. Dordrecht: Foris Publications.

Chomsky, Noam    1993    A Minimalist Program for Linguistic Theory. *The View from Building 20*, Ed. By Hale, Kent and Samuel Jay Keyser. Cambridge: The MIT Press.

Chomsky, Noam    1995    *The Minimalist Program*. Cambridge, MA: MIT Press.

Chomsky, Noam    1999    Derivation by Phase. *MIT working papers in linguistics*, No. 18.

Chomsky, Noam　2000　Minimalist Inquiries: the Framework. *Step by Step: Essays on Minimalism in Honor of Howard Lasnik*, ed. Martin, D. Michael, and Juan Uriagereka. Cambridge, MA: MIT Press.

Chomsky, Noam　2001　Derivation by phrase. In Michael Kenstowicz (ed.) *Ken Hale: A Life in Language*. Cambridge: MIT Press.

Chomsky, Noam　2004　Beyond the Explanatory Adequacy. *Explanation and Beyond-the Cartography of Syntactic Structure*, (Ed.) Andriana Belletti, vol. 3. Oxford: Oxford University Press.

Chomsky, Noam　2006　*Approaching UG from Below*. Unpublished ms. Cambridge: MIT.

Chomsky, Noam　2008　On Phrases. In Robert Feidin, C. P. Otero &. M. L. Zubizarreta (eds.) *Foundational Issues in Linguistic Theory*. Cambridge, MA: MIT Press.

Citko, Barbara　2014　*Phase Theory: An Introduction*. Cambridge: Cambridge University.

Comie, Bernard &. Smith, Norval　1977　Lingua Descriptive Studies: Questionnaire. *Lingua* 42: 1 - 72. North-Holland Publishing Company.

Ernst, Thomas &. Wang, Chengchi　1995　Object Preposing in Mandarin Chinese. *Journal of East Asian Linguistics* 4.

Gallego, Angel J.　2010　*Phase Theory*. Amsterdam: John Benjamins Publishing Company.

Goldberg・A・E.　2007　《构式：论元结构的构式语法研究》，吴海波译，北京：北京大学出版社。

Grimshaw, J.　1990　*Argument Structure*. Cambridge, MA: MIT Press.

Gundel, Jeanette K.　1988　Universals of Topic-comment Structure In Hammond, M. et al (eds.) *Studies in Syntactic Typology*. Amsterdam/Philadelphia: John Benjamins Publishing Company.

Halliday, M. A. K.　1967　Notes on Transitivity and Theme in English: Part 2, *Journal of Linguistics* 2.

Hornstein, Norbert. Nunes, Jairo &. Grohmann, Kleanthes K.　2005　*Understanding Minimalism*. New York: Cambridge University Press.

Huang, C. -T. James, Li, Y. -H. Audrey&.Li, Yafei　2009　*The Syntax of Chinese*. New York: Cambridge University Press.

Huang, C. -T. James, Li, Y. -H. Audrey&.Li, Yafei　2009　*The syntax of Chinese*,张和友译  2013 《汉语句法学》,北京: 世界图书出版公司。

Huang, C.-T. James.   1982  *Logical Relations in Chinese and the Theory of Grammar*. Cambridge: The Ph. D. Dissertation of MIT.

Jackendoff, R.   1972  *Semantic Interpretation in Generative Grammar*. Cambridge: MIT Press.

Jakendoff, R.   1990  Semantic Structures. Cambridge, MA: MIT Press.

Kayne, Richard S.    1984   *Connectedness and Binary Branching*. Dordrecht: Foris Publications.

Lambrecht, Knud  1994  *Information Structure and Sentence Form*. New York and Cambridge: Cambridge University Press.

Langacker, Ronald W.   1991  *Foundations of Cognitive Grammar: Descriptive Application*. Stanford: Stanford University Press.

Langacker, Ronald W.   1993   Reference-point Construction. *Cognitive Linguistics* 4.

Langacker, Ronald W.   1999  *Grammar and Conceptualization*. Berlin: Mouton de Gruyter.

Larson, Richard K.   1988   On the Double Object Construction, *Linguistic Inquiry* 3.

Lasnik, Howard   1999    On Feature Strength: Three Minimalist Approaches to Overt Movement, *Linguistic Inquiry* 2.

Lasnik, Howard   2003  *Minimalist Investigations in Linguistic Theory*. London: Routledge.

Li, Charles N. & Thompson, Sandra A.   1976  *Subject and Topic: A New Typology of Language*. New York: Academic Press.

Li, Charles N. & Thompson, Sandra A.   1981  *Mandarin Chinese: A Functional Reference Grammar*. Berkeley: University of California Press.

Li, Charles N. & Thompson, Sandra A.   1976  *Subject and Topic: A New Typology of Language*. New York: Academic Press.

Li, Yen-Hui Audrey.   1999   Plurality in a Classifier Language, *Journal of East Asian Linguistics* 1.

Ouhalla, Jamal   1999   *Introducing Transformtional Grammar: From Principles and Parameters to Minimalism*. London: Edward Arnold (Publisher) Limited.

Parret, H  1974  *Discussing Language*. The Hague: Mouton.

Pollock, Jean-Yves  1989  Verb Movement, Universal Grammar and the Structure of IP, *Linguistic Inquiry* 3.

Poole, Geoffrey  2011  *Syntactic Theory*. Basingstoke: Palgrave Macmillan.

Quirk, Randolph et al.  1985  *A Comprehensive Grammar of the English Language*. London: Longman.

Radford, Andrew  2004  *Minimalist Syntax: Exploring the Structure of English*. Cambridge: Cambridge University Press.

Radford, Andrew  2009  *Analysing English Sentences: A Minimalist Approach*. Cambridge: Cambridge University Press.

Radford, Andrew  2016  *Analysing English Sentences (Second edition)*. Cambridge: Cambridge University Press.

Rizzi, Luigi  1997  The Fine Structure of the Left Periphery, Haegeman, L. (eds.), *Elements of Grammar: handbook in Generative Syntax*. Dordrecht: Kluwer Academic Publishers.

Ross, John Robert  1967  Constraints on Variables in Syntax. Doctoral Dissertation. Cambridge: MIT.

Simpson, Andrew  2002  On the Status of "Modifying" DE and the Structure of the Chinese DP, In Tang, Sze-Wing. & Chen-Sheng, Liu (eds.) On the Formal Way to Chinese Languages. Stanford: CSLI.

Sun, Chao-Fen  1996  *Word-order Change and Grammaticalization in the History of Chinese*, Standford: Standford University Press.

Svenonius, Peter  2007  Interpreting Uninterpretable Features, *Linguistic Analysis* 33.

Sybesma, Rint  1999  *The Mandarin VP*, Dordrecht: Spring-Science + Business Media, B. V.

Tai, James H. -Y.  1984  Verbs and Times in Chinese: Vendler's Four Categories. In David Testen et al. (eds.), *Lexical Semantics*. Chicago: Chicago Linguistic Society.

Talmy, Leonard  1976  Semantic Causative Types. In M. , Shibatani (eds), *Syntax and Semantics Vol. (6): Grammar of Causative Constructions*. New York: Academic Press.

Talmy, Leonard  2000  *Toward a Cognitive Semantics (I)*, Cambridge, MA: MIT Press.

Tang, Sze-Wing    2015    Adjunct Wh-Words in Left Periphery. In Tsai, Wei-Tien Dylan（ed）, *The Cartography of Chinese Syntax*: *The Cartography of Syntactic Structures Vol.*（11）. New York: Oxford University Press.

Teng, Shou-hsin    1979    Remarks on the Cleft Sentences in Chinese. *Journal of Chinese Linguistics* 1.

Ungerer, F & Schmid, H. J.    2006    *An Introduction to Cognitive Linguistics*, London: Pearson Education Limited.

Xu, Jie    1993    *An Infl Parameter and Its Consequences*. Doctor Dissertation, College Park: University of Maryland.

Xu, Jie    2003    *Sentence Head and Sentence Structure*. Singapore: Longman.

Xu, Jie & Zhang, Ying.    2016    Activation of Weak Grammatical Feature and Its Activator. *International Journal of Knowledge and Language Processing* 2.

阿里木·玉苏甫    2007    《论维吾尔语口语里的易位现象》,《喀什师范学院学报》第 5 期。

阿依克孜·卡德尔    2015    《维吾尔语名词的有定与无定》,《语言科学》第 6 期。

蔡维天    2016    《论汉语内、外轻动词的分布与诠释》,《语言科学》第 4 期。

蔡永贵    2005    《从接受修辞学的角度解读古汉语倒装句》,《宁夏大学学报》第 1 期。

曾常红    2007    《汉语名名并列序列的弱势时序原则》,《语言研究》第 1 期。

陈昌来    2000    《现代汉语句子》,上海:华东师范大学出版社。

陈光磊    1987    《关于"们"与"-S"》,《复旦学报》第 5 期。

陈望道    2008    《修辞学发凡》,上海:复旦大学出版社。

程观林    1985    《"们"的一种有生命力的用法及其修辞作用》,《汉语学习》第 1 期。

储泽祥    1999    《"连用"手段下的多项 NP》,《中国语文》第 2 期。

储泽祥    2011    《"名＋数量"语序与注意焦点》,《中国语文》第 5 期。

崔希亮    1995    《"把"字句的若干句法语义问题》,《世界汉语教学》第 3 期。

戴曼纯    2003    《最简方案框架下的广义左向合并理论研究》,北京:外语教学与研究出版社。

戴曼纯    2008    《〈乔姆斯基的最简方案〉导读》,载 Chomsky, N《乔姆斯基的最简方案》,北京:外语教学与研究出版社。

戴维·克里斯特尔　2002　《现代语言学词典》,沈家煊译,北京:商务印书馆。

戴炜栋　1989　《论英语实动词倒装》,《外国语》第 4 期。

邓思颖　2010　《形式汉语句法学》,上海:上海教育出版社。

邓思颖　2016a　《汉语助词研究的两个问题》,《安徽师范大学学报》第 4 期。

邓思颖　2016b　《制图理论与助词的联合结构说》,《语言研究集刊》第 16 辑。

邓思颖　2018　《延伸句的句法分析》,《语言教学与研究》第 3 期。

邓思颖　2010　《形式汉语句法学》,上海:上海教育出版社。

丁　仁　2009　《领属者提升、左缘限制与汉语多重主语句之衍生》,《语言学论丛》第 39 辑。

丁声树等　1961　《现代汉语语法讲话》,北京:商务印书馆。

丁祖馨　1964　《略谈英语倒装语序》,《外语教学与研究》第 4 期。

董秀芳　2012　《话题标记来源补议》,《古汉语研究》第 3 期。

范　晓　2001　《关于汉语的语序问题》,《汉语学习》第 6 期。

范开泰、张亚军　2000　《现代汉语语法分析》,上海:华东师范大学出版社。

范晓主编　1998　《汉语的句子类型》,太原:书海出版社。

傅雨贤　1981　《"把"字句与"主谓宾"句的转换及其条件》,《语言教学与研究》第 1 期。

高　天　2007　《"X₁ X₂ 的"格式考察》,北京:北京语言大学硕士学位论文。

高　天　2009　《现代汉语"X₁ X₂＋的"格式考察》,《铜陵学院学报》第 2 期。

郭　中　2007　《现代汉语多项状语共现语序研究》,南昌:南昌大学硕士学位论文。

郭　中　2012　《汉语多类状语共现的语序自由度及其解释》,《汉语学习》第 4 期。

郭德润　1981　《"把"字句的动词》,《江淮论坛》第 6 期。

韩景泉　2016　《英语处所倒装结构句法生成的语段解释》,《外国语》第 1 期。

何洪峰　2013　《元明清时期方式状语的发展》,《江汉学术》第 2 期。

何洪峰、彭吉军　2009　《指宾状语的历时考察》,《语言研究》第 4 期。

何元建　2011　《现代汉语生成语法》,北京:北京大学出版社。

何元建　2011　《现代汉语生成语法》,北京:北京大学出版社。

何元建、王玲玲　2009　《再论宾语指向型动结式的结构》,《语言学论丛》第 39 辑。

黑维强　2002　《试论"把＋NP"句》,《宁夏大学学报》第 1 期。

洪心衡　1963　《关于名词、动词作状语》,《福建师范学院学报》第 1 期。

胡　附、文炼　1956　《现代汉语语法探索》,上海：新知识出版社。

胡德明　2006　《安徽芜湖清水话中的"无宾把字句"》,《中国语文》第 4 期。

胡文泽　2005　《也谈"把"字句的语法意义》,《语言研究》第 2 期。

胡壮麟等　2017　《系统功能语言学概论》(第三版),北京：北京大学出版社。

黄　梅　2014　《普通名词做状语的句法性质研究》,《汉语学习》第 5 期。

黄伯荣、廖序东主编　2011　《现代汉语(下册)》(增订五版),北京：高等教育出版社。

黄伯荣、廖序东主编　2017　《现代汉语(下册)》(增订六版),北京：高等教育出版社。

贾林华　2014　《普通名词做状语的韵律句法分析》,《语文研究》第 4 期。

金立鑫　1993　《"把 OV 在 L"的语义、句法、语用分析》,《中国语文》第 5 期。

金立鑫　1997　《"把"字句的句法、语义、语境特征》,《中国语文》第 6 期。

靖立坤　2015　《现代汉语多项状语语序研究》,长春：吉林大学硕士学位论文。

赖慧玲　2015　《句式语义规约下的"一量一量"重叠式指宾状语》,《通化师范学院学报》第 6 期。

雷汉卿　2008　《青海乐都话中"们"的用法探索》,《重庆大学学报》第 2 期。

黎锦熙　2007/1924　《新著国语文法》,长沙：湖南教育出版社。

李　梅　2001　《析现代汉语 NV 式状中偏正短语》,《四川师范大学学报》第 5 期。

李国宏、刘萍　2014　《状语性状的主观性及语义表现》,《现代外语》第 2 期。

李济中、姚锡远主编　1997　《现代汉语专题》,北京：中国社会出版社。

李劲荣　2007　《指宾状语句的功能透视》,《中国语文》第 4 期。

李胜梅　2007　《倒装句：修辞学与语法学的分歧》,《修辞学习》第 6 期。

李胜梅　2009　《修辞学倒装研究与语法学易位研究》,《福建师范大学学报》第 5 期。

李艳花　2015　《汉语"们"的句法实现》,《外国语文》第 2 期。

李艳惠、石毓智　2000　《汉语量词系统的建立与复数标记"们"的发展》，《当代语言学》第1期。

李英哲等　1990　《实用汉语参考语法》，北京：北京语言学院出版社。

李宇明　1984　《试论"们"在现代汉语人称代词中的类化作用》，《华中师院学报》第1期。

梁东汉　1958　《论"把"字句》，《语言学论丛》第2辑。

梁永红　2010　《"N地V"结构中N的语义基础分析》，《语言教学与研究》第3期。

林祥楣主编　1991　《现代汉语》，北京：语文出版社。

刘芳　2016　《现代汉语名词加"地"作状语的考察》，《宁夏大学学报》第4期。

刘安春、张伯江　2004　《篇章中的无定名词主语句及相关句式》，*Journal of Chinese Language and Computing*，第2期。

刘丹青　2008　《语法调查研究手册》，上海：上海教育出版社。

刘丹青　2017　《语法调查研究手册》（第二版），上海：上海教育出版社。

刘丹青、徐烈炯　1998　《焦点与背景、话题及汉语"连"字句》，《中国语文》第4期。

刘慧清　2005　《名词作状语及其相关特征分析》，《语言教学与研究》第4期。

刘街生　2011　《兼语式是一种句法连动式》，《汉语学习》第1期。

刘培玉　2001　《"把"的宾语的句法、语义和语用分析》，《郑州大学学报》第5期。

刘培玉　2002　《把字句的句法、语义和语用分析》，《华中师范大学学报》第5期。

刘月华等　2004　《实用现代汉语语法》，北京：商务印书馆。

卢建　2003　《可换位摹物状语的句位实现及功能分析》，《语言研究》第1期。

陆俭明　1980　《汉语口语句法里的易位现象》，《中国语文》第1期。

陆俭明　2013　《现代汉语语法研究教程》，北京：北京大学出版社。

陆俭明　2014　《关于"有界/无界"理论及其应用》，《语言学论丛》第50辑。

陆俭明　2016　《从语言信息结构视角重新认识"把"字句》，《语言教学与研究》第1期。

陆镜光　2000　《句子成分的后置与话轮交替机制中的话轮后续手段》，《中国语文》第4期。

陆镜光　2004　《说延伸句》，载《庆祝〈中国语文〉五十周年论文集》，北京：商务印书馆。

罗仁地　2018　《历史语言学、语言类型学和语言接触学》，第十四届全国语言学暑期高级讲习班（CLSI‐14），昆明：云南大学，7月20日。

骆小所　2000　《现代修辞学》，昆明：云南人民出版社。

吕叔湘　1979　《汉语语法分析问题》，北京：商务印书馆。

吕叔湘　1986　《汉语句法的灵活性》，《中国语文》第1期。

梅　广　2015　《上古汉语语法纲要》，台北：三民书局。

梅德明主编　2008　《当代句法学教程》，上海：上海外语教育出版社。

孟艳华　2011　《顺时观察模式下指宾状语句句式意义分析》，《云南师范大学学报》第1期。

孟艳丽　2000　《也论"把"字句的主题与焦点》，《解放军外国语学院学报》第3期。

宁春岩　2001　《〈转换生成语法导论：从原则参数到最简方案〉导读》，载Ouhalla, J《转换生成语法导论：从原则参数到最简方案》，北京：外语教学与研究出版社。

牛保义　2008　《"把"字句语义建构的动因研究》，《现代外语》第2期。

潘玉坤　2012　《古汉语主谓倒装句谓语构成情况探察》，《中国文字研究》第1期。

祁文慧、张智义　2016　《论指宾状语结构的句法、语义及语用属性》，《外语研究》第3期。

强星娜　2011　《话题标记与句类限制》，《语言科学》第2期。

强星娜　2013　《作为有标记话题结构的一种"就"字句》，《语言教学与研究》第2期。

任碧生　2006　《青海方言语法专题研究》，西宁：青海人民出版社。

邵敬敏、赵春利　2005　《"致使把字句"和"省隐被字句"及其语用解释》，《汉语学习》第4期。

沈　阳　1997　《名词短语的多重移位形式及把字句的构造过程与语义解释》，《中国语文》第6期。

沈　阳、郭锐主编　2014　《现代汉语》，北京：高等教育出版社。

沈　阳、何元建、顾阳　2000　《生成语法理论与汉语语法研究》，哈尔滨：黑龙江教育出版社。

沈家煊　2015a　《不对称和标记论》，北京：商务印书馆。

沈家煊　2015b　《走出"都"的量化迷途：向右不向左》，《中国语文》第1期。

施春宏　2015　《边缘"把"字句的语义理解和句法构造》,《语言教学与研究》第 6 期。

石定栩　2000　《汉语句法的灵活性和句法理论》,《当代语言学》第 1 期。

石定栩　2002　《乔姆斯基的形式句法——历史进程与最新理论》,北京:北京语言大学出版社。

石定栩　2018　《生成语法研究在中国的发展》,《外语教学与研究》第 6 期。

石毓智　2000　《语法的认知语义基础》,南昌:江西教育出版社。

石毓智　2002　《论汉语的结构意义和词汇标记之关系》,《当代语言学》第 1 期。

石毓智、徐杰　2001　《汉语史上疑问形式的类型学转变及其机制》,《中国语文》第 5 期。

司富珍　2009　《多重特征核查及其句法影响》,北京:北京语言大学出版社。

司罗红　2015　《作为话题焦点标记的"光"》,《郑州大学学报》第 1 期。

宋文辉　2018　《主语与话题》,上海:学林出版社。

宋玉柱　1979　《"处置"新解——略谈"把"字句的语法作用》,《天津师院学报》第 3 期。

宋玉柱　1981a　《"把"字句、"对"字句、"连"字句的比较研究》,《语言研究》创刊号。

宋玉柱　1981b　《关于"把"字句的两个问题》,《语文研究》第 2 期。

宋玉柱　1986　《现代汉语语法十讲》,天津:南开大学出版社

宋玉柱　2005　《关于语素"们"和助词"们"》,《汉语学习》第 4 期。

苏　颖　2011　《古汉语名词作状语现象的衰微》,《语言研究》第 4 期。

苏承志　1985　《从修辞角度看英语倒装》,《外国语》第 5 期。

苏承志　2001　《英语主位结构、信息焦点和交际动力》,《上海师范大学学报》第 3 期。

苏丹洁　2012　《取消"兼语句"之说——构式语块法的新分析》,《语言研究》第 2 期。

苏丽英　2008　《英语倒装句的种类及语用功能》,《广西民族大学学报》第 S1 期。

孙德金　1995　《现代汉语名词做状语的考察》,《语言教学与研究》第 4 期。

孙银新　1998　《"得"字兼语句新论》,《汉语学习》第 1 期。

孙云英　1993　《简析名词的次类及其语法特征》,《渤海学刊》第 3 期。

唐依力、齐沪扬　2010　《多项式 NP 的语义指向及其做状语的认知理解》,

《北方论丛》第 5 期。

唐依力、齐沪扬　2011　《"NP$_1$ NP$_2$ 地 VP"的构式分析》,《华东师范大学学报》第 5 期。

陶振民　1991　《物类名词后用"们"的语法现象》,《华中师范大学学报》第 1 期。

陶振民　2002　《"概数＋'名＋们'"结构形式的发展与变化》,《华中师范大学学报》第 3 期。

童盛强　2002　《"们"的定指意义》,《中国语文》第 3 期。

汪　平　1983　《贵阳方言的语法特点》,《语言研究》第 1 期。

汪化云、张万有　2001　《"同位短语＋们"简论》,《语言研究》第 3 期。

王　珏　2017　《从语气词声调的共时表现看其来源》,现代汉语语法前沿论坛,上海:复旦大学,8 月 26—27 日。

王　力　1984/1944　《王力文集》(第一卷:中国语法理论),济南:山东教育出版社。

王　力　2011/1943　《中国现代语法》,北京:商务印书馆。

王　志　1984　《浅谈谓语另带宾语的"把"字句》,《汉语学习》第 5 期。

王灿龙　1995　《"们"在数量名组合中的脱落》,《语文建设》第 7 期。

王海燕　2011　《徐州方言倒装语序的语用考察》,《常熟理工学院学报》第 5 期。

王洪君　1994　《汉语的特点与语言的普遍性》,载袁行霈编《缀玉集》,北京:北京大学出版社。

王文晖　2001　《近代汉语中的一种特殊把字句》,《中国语文》第 4 期。

王亚斌　2011　《"NP$_1$＋A＋VP＋NP$_2$"中"A"的前置条件考察》,《桂林师范高等专科学校学报》第 1 期。

文　旭　2004　《英语倒装句的图形-背景论分析》,《外语教学与研究》第 6 期。

吴　亮　2013　《"把"字句与"将"字句差异的多角度考察与分析》,《南京航空航天大学学报》第 3 期。

吴怀成　2011　《动量词与宾语的语序选择问题》,《汉语学报》第 1 期:56－61。

吴启主主编　1990　《现代汉语》,长沙:湖南师范大学出版社。

吴胜伟　2015　《兼语句的句法语义分析》,《山东农业大学学报》第 4 期。

吴辛丑　2009　《试论上古汉语中的"谓＋主"格式问题》,《华南师范大学学报》第 3 期。

武　果　1988　《谈倒装与强调》,《外语教学》第 3 期。

夏秀文　2009　《带有定兼语的"有"字句句法、语义及语用分析》,《海外华文教育》第 1 期。

谢晓安　1996　《甘肃临夏汉语方言语法中的安多藏语现象》,《中国语文》第 4 期。

邢福义　1960　《论"们"和"诸位"之类并用》,《中国语文》第 6 期。

邢福义　1965　《再谈"们"和表数词语并用的现象》,《中国语文》第 5 期。

邢福义　1978　《略论"把"字结构的句法地位》,《语文函授》第 5 期。

邢福义　1988　《"NN 地 V"结构》,《语法研究与探索(四)》,北京：北京大学出版社。

邢福义　1990　《现代汉语语法研究的两个"三角"》,《云梦学刊》第 1 期。

邢福义　1991a　《现代汉语语法研究的三个"充分"》,《湖北大学学报》第 6 期。

邢福义　1991b　《现代汉语语法问题的两个"三角"的研究》,《语言教学与研究》第 3 期。

邢福义　2016　《汉语语法学》(修订本),北京：商务印书馆。

邢福义、吴振国主编　2010　《语言学概论》,武汉：华中师范大学出版社。

熊仲儒　2003　《现代汉语中的致使句式》,北京：北京语言大学博士学位论文。

熊仲儒　2004　《现代汉语中的致使句式》,合肥：安徽大学出版社。

熊仲儒　2005　《以"的"为核心的 DP 结构》,《当代语言学》第 2 期。

熊仲儒　2008a　《语音结构与名词短语内部功能范畴的句法位置》,《中国语文》第 6 期。

熊仲儒　2008b　《汉语中无定主语的允准条件》,《安徽师范大学学报》第 5 期。

熊仲儒　2013a　《指宾状语句的句法分析》,《现代外语》第 1 期。

熊仲儒　2013b　《当代语法学教程》,北京：北京大学出版社。

熊仲儒　2017　《连字句的制图分析》,《现代外语》第 4 期。

熊仲儒　2013　《当代语法教程》,北京：北京大学出版社。

徐　丹　2011　《汉语河州话及周边地区非指人名词的复数标记"们"》,《民族语文》第 6 期。

徐　杰　1993　《汉语描写语法十论》,郑州：河南教育出版社。

徐　杰　1999a　《疑问范畴与疑问句式》,《语言研究》第 2 期。

徐　杰　1999b　《两种保留宾语句式及相关句法理论问题》,《当代语言学》

第 1 期。

徐　杰　2001　《普遍语法原则与汉语语法现象》，北京：北京大学出版社。

徐　杰　2003　《主语成分、话题特征及相应语言类型》，《语言科学》第 1 期。

徐　杰　2005　《句子的三个敏感位置与句子的疑问范畴》，载单周尧、陆镜光主编《语言文字学研究》，北京：中国社会科学出版社。

徐　杰　2005　《主语成分、"话题"特征及相应的语言类型》，载徐杰主编《汉语研究的类型学视角》，北京：北京语言大学出版社。

徐　杰　2012　《词缀少但语缀多——汉语语法特点的重新概括》，《华中师范大学学报》第 2 期。

徐　杰　2015　《语法形式的逻辑可能及其部分实现》，载冯胜利、李旭主编《语言学中的科学》，北京：人民出版社。

徐　杰、李英哲　1993　《焦点和两个非线性语法范畴："否定""疑问"》，《中国语文》第 2 期。

徐　青主编　2006　《现代汉语》，上海：华东师范大学出版社。

徐李洁　2003　《英语倒装句再研究》，《外语与外语教学》第 8 期。

徐连祥　2011　《谈谈"们"的语法单位归属问题》，《汉语学习》第 6 期。

徐烈炯　2009　《生成语法理论：标准理论到最简方案》，上海：上海教育出版社。

徐烈炯、刘丹青　2007　《话题的结构与功能》，上海：上海教育出版社。

徐盛桓　1995　《英语倒装句研究》，《外语教学与研究》第 4 期。

亚　热·艾拜都拉　1998　《维吾尔语口语倒装句初探》，《语言与翻译》第 2 期。

杨　静　2015a　《指宾状语句的认知参照点分析》，《外语学刊》第 6 期。

杨　静　2015b　《西宁方言把字句句法语义语用分析》，《青海师范大学学报》第 6 期。

杨　铭　1994　《Anastrophe 与倒装》，《外语教学》第 1 期。

杨庆蕙主编　1984　《现代汉语》，北京：北京师范大学出版社。

杨炎华　2013　《词缀、语缀与现代汉语语法体系》，武汉：华中师范大学博士学位论文。

杨炎华　2015　《复数标记"们"和集合标记"们"》，《语言教学与研究》第 6 期。

杨永忠　2014　《指宾状语句的句法结构及推导》，《现代外语》第 1 期。

杨壮春　2003　《倒装句的认知理据及语用功能》，《外语学刊》第 4 期。

姚凤仪　1998　《论名词何以用作状语》,《西安教育学院学报》第 3 期。

叶向阳　2004　《"把"字句的致使性解释》,《世界汉语教学》第 2 期。

玉　柱　1983　《是倒装主语,还是呼语?》,《天津师范大学学报》第 4 期。

袁秀凤、杨坚定　2003　《从主位结构再谈倒装的语篇功能》,《四川外语学院学报》第 6 期。

袁毓林　1995　《谓词隐含及其句法后果》,《中国语文》第 4 期。

岳中奇　2007　《句首前置定语和状语的位移性质思辨》,《汉语学习》第 6 期。

张　斌　1998　《汉语语法学》,上海:上海教育出版社。

张　斌、胡裕树　1985　《从"们"字谈到汉语语法的特点》,《语文园地》第 12 期。

张　斌、胡裕树　1989　《汉语语法研究》,北京:商务印书馆。

张　斌主编　2008　《现代汉语》,上海:复旦大学出版社。

张　黎　2007　《汉语"把"字句的认知类型学解释》,《世界汉语教学》第 3 期。

张　莹、徐杰　2011　《弱势特征的激活与"代词＋名词/时间处所词"结构》,《语文研究》第 3 期。

张　颖　2002　《浅谈名词短语连用结构及其英译》,《中国成人教育》第 9 期。

张　瑜　2011　《现代汉语复叠类小夸张研究》,大连:辽宁师范大学硕士学位论文。

张伯江　1997　《汉语名词怎样表现无指成分》,载《中国语文》编辑部编《庆祝中国社会科学院语言研究所建所 45 周年学术论文集》,北京:商务印书馆。

张伯江　2001　《被字句与把字句的对称与不对称》,《中国语文》第 6 期。

张伯江、方梅　1998　《汉语功能语法研究》,南昌:江西教育出版社。

张春燕　2009　《〈红楼梦〉特色"把"字句分析》,《湖南社会科学》第 3 期。

张道真、温志达主编　1998　《英语语法大全》(英语句法下),北京:外语教学与研究出版社。

张国宪　2005　《性状的语义指向规则及句法异位的语用动机》,《中国语文》第 1 期。

张慧丽、段海凤、潘海华　2017　《焦点-重音原则与汉语的"把"字句》,《语言暨语言学》第 3 期。

张克定　2001　《英语倒装句的语篇功能》,《外国语》第 5 期。

张克定　2002　《倒装句的语用理据》,《外语学刊》第 1 期。

张克定　2011　《英语方位倒装构式的认知语篇研究》,《外语教学与研究》第 4 期。

张旺熹　2001　《"把"字句的位移图式》,《语言教学与研究》第 3 期。

张晓静、陈泽平　2015　《河北武邑方言复数标记"们"》,《中国语文》第 2 期。

张怡春　2005　《并列结构内部构造的粘合性》,《盐城师范学院学报》第 3 期。

张谊生　2000　《现代汉语虚词》,上海：华东师范大学出版社。

张谊生　2001　《"N"＋"们"的选择限制与"N 们"的表义功用》,《中国语文》第 3 期。

张豫峰　2005　《试析"$N_1$＋把＋$N_2$［主事］＋VP"中的"把"》,载齐沪扬主编《现代汉语虚词研究与对外汉语教学》,上海：复旦大学出版社。

张志公、庄文中主编　1996　《汉语知识新编》,北京：人民教育出版社。

张志公主编　1985　《现代汉语》(中册),北京：人民教育出版社。

赵建军　2013　《作为话题标记的"有"》,《汉语学习》第 1 期。

赵金色　2010　《"把"字句的句法语义研究》,《内蒙古大学学报》第 2 期。

赵元任　1979　《汉语口语语法》,吕叔湘译,北京：商务印书馆。

赵振才　1983　《汉语简单句的语序与强调》,《语言教学与研究》第 3 期。

周晨磊　2016　《青海周屯话参考语法》,天津：南开大学博士学位论文。

周晨磊　2017　《显赫范畴的弱化：语言接触视角》,《语言研究集刊》第 18 辑。

周士宏　2010　《从信息结构角度看汉语口语中的"主谓倒装句"》,《汉语学习》第 3 期。

周长银、尹晓静　2016　《"把"字句的事件结构特征与生成推导》,《解放军外国语学院学报》第 2 期。

朱德熙　1982　《语法讲义》,北京：商务印书馆。

朱德熙　1985　《语法答问》,北京：商务印书馆。

朱俊玄　2012　《现代汉语"们"的单数用法》,《汉语学习》第 6 期。

朱庆洪　2004　《NP 并立结构作状语之多角度考察》,桂林：广西师范大学硕士学位论文。

朱庆祥　2018　《互动视角下"把"字句宾语有定性研究》,载方梅、曹秀玲主编《互动语言学与汉语研究》(第二辑),北京：社会科学文献出版社。

祖生利　2005　《近代汉语"们"缀研究综述》,《古汉语研究》第 4 期。

# 后　　记

　　南湖水畔,桂子山巅。那是我的母校,一个令我魂牵梦绕的地方。

　　2016年,也就是丙申年,我告别妻儿,怀着"为人性僻耽佳句,语不惊人死不休"的豪情壮志踏上了桂子山,开启了梦寐以求的读博生活。可当博士求学生涯真正开始后,我才发现一切没有预想的那么惬意与潇洒。选题的迷茫,论证的艰辛,写作的无助,修改的繁琐,投稿的失败……开始让我怀疑自己当初的选择,开始怀疑自己读博的潜质。但我深知,读博可以有忧愁也可以有焦虑,绝不能有沉沦。我已没有退路。每日的起早贪黑与废寝忘食,海量文献的阅读梳理与苦思冥想,渐渐地渐渐地有了自己的想法,一丝丝欣喜开始涌上心头。慢慢地慢慢地,思路逐渐清晰起来了,研究也开始走向了正轨。客观地讲,读博三年,是学术打磨的三年,也是意志磨练的三年,更是境界提升的三年。"人生能有几回搏,此时不搏待何时",选择读博,我不悔,我庆幸。

　　"文章千古事,得失寸心知",其中的甘苦只有自己知道。读博的过程是艰辛的,但我又是幸运的。读博期间我得到过许多人的帮助,在此我要向所有帮助过我的人们表达我最衷心的感谢。

　　我要感谢导师徐杰先生。徐老师早年在美国马里兰大学

(University of Maryland，College Park)获得博士学位,曾在多个国家兼任过多所大学的客座教授、讲座教授、全职教授,并获得过"长江学者、黄河学者、珞珈学者、楚天学者"等学术荣誉称号,担任多家学术杂志的主编、副主编、编委、栏目主持人和特约审稿人,可以说是学术界真正的"大咖",然而徐老师却始终是那么地和蔼可亲,那么地平易近人,没有一点点儿的架子。本书无论是从选题、大纲的拟定,还是观点的凝练,都离不开徐老师的启发与点拨,都无不闪烁着徐老师的汗水与智慧。可以说,要是没有遇到徐老师,我根本无力用生成语言学的理论来研究汉语,更不会有我的今天。千言万语、万语千言都无法表达我对徐老师的感激之情,我只能把对老师的感激化作在学术上不断奋进的动力,努力拼搏,刻苦钻研,以更加优异的学术成果来报答老师的栽培之恩。本书出版前,徐老师又应学生请求赐序一篇,学生感激不尽。

　　我要感谢邢福义先生。邢先生渊博的学识、高尚的人格、优雅的学术气量和严谨的治学态度深深地影响着我,激励着我向心目中的学术"理想国"迈进。邢先生是"桂子山语言学派"的开创人,先生营造的"研究根植于泥土,理论生发于事实"的朴实学风影响了一代又一代的桂子山语言学子。一代又一代的桂子山语言学人在"抬头是山,路在脚下"的引领下开创了一个又一个的新天地,书写了一篇又一篇的新华章。邢先生学富五车,却始终虚怀若谷。记得在 2018 届博士生毕业答辩的时候,趁中场所休息之际,我请先生在其新版《汉语语法学》上签名留念,先生当即写下了"胜伟正之"四个大字并签名留念。

　　我要感谢汪国胜先生。汪老师是教育部人文社会科学重点研究基地——华师语言与语言教育中心主任、华师语言研究所所长。汪老师为基地的发展、日常运作及师生的教学科研、学习生活呕心沥血。汪老师想师生之所想,急师生之所急,尤其关爱青年博士生的学术成长与个人发展。汪老师提携后辈,奖掖后学,总是想方设法为青年博士生营造舒适宽松的生活、学习和科研环境。我在学术上的点滴成长和进步,都离不开汪老师的关爱与栽培。

我要感谢为我授课的匡鹏飞教授、姚双云教授、吴振国教授、储泽祥教授。实事求是地讲,论文写作过程中的很多灵感都来自于和老师们的讨论,部分观点甚至可以直接溯源至老师们的课堂。我要感谢谢晓明教授、王勇教授、刘云教授、王洪涌副教授、沈威副教授,我曾多次向他们请教问题,他们总是热情洋溢地、毫不保留地帮我解答。

我要感谢我的山东老乡朱斌教授。朱老师曾多次慷慨地向我分享他宝贵的科研时间,为我论文写作提供操作性极强的修改意见,并多次惠赠资料,令我感动!我要感谢武汉大学张延成教授,感谢张老师对我论文有关章节的指点,他富有创意的建议使我的论文增色不少。

我要感谢朱芸老师。朱老师是我们的政治辅导员,她关心学生,待人亲切,平易近人,是大家心目中的好老师。我要感谢欧阳老师、肖敏老师。每次在资料室查阅资料向欧阳老师求助时,她总是热情提供帮助。真诚感谢肖敏老师为我们提供的便捷周到的报销服务。

我要感谢香港城市大学的潘海华教授、香港中文大学的邓思颖教授、北京师范大学的张和友教授、复旦大学的张新华教授、广东外语外贸大学的韩景泉教授。每次我通过电子邮件向他们请教问题或索取资料时,他们总是在第一时间向我提供热情帮助。

我要感谢邀请并资助我参加学术会议的学校和老师们。读博期间,我先后受邀赴复旦大学参加"现代汉语语法前沿论坛"、湖北师范大学"第二届全国语言学博士论坛"、延安大学"第二届丝绸之路青年论坛——延安圣地青年学者分论坛"、暨南大学

"2018年广东省研究生学术论坛——第三届全国语言学分论坛"、云南大学"第十四届全国语言学暑期高级讲习班"(感谢商务印书馆提供的奖学金资助)、陕西科技大学"第三届未央青年学者论坛"等学术交流与培训。通过参加这些学术活动,使我进一步提高了理论水平,开阔了研究视野,结识了新的学术朋友,更是激发了我的研究兴趣和写作灵感。

我要感谢我的硕士生导师吴克炎教授。吴老师是我语言学研究生涯的引路人,是吴老师把我领进了语言学研究这个神秘殿堂,使我体验到了语言研究的魅力。后来,虽然我在学术研究上走向了与吴老师不同的研究道路,但是吴老师仍旧一如既往地关心我的学术成长和个人发展,经常询问我的学业和生活情况。

我要感谢闽南师范大学的苏建华副教授、卢水林副教授、庄志强老师,山东农业大学的高级实验师张陆一老师,在读博期间他们多次与我交流,给我鼓励和支持。

我要感谢同门师兄弟姐妹李莹、杨炎华、杨西彬、杨勇、张莹、周振峰、张磊、倪广妍、汤欣、李勉、孙兴亮、刘人宁、朱文清、刘望冬等,我们曾多次在"桂子山生成语法读书会"上讨论问题,与他们的交流和讨论使我增长了理论知识,开阔了研究视野,激发了写作灵感。

我要感谢我的博士好友郭常顺、陈池华、李春能、李东齐、焦振龙、王翔翔、刘大伟、张利蕊、李罂、王倩、袁昱菡、高逢亮、张建华、陈建彬、鲁湘珺、万晓丽等,我们不仅有学业上的讨论,还有生活上的海侃,能在桂子山上遇到你们,真好! 我要感谢华师语言所的硕士研究生邓勇(现在华中科技大学读博)、郑亚豪、肖莹、刘佩文、杨小雪、贾志月、王毅、王莹莹等,感谢你们对我的鼓励和帮助。

我要感谢我的邻居戴叔、杨阿姨、戴杰,赵叔,牛姐。在我读博期间,无论是刮风下雨,还是酷暑严寒,他们总是热心地热情洋溢地帮我接送孩子上学,解除了我在外读博的后顾之忧,实在是令我感动。

　　我要感谢我的爱人孙秀银女士。脱产读博,没有收入,她一个人的收入支撑起全家的开销。她没有一句抱怨,更没有嫌弃我的清贫,她理解我的追求,一次又一次地给我支持和鼓励。没有她的理解和支持,我是不可能顺利完成学业的。我还要感谢我的儿子吴峻恺,谢谢你对爸爸的理解。读博期间,对你父爱的缺位我深感愧疚,我承诺在你未来的成长道路上会加倍弥补的。

　　"路漫漫其修远兮,吾将上下而求索"。博士毕业只是万里长征迈出的第一步,我深知以后的学术道路还很漫长,很漫长……我将在"抬头是山,路在脚下"的质朴学风的指引下奋力前行,继续探索语言的奥妙。

　　本书是在博士论文的基础上修改扩充而成,有的内容已在《汉语学报》《语言研究集刊》等刊物上发表过,有的内容在国内相关的学术会议上公开宣读过。本书的成稿得到了许多专家学者的指导,在此一并致谢,文责自负。

2020 年 11 月

于笔山书院旧址

**图书在版编目（CIP）数据**

强势语法特征与汉语相关句法现象/吴胜伟著. —上海：上海
三联书店，2021.9
ISBN 978-7-5426-7343-5

Ⅰ.①强⋯ Ⅱ.①吴⋯ Ⅲ.①汉语－语法－研究
Ⅳ.①H14

中国版本图书馆 CIP 数据核字（2021）第 030307 号

# 强势语法特征与汉语相关句法现象

著　者 / 吴胜伟

策　划 / 李　波
责任编辑 / 杜　鹃
装帧设计 / 一本好书
监　制 / 姚　军
责任校对 / 张大伟　王凌霄

出版发行 / 上海三联书店

　　（200030）中国上海市漕溪北路 331 号 A 座 6 楼
邮购电话 / 021-22895540
印　刷 / 上海惠敦印务科技有限公司

版　次 / 2021 年 9 月第 1 版
印　次 / 2021 年 9 月第 1 次印刷
开　本 / 890×1240　1/32
字　数 / 260 千字
印　张 / 8.25
书　号 / ISBN 978-7-5426-7343-5/H·103
定　价 / 59.00 元

敬启读者，如发现本书有印装质量问题，请与印刷厂联系 021-63779028